Liebe Leserin, lieber Leser,

wir freuen uns, dass Sie sich für ein Buch der Reihe Galileo Design entschieden haben.

Wir haben diese Reihe entwickelt, um anspruchsvolle Web- und Grafikdesigner, Prepress-Experten und Multimedia-Entwickler mit wertvollen Informationen für die tägliche Arbeit zu versorgen. Unsere Bücher sollen neben der Vermittlung von technischem Knowhow zugleich Ideengeber sein und Sie mit originellen und inspirierenden Lösungen überraschen.

Die Inhalte der Galileo Design-Bücher werden nicht nur sprachlich, sondern auch visuell vermittelt. Das erreichen wir durch ein speziell für Sie entworfenes Innenlayout und eine besonders hochwertige Ausstattung unserer Bücher.

Jedes unserer Bücher will Sie überzeugen. Damit uns das immer wieder neu gelingt, sind wir auf Ihre Rückmeldung angewiesen. Bitte teilen Sie uns Ihre Meinung zu diesem Buch mit. Ihre kritischen und freundlichen Anregungen, Ihre Wünsche und Ideen werden uns weiterhelfen.

Wir freuen uns auf den Dialog mit Ihnen.

Ihr Galileo-Team

Galileo Press
Rheinaustraße 134
53225 Bonn

info@galileo-press.de

Arndt von Koenigsmarck

3D Character Design

Character Modeling &
Animation

Galileo Press

Die Deutsche Bibliothek – CIP-Einheitsaufnahme
Ein Titeldatensatz für diese Publikation ist bei der
Deutschen Bibliothek erhältlich

ISBN 3-934358-13-6

© Galileo Press GmbH, Bonn 2000
1. Auflage 2000

Der Name Galileo Press geht auf den italienischen
Mathematiker und Philosophen Galileo Galilei
(1564–1642) zurück. Er gilt als Gründungsfigur der
neuzeitlichen Wissenschaft und wurde berühmt
als Verfechter des modernen, heliozentrischen
Weltbilds. Legendär ist sein Ausspruch **Eppur se
muove** (Und sie bewegt sich doch). Das Emblem
von Galileo Press ist der Jupiter, umkreist von den
vier Galileischen Monde. Galilei entdeckte die
nach ihm benannten Monde 1610.

Lektorat Rudolf Krahm, Bonn
Einbandgestaltung Helmut Kraus, Düsseldorf
Herstellung Petra Strauch, Bonn
Korrektorat Sandra Gottmann, Bonn
Satz reemers publishing services gmbh, Krefeld
Druck und Bindung Bercker Graphischer Betrieb,
Kevelaer

Vorwort

MIT DIESEM BUCH HALTEN SIE DAS ERGEBNIS einer wohl einzigartigen Zusammenarbeit von 3D-Künstlern aus allen Teilen der Welt in der Hand.

Nicht nur, daß es das erste Buch zu dem Thema Character Design überhaupt im deutschsprachigen Raum ist. Es dringt thematisch tief in alle Methoden der Planung und Umsetzung von 3D-Characters ein und beschränkt sich dabei nicht nur auf eine bestimmte Software.

Sie erhalten fundierte Informationen zu aktuellen Trends in der Branche und profitieren von Wissen aus erster Hand.

Zahlreiche ausführliche Arbeitsbeispiele von der ersten Skizze bis zum fertigen Modell machen dieses Buch nicht nur zu einem Nachschlagewerk, sondern auch zu einem wertvollen Übungsbuch.

Daß so ein Buch nicht von einer Person allein getragen und gestaltet werden kann ist klar. Mein herzlicher Dank gilt daher allen Firmen und Personen, die mich mit Material und mit wertvollen Hinweisen unterstützt haben.

Ich bedanke mich daher bei Andreas Haun, Ken'ichi Obanake, Takuya Imamura, NAAM, Richard McGowan, Julien Dehos, Steph Greenberg, Robert Böhm, Victor Navone und natürlich bei Marco Patrito und Maurizio Manzieri für ihre freundliche Unterstützung mit Interviews, Bildern, Filmen und wertvollen Tips.

Mein Dank auch an die Firmen no dna, TEC-MATH, Eidos Interactive und Core Design für das zur Verfügung gestellte Material. Auch der Firma Dosch Design möchte ich für ihre freundliche Unterstützung mit Texturen danken. Herzlichen Dank auch an Tina de Rose von der Agentur Bodytalk.

Natürlich gab es auch bei Galileo Press viele helfende Hände, wobei ich dort besonders Herrn Rudolf Krahm und Frau Sandra Gottmann danken möchte.

Zusätzliche Informationen zum Thema können Sie im Internetservice MyGalileo unter www.galileo-press.de oder auf meinen Seiten unter www.3D-Character.de finden.

Um Ihnen beim Lesen die Orientierung zu erleichtern und ein besonderes Lesevergnügen zu ermöglichen, hat der Verlag für die Reihe Galileo Design ein spezielles Layout entwickelt.

Durch visuelle Hilfen wurde der Text in Funktionseinheiten gegliedert:

Durch das farbige Registersystem ist es Ihnen ein Leichtes, auf die einzelnen Kapitel und Teile des Buchs zuzugreifen.

In Blau gehaltene Texte beinhalten Zusatzinformationen, Denkanstöße oder besondere Hinweise.

Kursiv gesetzte Texte kennzeichnen Beispiele bzw. Schritt-für-Schritt-Anleitungen.

Spezielle Symbole in der Marginalspalte machen auf besonders wichtige Textstellen aufmerksam:

Hier verrate ich Ihnen **Tipps und Tricks** zur Erleichterung Ihrer Arbeit.

Weiterführende **Hinweise** werden Ihnen so nahe gebracht.

Step-by-Step können Sie meine Beispiele nachvollziehen.

Happy rendering wünscht Ihnen
Arndt von Koenigsmarck
Menden, im Dezember 1999

Inhalt

3D Character

Tools und Techniken

Spielen mit Characters

3D Character

Begrifflichkeiten und Werkzeuge

»3D Character«: Klingt gut, aber was ist damit gemeint? Was müssen Sie wissen, und was sollte Ihre Software können?

▶ Charakter?

IN DER TAT HAT SICH »CHARACTER ANIMATION« oder »Character Design« sehr schnell als Modewort in der Branche etabliert und verbreitet. Doch was meint man eigentlich damit?

Zunächst ist festzuhalten, daß das englische Wort »Character« nicht mit dem deutschen »Charakter« gleichzusetzen ist. Wir verstehen darunter eher etwas wie Persönlichkeit, Ausstrahlung oder die viel gerühmten inneren Werte. Dies alles sind Dinge, die sich weniger visualisieren lassen, da sie vielmehr der emotionalen Ebene entspringen. Ein »guter Charakter« läßt sich nun einmal nur sehr schwer in Pixeln messen.

Das englische Wort hingegen schließt diese Bedeutung zwar auch ein, faßt den Begriff jedoch so weit, daß auch der körperliche Aspekt hinzukommt. Der Begriff »Character« müßte also besser mit **Wesen** oder **Kreatur** übersetzt werden.

In der englischen Literatur bezeichnet man mit »Characters« **Figuren** aus Romanen oder Dramen. So spricht man zum Beispiel von »round characters«, wenn die Figuren Tiefe besitzen und mehrdimensional gezeichnet sind. Mit dieser Art der Figurenzeichnung soll ein hoher Grad an psychologischem Realismus erreicht werden.

»Flat Characters« sind eindimensionale Figuren, Typen, die keine realistische Wirkung beanspruchen, sondern oftmals allegorisch gemeint sind und eine eher plakative Wirkung erzielen sollen.

Um die Verwirrung zu vervollständigen, so darf ich Ihnen nicht verschweigen, daß die Bedeutung innerhalb der 3D-Sprache nochmals von diesen Übersetzungen abweicht.

»Characters« können hier in der Tat auch **unbelebte Objekte** sein, die einen »beseelten« Eindruck hinterlassen sollen. Es kommen also auch Gegenstände auf den Kreativen zu, die ihrer klassischen Erscheinung eine lebendige Komponente hinzufügen. Dies ist z. B. ein Auto, dessen Karosserie durch Scheinwerfer und einen entsprechend geformten Kühlergrill eine Art Gesicht bekommt.

Oft begegnen uns unbelebte Gegenstände, die bewußt durch die Industrie organisch geformt wurden oder denen in der Werbung menschliche Attribute zugeschrieben werden, um eine emotionale Bindung zwischen Käufer und Produkt zu schaffen.

Beschreibungen wie verläßlich, sparsam, robust, schön – oder auch wild, ungebändigt und kraftvoll – finden sich fast täglich in der Werbung. All dies sind ebenso Beschreibungen menschlicher Eigenschaften, die jedoch häufig auf Autos, Zigaretten oder sogar Versicherungsunternehmen angewendet werden.

Es scheint mittlerweile so, daß kein Objekt mehr vor der Vermenschlichung oder Beseelung sicher ist. Es tut sich also ein weites Betätigungsfeld für den kommenden Character-Animator auf. Von der klassischen »Strichmännchen-Animation« über High-Tech-Roboter und virtuelle Menschen bis hin zum singenden Toastbrot ist alles möglich. Die Grenze setzen die Fantasie und der gute Geschmack.

Damit Sie einen Überblick über alle gängigen **Einsatzgebiete von Characters** bekommen, werde ich in den folgenden Kapiteln Beispiele aus der Wirtschaft vorführen. Nachfolgend werde ich versuchen, das Beschriebene zu vereinfachen, und Lösungsvorschläge vorstellen, wie ähnliche Ergebnisse mit bezahlbaren Hard- und Softwareausstattungen von einer Person allein erzielt werden können.

Dabei versteht es sich von selbst, daß sich niemand folgender Illusion hingeben darf: Alles ist machbar, wenn man sich nur genügend Mühe gibt.

Neben der technischen Ausrüstung ist jedem Kreativen eine zusätzliche Grenze gesetzt: das Talent. Dies ist durchaus nicht negativ zu verstehen. Es geht hier lediglich darum, die eigenen Stärken zu erkennen und herauszuarbeiten.

Kein Filmstudio käme auf die Idee, Stan Winston den Film synchronisieren oder George Lucas die Mate Paintings malen zu lassen. Der eine ist ein begnadeter Kreativer im Bereich Creature Design und Puppet Animation, der andere führt prima Regie und schreibt spannende Drehbücher. Beide arbeiten am gleichen Objekt und machen es durch die Zusammenarbeit zu etwas ganz Besonderem. Eine Person allein wird es schwer haben, dieses Ergebnis zu reproduzieren, selbst wenn der Zeitfaktor keine Rolle spielt. Aus diesem Grund wird dem Team in 3D-Studios noch mehr Aufmerksamkeit geschenkt als in anderen Branchen.

Sie sollten sich also, bevor wir beginnen, die Frage stellen: »Was kann ich gut?« Liegen Ihre Stärken im Zeichnen mit der Hand, oder haben Sie ein gutes räumliches Vorstellungsvermögen und finden sich auch noch in den verschlungensten Polygonhaufen zurecht? Modellieren Sie nahezu mühelos ein Gesicht, aber gelingt Ihnen die Hand irgendwie nie richtig?

Jede Begabung läßt sich ausbauen, und jede Schwäche läßt sich vertuschen, ausgleichen oder umgehen; man muß sie nur kennen. Und da dabei die Übung den Meister macht, wollen wir uns auch gleich auf die Materie stürzen.

Wichtige Begriffe

Bevor der Rechner hochgefahren und die Software gestartet werden kann, sollten wir uns über die gängigsten Begriffe klar werden, die uns in den folgenden Kapiteln laufend begegnen werden.

◄

Notwendiges Rüstzeug

Dies ist auch insofern interessant, als daß Sie nun schon abschätzen können, ob Ihre Software all das leisten kann, was die Character Animation und das Modeling fordern. Unglücklicherweise zählt dieser Bereich nicht nur zu den interessantesten in der 3D-Welt, sondern auch zu den anspruchsvollsten, was Hard- und Software anbelangt. Tatsächlich können sich die Berechnungen für eine Sequenz von zehn Sekunden einer Animation leicht über drei Tage hinziehen (das habe ich am eigenen Leibe erfahren). Sie können sich leicht die Depression danach vorstellen, wenn das Ergebnis nicht den Erwartungen entspricht.

In den professionellen Studios werden daher ganze »Render-Farmen« eingesetzt, die aus mehreren Dutzend Hochleistungsrechnern bestehen können. Trotz dieses Aufwands dauert die Produktion abendfüllender Kinofilme noch immer mehr als ein Jahr.

Doch verdrängen wir vorerst diese unerfreulichen Spaßverderber und werfen einen Blick auf die benötigten Features der Software.

► Splines und NURBS

So schön die Animation eines Characters auch ist, wir müssen ihn erst modellieren. Da es sich dabei zumeist um organische Formen handelt, sind Spline- und NURBS-Werkzeuge unbedingt nötig.

Splines sind **Kurvenzüge**, die durch beliebig gesetzte Kontrollpunkte verlaufen. Kombiniert man mehrere Splines, so können Oberflächen definiert werden, die auch im Profil glatt erscheinen. Da Splines mathematisch beschrieben werden können, bringt eine Annäherung an das Spline-Objekt keine Vergröberung der Struktur.

►► Patches

►► Hyper-NURBS

NURBS arbeiten ähnlich wie Splines. Auch hier handelt es sich um Kurven, deren Verläufe durch **Kontrollpunkte** definiert werden. Der Vorteil liegt nun aber darin, daß NURBS-Kurven die Kontrollpunkte als **Steigungsvektoren** verstehen. Die Kurve verläuft daher nicht zwingend durch die Punkte, sondern schwingt vielmehr in deren Richtung. Dadurch können zwischen Verbindungen mehrerer Kurven keine scharfen Knicke entstehen, wie sie bei Splines möglich werden.

►► Meta-Objekte

Dies kommt besonders der organischen Modellierung von Körpern zugute, da hier auf kontinuierliche Oberflächenverläufe geachtet werden muß. Der Arm sollte fließend ohne scharfe Kante in den Oberkörper übergehen, um ein Beispiel zu geben.

Problematisch bleibt die Verzweigung von Oberflächen bzw. die Zusammenführung mehrerer Objekte zu einem Ganzen. Natürlich möchte man auch jetzt nicht auf die glatte Oberfläche verzichten.

Für diese Zwecke haben die Softwarehersteller verschiedene Konzepte vorgestellt. Martin Hash bietet z. B. im **Animation Master** eine Abart der Splines an, die sich beliebig verbinden läßt. Objekte können separat modelliert und später durch sogenannte Patches verknüpft werden.

Andere Programme wie **Lightwave** oder **CINEMA 4D** verwenden Hyper- oder Über-NURBS. Komplexe Oberflächen können durch eine einfache Geometrie beschrieben werden. Lose Enden lassen sich einfach verbinden, ohne daß es zu sichtbaren Nähten an den Ansatzstellen kommt.

Ein anderes Konzept basiert auf **Metaballs** oder **Metablocks**. Dies sind einfache Objekte, die quasi als Grundobjekte zur Verfügung gestellt werden. Diese Körper bilden automatisch entsprechende Übergänge zu den Nachbarobjekten, wenn der Abstand dazwischen klein genug wird. Einziger Nachteil dieser Technik ist die fehlende Möglichkeit, harte Kanten zu erzeugen, und die relativ hohe Polygondichte des erzeugten Meshes.

Diese kann zwar durch Polygonreduktion vermindert werden, führt dann jedoch zu störenden Ecken im Profil, die bei den anderen Methoden nicht vorkommen können. Diese Arbeitsweise eignet sich also mehr für die Modellierung kleinerer Teile von größeren Objek-

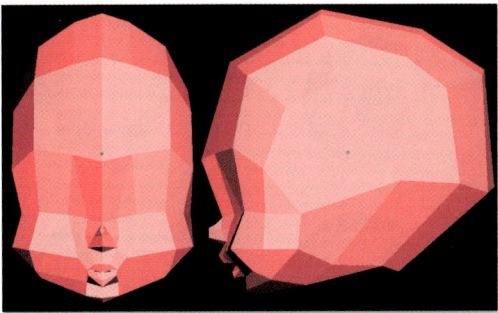

▲ Abbildung 1
Ein typisches Polygonmodell eines Kopfes. Deutlich sichtbar sind hier die prinzipiell bedingten Kanten und Ecken.

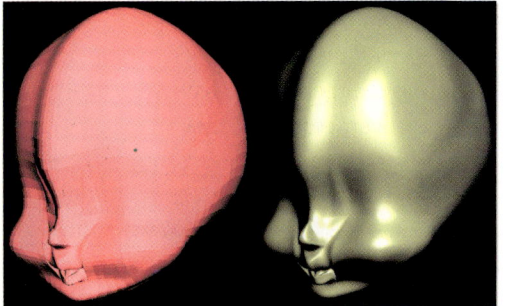

▲ Abbildung 2
Polygonmodelle müssen durch zahlreiche Unterteilungen geglättet werden.

ten als für einen kompletten Character, obwohl dies natürlich auch möglich ist. Mit Metaobjekten lassen sich z. B. sehr schnell Hände und ähnlich verzweigte Geometrien erstellen.

Eher traditionell und daher auch von jeder 3D-Software beherrscht ist das Polygonal-Modeling (Abb. 1). Wie das Wort schon sagt, geht es hierbei um die Beschreibung von Oberflächen mittels Flächenstücken, den sogenannten Polygonen. Im Prinzip sind dies simple Drei- oder Vierecke, die durch Aneinanderreihung komplexe Körper bilden können.

Ein Vorteil ist, daß sich Polygonmodelle später mittels Morphing oder Bones einfach deformieren lassen. Nicht jedes Programm beherrscht dies mit Spline- oder NURBS-Modellen. Jene müssen oftmals zuvor in Polygonmodelle umgewandelt werden.

Nachteilig ist die eckige Anmutung der Geometrie, wenn sie im Profil betrachtet wird, da die Oberfläche nur durch Schattierungen geglättet wird. Eine tatsächliche Glättung der Umrisse und der Geometrie ist zwar auch mög-

lich, erhöht jedoch drastisch den Polygon-Count und somit den Speicherbedarf des Modells (Abb. 2). Dieser ist, wie wir später erfahren werden, möglichst gering zu halten, um die Berechnung auf Single-Prozessor-Maschinen erträglich zu halten. Natürlich spielen dabei auch die Texturen eine Rolle.

Im Kontext von Polygonwerkzeugen sind hier **Magnetwerkzeuge** und **Boolesche-Operationen** für unsere Zwecke relevant. Erstere ermöglichen die gezielte Veränderung der Geometrie, ohne störende Grenzen zu erzeugen, letztere die Verbindung mehrerer Polygonmodelle.

Gerade für die Animation von Robotern, Maschinen oder Wesen mit Exo-Skeletten, also sichtbaren Gelenken, sind Tools zur Verschiebung des Centers eines Objekts nötig. Dieses fungiert nämlich als Referenzpunkt für Rotationen. Wichtig wird dies besonders im Zusammenhang mit IK, also Inverser Kinematik. Diese sollte unbedingt vorhanden sein, um die Arbeit mit hierarchischen Modellen zu vereinfachen (Abb. 5).

◄◄
Polygone
◄
Polygon-Tools

◄
Inverse
Kinematik

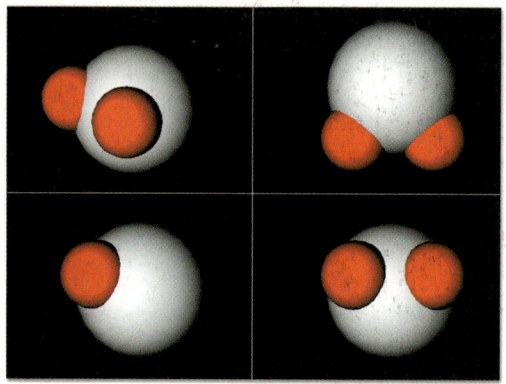

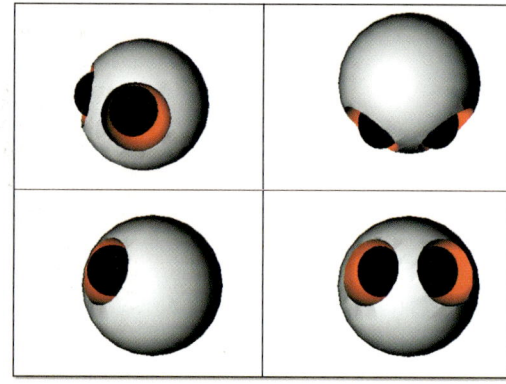

▲ Abbildung 3
Durch Boolesche Operationen können Objekte miteinander kombiniert werden. Hier sollen die roten Kugeln
von der weißen Kugel abgezogen werden.

▲ Abbildung 4
Das Ergebnis der Booleschen Operation zeigt die neu
entstandenen Flächen, die durch Einsetzen zusätzlicher
schwarzer Kugeln wie Augen wirken.

Abbildung 5 ▶
Objekte können logisch
gruppiert und hierarchisch
bewegt werden. Mit Hilfe der
IK können Bewegungen
mehrgliedriger Objekte schneller
umgesetzt werden.

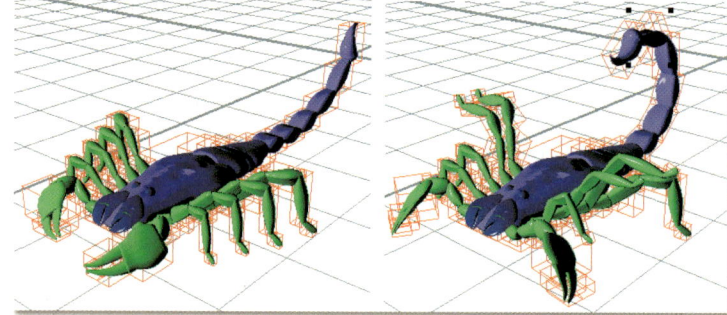

▶
Bones

IK spielt auch bei der Verwendung von Bones
eine große Rolle, da Bones bekanntlich der
künstlichen Unterteilung eines **Single-Mesh-
Objektes** in manipulierbare Einzelobjekte dienen (Abb. 6+7). Hilfreich sind dabei mögliche

Winkelbeschränkungen zwischen den Bones/
Elementen einer IK-Kette.

Bones sollten zudem in ihrem Wirkradius be-
grenzbar sein oder nur auf definierbare Teilbereiche des Meshes wirken können.

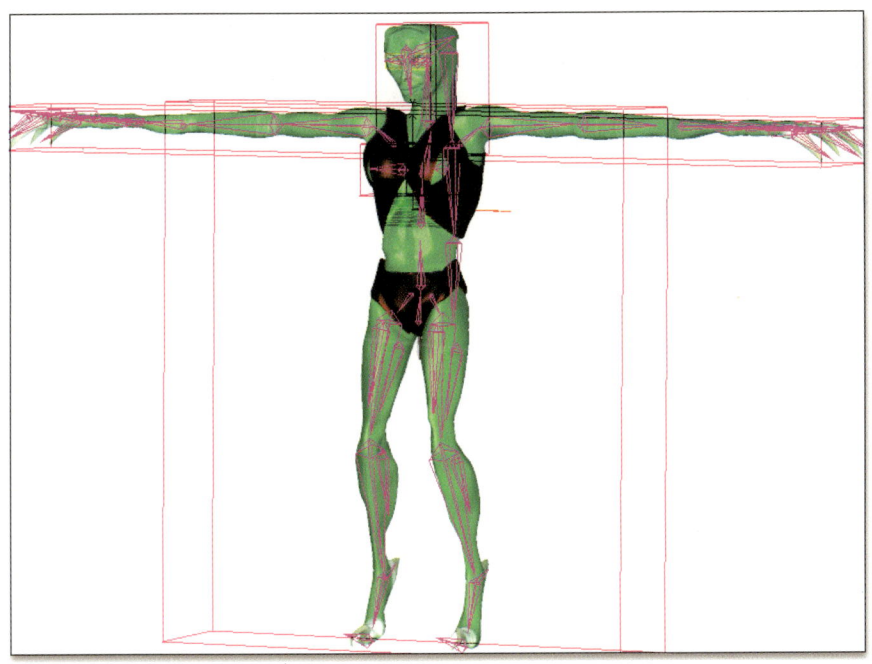

◄ Abbildung 6
Bones können Körper in manipulierbare Bereiche unterteilen (hier rötliche Bones in einem Single-Mesh-Modell).

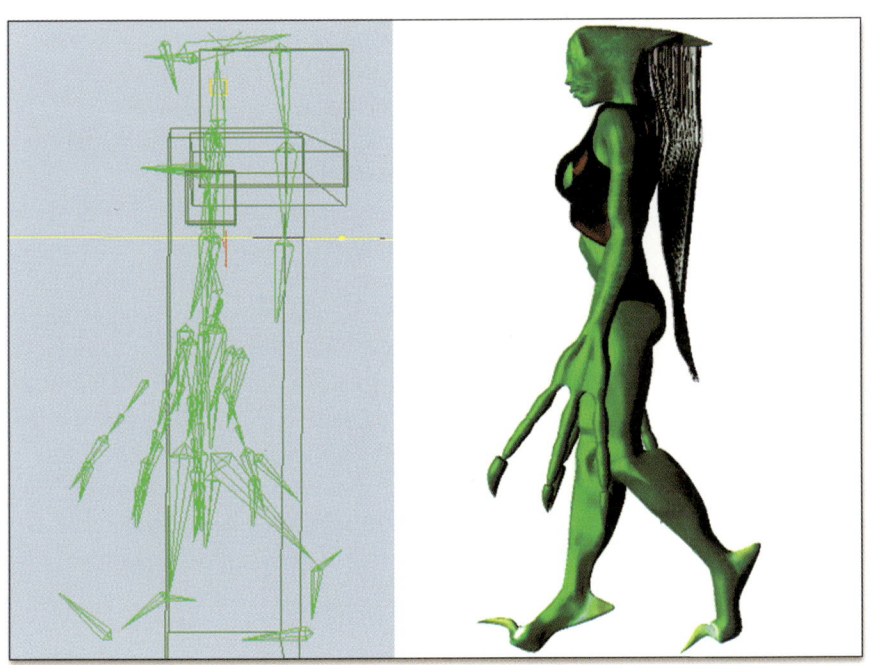

◄ Abbildung 7
Auch ohne eine Objekthierarchie läßt sich ein Mesh mit Bones gezielt bewegen.

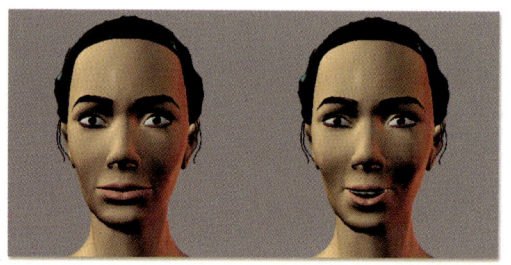

▲ Abbildung 8
Typische Morph-Targets (hier in Poser)

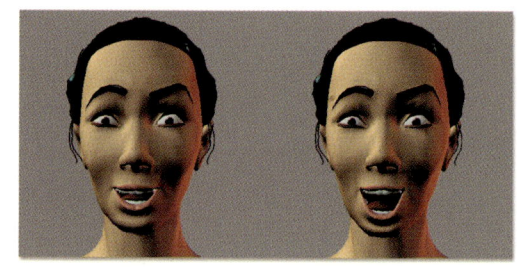

▲ Abbildung 9
Verschiedene Morph-Targets können kombiniert werden.

►►
Morphing

►►
3D-Scanning

Auf das Morphing (Abb. 8+9) sind wir bereits kurz zu sprechen gekommen. Es ist nahezu zwingend nötig, um **mimische Animationen** durchführen zu können. Eine Bone-Animation von den im Gesicht vorherrschenden kleinen Flächen ist nur unter größeren Schwierigkeiten machbar, wenn Wirkradien exakt definiert und auf Polygonbasis begrenzt werden können.

Noch besser ist die Möglichkeit, **Point-Level-Animationen** durchführen zu können, da hierbei nur die Bewegungen einzelner Punktgruppen oder Punkte als Keyframe gespeichert werden. Beim Morphing hingegen werden immer alle kompletten Objektdaten gespeichert, egal ob sich nur wenige Punkte verschieben oder die komplette Geometrie umgebaut wird.

In der Tat steckt jedoch in der Modellierung des Characters der Löwenanteil der Arbeit. Die Schwierigkeit besteht in der Schaffung einer realistischen Kreatur, die ein stimmiges Ganzes abgibt. Dabei spielt es keine Rolle, ob ein Mensch oder eine Fantasiefigur modelliert

wird. Die Figur »lebt« erst dann, wenn sie physikalischen und biologischen Fakten nicht zu offensichtlich widerspricht. Dazu jedoch später mehr.

Um sich diese Mühe zu sparen, gibt es die Möglichkeit, Objekte zu scannen (Abb. 10). Ähnlich wie bei 2D-Vorlagen, die auf einem Scanner abgetastet werden, können auch dreidimensionale Objekte von speziellen Scannern ausgelesen werden. Dazu erfahren Sie im entsprechenden Kapitel mehr.

Die abgetasteten Daten werden in Koordinaten umgerechnet und können so zur Erzeugung von **Polygonmodellen** herangezogen werden, die dem abgetasteten Objekt sozusagen bis aufs Haar gleichen. Großer Nachteil dieser Technik ist der hohe Aufwand für die Nachbearbeitung, da bedingt durch die Abtastung per Licht/Laser immer irgendwo Schatten auf dem Modell vorhanden sind. In diese kann der Scanner nicht schauen, da der Bereich von einem anderen Körperteil verdeckt wurde.

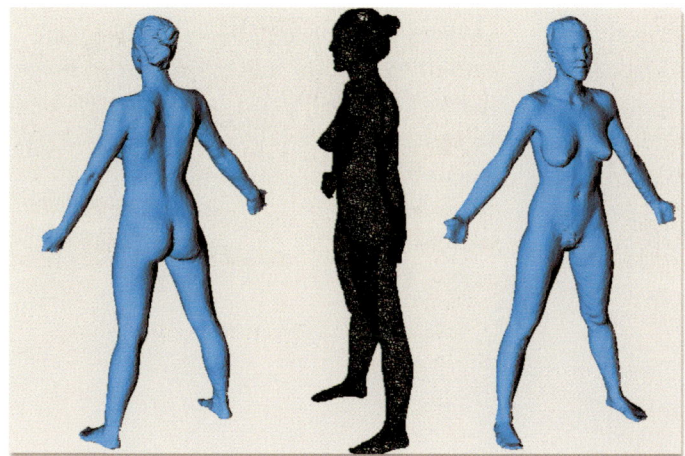

◄ Abbildung 10
Ein typischer Bodyscan (Polygonmodell mittig dargestellt).

Zudem erhält man Modelle mit sehr hohem Polygon-Count, da der Scanner nicht zwischen Gebieten mit wenigen Veränderungen der Oberfläche und Bereichen mit vielen Veränderungen und Details unterscheidet. Auch hier liegt eine Quelle für zeitraubende Nachbearbeitung und **Polygonreduktion**.

Trotz allem ist dies natürlich die schnellste und beste Möglichkeit, Duplikate z.B von Menschen anzufertigen.

Ähnlich und doch ganz anders funktioniert die Aufzeichnung von **Bewegungsdaten**. Diesmal wird nicht die Geometrie des Körpers abgetastet, sondern die Veränderung seiner Form. Dazu zeichnet man die Bewegung von an dem Objekt befestigten Punkten auf, wenn sich z.B. ein Mensch bückt oder fortbewegt.

Diese Bewegungskurven der Kontrollpunkte werden umgerechnet in Bahnkurven für einzelne Körperteile, die dann auf ein entsprechendes Bones-Skelett übertragen werden können. So können Bewegungsabläufe aus der Wirklichkeit täuschend echt in den Rechner importiert werden. Auch hier sind eine Nach-

bearbeitung der Keyframes und eine sogenannte Glättung der Daten nötig, da eine Unmenge von »unnötigen« Daten mit aufgezeichnet wird.

Ähnlich läßt sich auch die **Mimik** z.B. beim Sprechen abtasten und auf ein »Muskelskelett« im Rechner übertragen. Hier ist die Technik bereits so weit, daß dies in Echtzeit erfolgen kann. Sicherlich haben Sie schon den ein oder anderen virtuellen Kopf im Fernsehen bestaunen können, der interaktiv mit einem Moderator kommunizieren kann. Tatsächlich wird die Mimik dabei von einem Schauspieler gesteuert, dessen Gesichtsbewegung laufend auf ein Computermodell übertragen wird.

Dies geht sogar so weit, daß es mittlerweile möglich ist, durch entsprechende Anzüge die Bewegung des gesamten Körpers in Echtzeit auf ein Modell zu übertragen. Dies wird uns u.a. im Kapitel über die virtuellen Moderatoren beschäftigen.

Die bereits erwähnten Bewegungsdaten lassen sich in Form von **Motion Graphs** auch selbst erzeugen. Es existieren Programme, die

◄◄
Motion
Capture

in der Lage sind, realistische Bewegungen aufgrund der Eingabe von Variablen zu erzeugen. Es lassen sich so sehr schnell z. B. sogenannte **Walk Cycles** erzeugen, also das kontinuierliche Gehen oder Laufen eines Characters auf der Stelle oder entlang eines Pfads. Die so gewonnenen Daten lassen sich dann auf beliebige Modelle übertragen.

All dies werden wir in den folgenden Kapiteln vertiefen. Zuvor möchte ich jedoch einige kleinere Beispiele bringen, welche die Vor- und Nachteile der vorgestellten Werkzeuge für das Character Modeling demonstrieren.

Denn wie heißt es so schön bei Goethe: »Ein edles Beispiel macht die schweren Taten leicht.« (Paläophron und Neoterpe)

Tools und Techniken

Gängige Arbeitsabläufe

In diesem Kapitel gebe ich besonders Einsteigern einen Überblick über den Einsatz gängiger Softwarewerkzeuge. Anhand von kurzen Beispielen werde ich deren Einsatzgebiete vorführen.

Ein Gesicht formen

UM EIN WENIG DIE SCHEU VOR KOMPLEXEN Objekten zu nehmen, möchte ich hier ein paar Beispiele geben, wie schon mit einfachsten Werkzeugen sehr schnell Ergebnisse erzielt werden können.

Besonders Gesichter scheinen auf den ersten Blick eine unüberwindliche Aufgabe darzustellen, dabei lassen sich mit der richtigen Technik in wenigen Minuten Resultate erzielen. Oft wird dabei mit Splines gearbeitet, die wie Höhenlinien auf einer Landkarte die Topographie des Gesichts definieren.

Am einfachsten ist es dabei, in der seitlichen Ansicht mehrere Splines anzulegen, die dann in einem weiteren Arbeitsschritt mit einer Polygonhaut überzogen werden. Ich werde dies kurz demonstrieren.

Probleme mit eckigen Kanten im Profil lassen sich mit interpolierten Spielarten von Splines umgehen. Das Modeling bleibt dabei identisch mit dem gerade demonstrierten. Die Software wird nun jedoch die Verbindungen zwischen den Punkten der Splines so gestalten, daß weich geschwungene Übergänge erzielt werden.

Ein Gesicht mit Splines modellieren

1. Schnittlinien erzeugen

Splines sind nichts weiter als Punkte, die durch Linien oder Kurven miteinander verbunden werden. Die Art der Verbindungen zwischen den Punkten wird durch die Art des Splines festgelegt. Dabei ist der lineare Spline sicher die einfachste Möglichkeit. Alle vom User gesetzten Punkte werden geradlinig miteinander verbunden. Bei dem Beispiel eines Gesichts wird man nun versuchen, die markantesten Linien mit den Splines zu erfassen. Dazu zählt natürlich besonders die Linie Stirn, Nase, Kinn, da sie das Profil des Gesichts bestimmt (Abb. 1).

2. Eine Oberfläche erzeugen

Die Anzahl der verwendeten Splines ist dabei davon abhängig, wie exakt Einfluß auf das Gesicht genommen werden soll. Größere Anzahlen bergen jedoch auch die Gefahr in sich, daß das Gesicht in einer Animation schwerer zu handhaben ist. Zudem macht eine fein unterteilte Definition eine Vorlage notwendig, anhand der das Modeling vorgenommen wird. Nur aus dem Augenmaß heraus ist so nicht mehr zu arbeiten.

Gerade zu Beginn sollte also mit so wenig wie möglich Splines gearbeitet werden. Diese können dann über sogenanntes »Skinning« mit einer Polygonhaut überzogen werden (Abb. 2). Damit diese möglichst homogen ausfällt, sollten alle verwendeten Splines über die gleiche Anzahl an Punkten verfügen. Unterschiedliche Punktzahlen sind zwar möglich, erhöhen jedoch das Risiko von Unstimmigkeiten in der späteren Berechnung bezüglich der Schattierung.

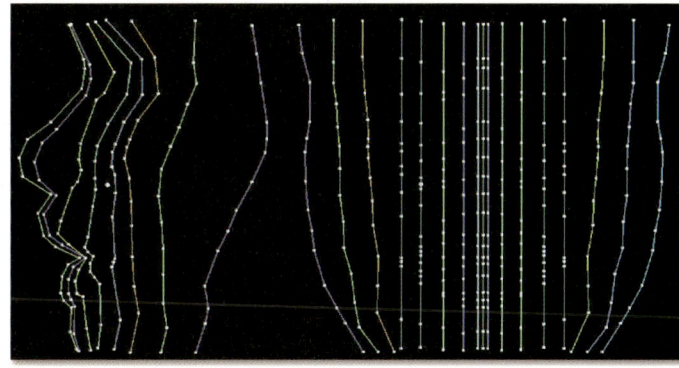

▲ Abbildung 1
Lineare Splines definieren die Oberfläche des Gesichts.

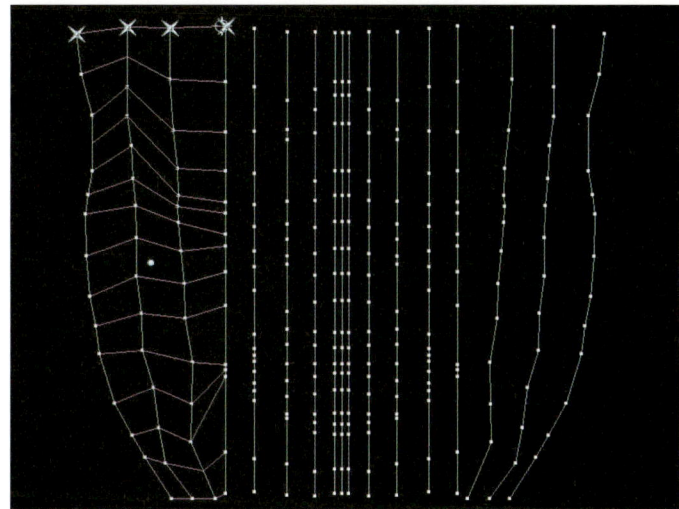

▲ Abbildung 2
Werden die Splines untereinander verbunden, entsteht eine Oberfläche.

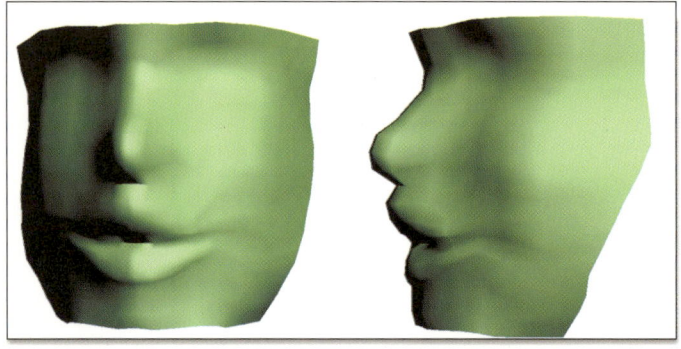

▲ Abbildung 3
Ein schnelles Ergebnis nach wenigen Arbeitsschritten

3. Schattierung der Oberfläche

Obwohl es sich um plane Flächen handelt, kann die Software automatisch für weich schattierte Übergänge zwischen den Polygonen sorgen. Es entsteht so der Eindruck einer sanft geschwungenen Oberfläche. Wie Sie sehen, lassen sich verwertbare Ergebnisse schon mit wenigen Arbeitsschritten erzeugen (Abb. 3). Sie können jetzt mit Punkt- und Flächenwerkzeugen die Oberfläche gezielt korrigieren.

▲ Abbildung 4
Durch entsprechende Texturierung entstehen realistische Modelle.

4. Texturierung der Oberfläche

Nach dem Aufbringen einer entsprechenden Textur können wir mit dem Ergebnis durchaus zufrieden sein (Abb. 4).

Verzweigte Oberflächen

Wo jedoch Probleme bei dieser Technik auftreten werden, das ist bei Verzweigungen der Oberfläche. Es wird also nur sehr schwer möglich sein, z. B. die Finger einer Hand in die Handfläche übergehen zu lassen. Hierfür gibt es mehrere Möglichkeiten, von denen ich die einfachste wieder an einem Beispiel vorführen möchte.

Verzweigte Oberflächen erzeugen

1. Ausgangskörper vorbereiten

Wir stellen uns die Aufgabe, eine Cartoon-Hand mit drei Fingern zu modellieren. Ich wähle hier einen einfachen Würfel als Ausgangsobjekt und unterteile ihn dreimal, um geeignete Ansatzstellen zu bekommen. Dieser Schritt wird nachfolgend verständlicher (Abb. 5).

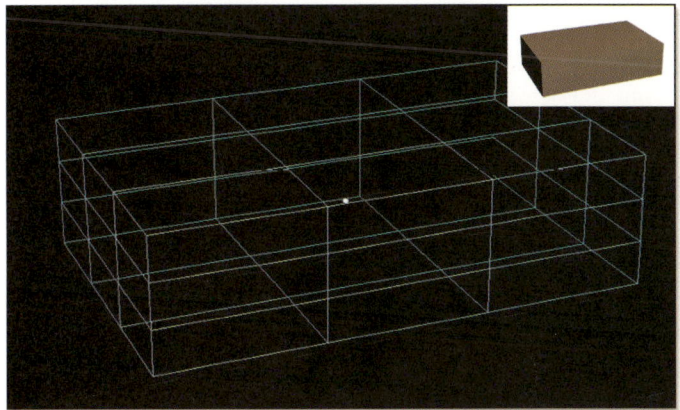

▲ Abbildung 5
Ein einfacher Quader als Handrücken

2. Ansatzflächen löschen

An den Stellen, an denen später die Finger angefügt werden sollen, lösche ich jetzt die Polygone. Diese Vorgehensweise bringt uns dann Vorteile, wenn das fertige Mesh geglättet oder für die Modellierung mit Über-NURBS benutzt werden soll. Den betreffenden Bereich habe ich hier zur Verdeutlichung rot umrandet (Abb. 6).

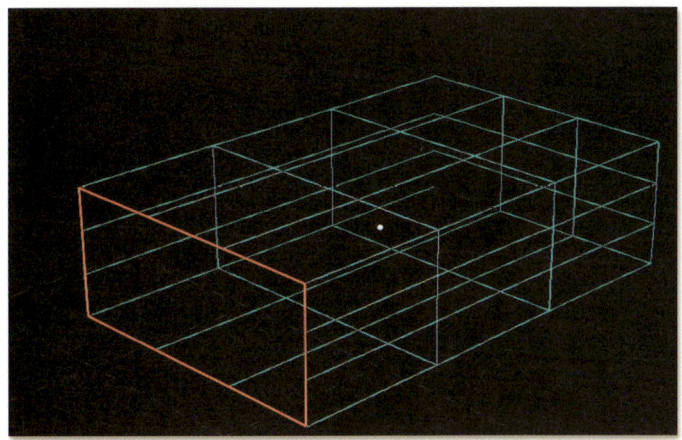

▲ Abbildung 6
Verzweigung vorbereiten

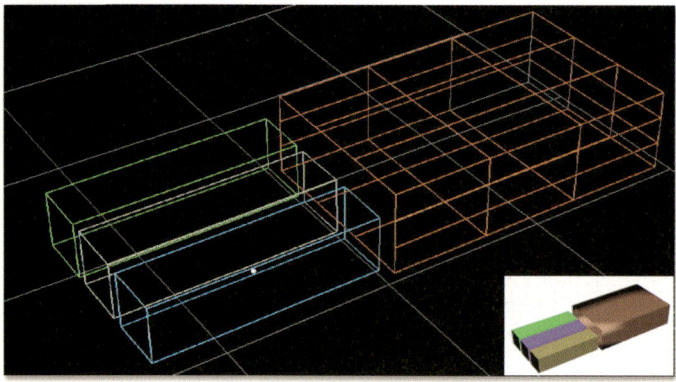

▲ Abbildung 7
Quader als Finger

3. Finger erzeugen

Die Finger bestehen hier wieder aus einfachen Quadern, die ich nur in der Länge entsprechend meinen Vorstellungen verändert habe. Diese müssen nicht weiter unterteilt werden (Abb. 7).

▲ Abbildung 8
Die Übergänge vorbereiten

4. Zwischenflächen löschen

Auch hier sind jeweils die Flächen zu löschen, die später durch die Verbindung der Teile im Inneren des Modells liegen würden. Die roten Rahmen deuten die gelöschten Flächen an (Abb. 8).

5. Manuellen Übergang erzeugen

Einige Programme bieten dies als automatisierte Funktion an. Hier demonstriere ich diesen Vorgang jedoch manuell. Durch Anklicken der nun offenen Eckpunkte von Finger und Handfläche können Zwischenflächen erzeugt werden (Abb. 9). Diese schließen den Raum zwischen Fingern und Hand. Da wir vorher die innen liegenden Flächen gelöscht haben, entsteht eine eindeutige Oberfläche.

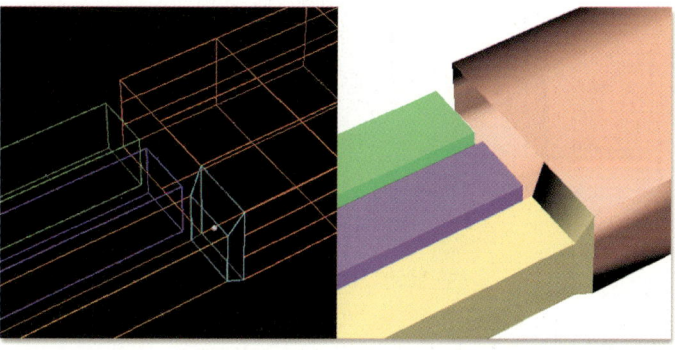

▲ Abbildung 9
Den Übergang manuell erzeugen

Diese Arbeitsschritte werden ebenso mit den zwei übrigen Fingern durchgeführt (Abb. 10).

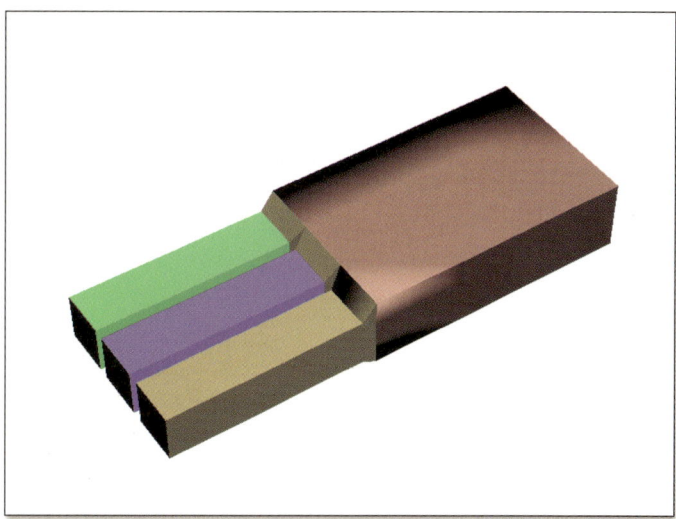

▲ Abbildung 10
Fertige Übergänge

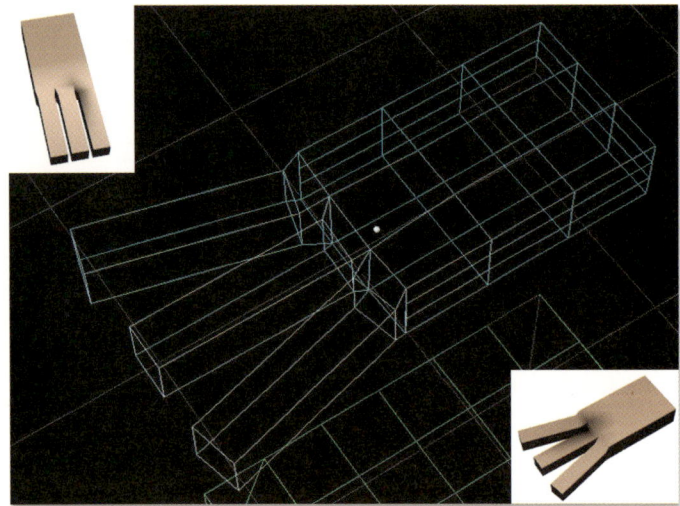

▲ **Abbildung 11**
Kombinierte Einzelobjekte

6. Oberflächen verbinden

Trotz der stimmigen Oberfläche besteht die Hand noch immer aus separaten Objekten, die nun durch entsprechende Gruppierung oder durch sogenanntes »Welding« fest miteinander verbunden werden müssen (Abb. 11). Erst jetzt läßt sich die Hand als ein einziges Objekt auswählen und nachfolgend entsprechend mit anderen Werkzeugen weiter bearbeiten.

Fällt dieser Schritt weg, so könnte die Hand, z.B. nach dem Einsatz eines Magnet-Tools, wieder in ihre Einzelteile zerfallen, zwischen denen unschöne Lücken klaffen würden.

▲ **Abbildung 12**
Geglättetes Objekt

7. Verformen und Glätten

Mit Hilfe von Glättungen oder Über-NURBS lassen sich aus dieser noch recht eckigen Form schnell abgerundete Objekte herstellen. Auch hier konnte mit einfachen Mitteln ein schnelles Ergebnis erzielt werden (Abb 12).

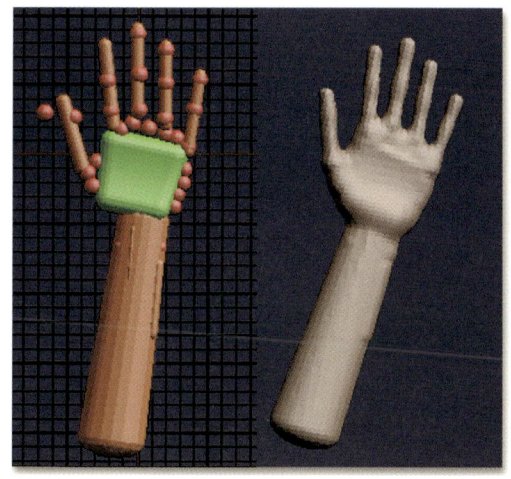

◄ Abbildung 13
Mit Metaobjekten modellierte
Hand

Meta-Modeling

Mit ein wenig mehr Arbeit bezüglich der Formgebung des Handrückens wäre auch hier schon
sehr schnell ein brauchbares Modell entstanden. Besonders wenn Sie über die Möglichkeit
der Modellierung mit Metaobjekten verfügen,
so wird das Zusammenführen mehrerer Objekte noch einfacher zu handhaben (Abb. 13).

Boolesche Operationen

Wenn weniger der Übergang zwischen Objekten, sondern einfach nur die Kombination zu
einem neuen Ganzen gewünscht ist, so bieten
sich die Booleschen Operationen an. Es gibt
dabei verschiedene Einstellungen, wobei nicht
nur Additionen von Objekten, sondern auch
Subtraktionen und Schnittmengen berechnet
werden können. Boolesche Operationen arbeiten oft nur mit Polygonobjekten zusammen
und können so für die Modellierung von Käfigen für Über-NURBS eingesetzt werden. Natürlich lassen sich mit ihrer Hilfe auch sehr
schnell komplexe Modelle aus Grundkörpern
erzeugen (z. B. für Morphing, wie weiter unten
beschrieben).

Auch hier möchte ich kurz die Arbeitsweise
an einem einfachen Beispiel demonstrieren.

Boolesche Operationen

1. Objekte erzeugen

Die einfachste Möglichkeit besteht natürlich im Abrufen implementierter Grundkörper. Hier habe ich einen Würfel, eine Kugel und einen Zylinder ausgesucht (Abb. 14).

▲ Abbildung 14
Einfache Grundkörper als Ausgangsobjekte

2. Positionieren

Als nächstes positioniere ich die Objekte dort, wo sie später im fertigen Modell liegen sollen. Wichtig ist dabei, daß es zu Überschneidungen mit der jeweiligen Geometrie kommt (Abb. 15). Ansonsten kann der Algorithmus kein Ergebnis liefern.

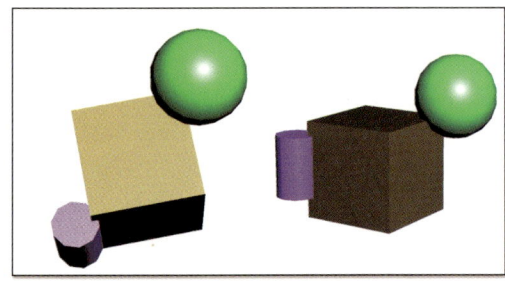

▲ Abbildung 15
Zwei Ansichten der positionierten Körper

3. Addieren der Objekte

Ich habe mich hier für eine Addition der Körper entschieden. Der Algorithmus faßt dabei nicht nur die Körper zu einem Objekt zusammen, sondern entfernt noch alle dann unsichtbaren Flächen. Die Kugeloberfläche endet daher vor der Ecke des Quaders und ragt nicht – wie zu Beginn – in diesen hinein (Abb. 16). Das entstandene Modell wirkt auf den ersten Blick simpel, wäre jedoch mit den bisher kennengelernten Methoden nur unter großen Schwierigkeiten zu modellieren gewesen.

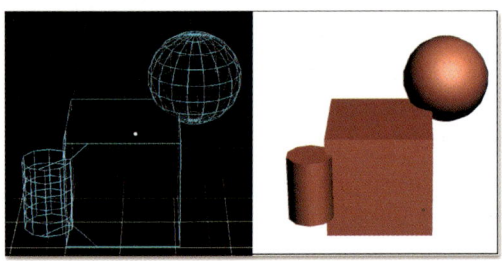

▲ Abbildung 16
Ergebnis der Booleschen Addition

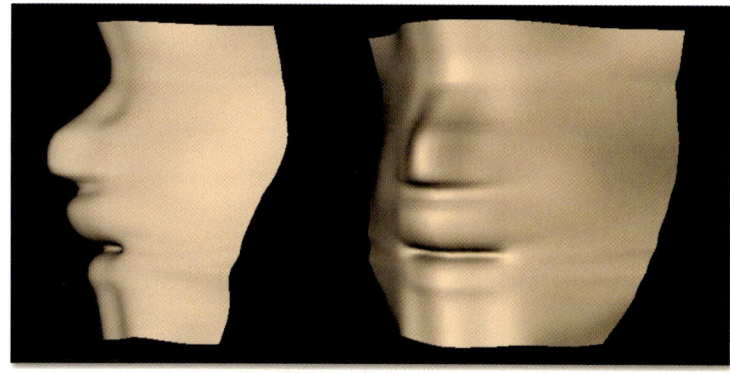

◀ Abbildung 17
Durch interpolierte Splines
definierte Oberfläche

Spline-Interpolationen

Um weich geschwungene Oberflächen zu erzeugen, die auch im Profil tatsächliche Rundungen aufweisen, muß mit interpolierten Splines oder NURBS gearbeitet werden. Die weiter oben erwähnten Splines waren linearer Natur. Sie definierten sich aus geradlinigen Verbindungen zwischen den Kontrollpunkten.

Interpolierte Splines berücksichtigen die Position der Kontrollpunkte derart, daß die berechnete Kurve Ausdruck einer mathematischen Funktion wird. Die Kontrollpunkte dienen dabei als Stützstellen dieser Funktion und werden exakt durchlaufen. Die unterschiedlichen Arten der Interpolation dieses Splines bestimmen dann das Verhalten der Kurvenabschnitte zwischen den Kontrollpunkten.

Vielen von Ihnen sind sicherlich diese interpolierten Splines auch schon in 2D-Programmen aufgefallen, wo Beschneidungspfade oder Umrißlinien durch solche Linien begrenzt werden. Zumeist werden dazu Tangenten in den Kontrollpunkten als Steuermechanismen eingesetzt, die den Kurvenverlauf regelbar machen (Abb. 23).

Wird diese manuelle Möglichkeit der Justierung nicht in Anspruch genommen, berechnet die Software automatisch einen Kurvenzug, der alle vorgegebenen Punkte durchläuft.

Diese interpolierten Splines haben den großen Vorteil, mit relativ wenigen Kontrollpunkten auszukommen. Trotzdem können durch Einflußnahme auf die Tangentensteigungen sehr viele Details zwischen den Punkten visualisiert werden.

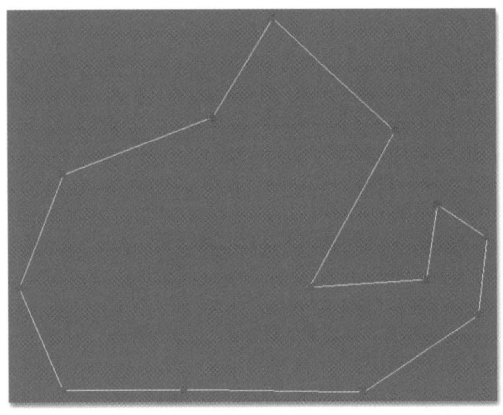

◄ Abbildung 18
Lineares Spline

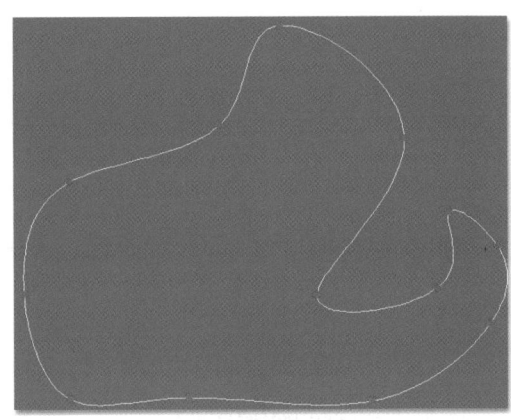

Abbildung 19 ►
Kubisches Spline

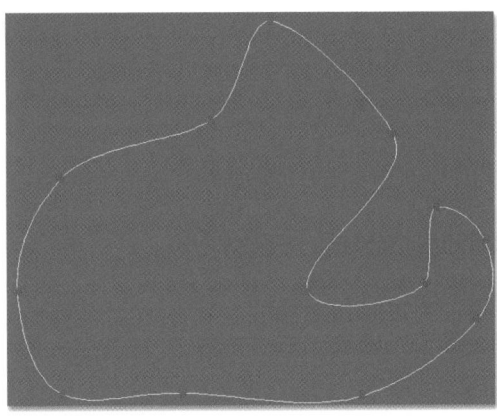

◄ Abbildung 20
Akima-Spline

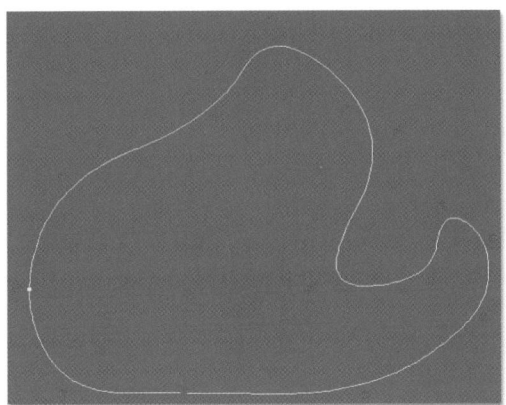

Abbildung 21 ►
B-Spline

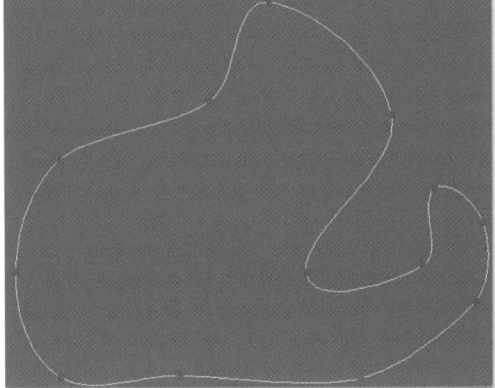

◄ Abbildung 22
Hermites Spline

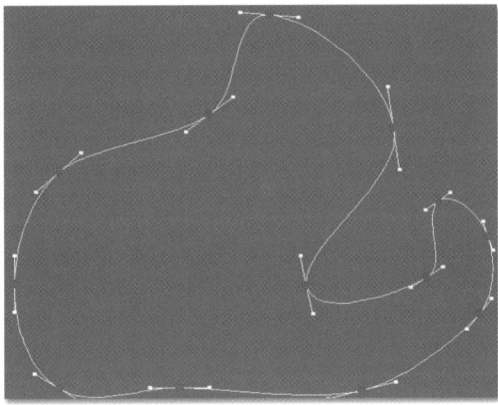

Abbildung 23 ►
Hermites Spline
mit Tangenten
zur weiteren
Kontrolle des
Verlaufs

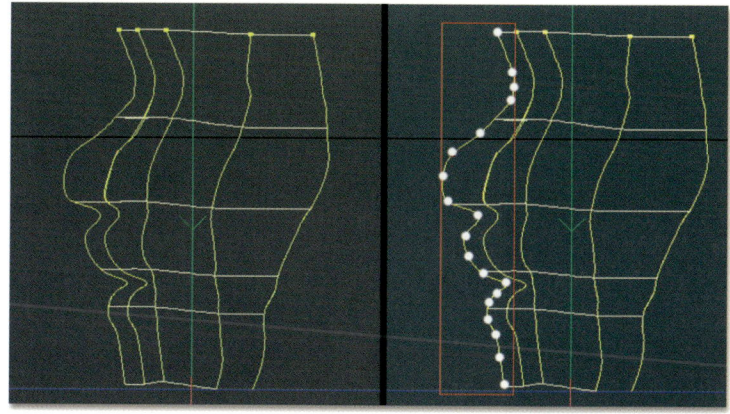

◄ Abbildung 24
Links die interpolierten Splines,
rechts die exemplarisch hervor-
gehobenen Kontrollpunkte eines
dieser Splines

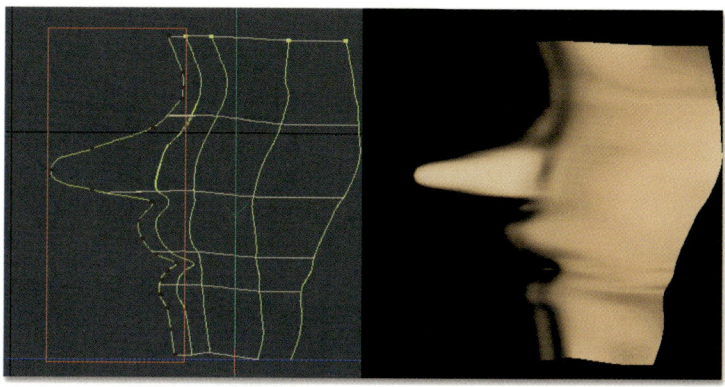

◄ Abbildung 25
Auch grobe Verzerrungen
werden durch interpolierte
Splines exakt umgesetzt.

Organisch weiche Verzerrungen

Da die Kombination mehrerer interpolierter
Splines zu einer Oberfläche ein komplett mathematisch beschreibbares Objekt erzeugt, ist
dieses nahezu auflösungsunabhängig darstell-
bar (Abb. 17). Das heißt, daß selbst bei extre-
mer Annäherung der Kamera an ein entsprechendes Objekt keine störenden Kanten sichtbar werden, wie wir sie von Polygonmodellen
her kennen.

Die quasi automatische Rundung der Linienzüge ermöglicht uns auch eine viel freiere Einflußnahme auf die Geometrie eines derart definierten Körpers. Um bei dem Beispiel des mit
nur wenigen Splines begrenzten Gesichts zu
bleiben, so wird es jetzt erst möglich, extreme
Verzerrungen z. B. der Nase vorzunehmen
(Abb. 25).

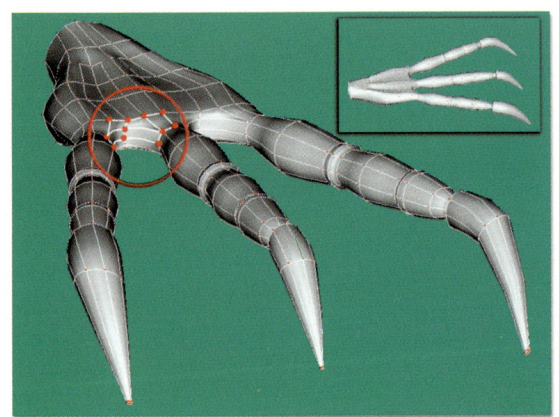

Abbildung 26 ▶
Spline-Patch-Modell mit hervor-
gehobener Verknüpfung

Prinzipiell ist so eine Aktion natürlich auch bei einem Polygonmodell möglich, z.B. mit dem Magnet-Tool. Es müßten jedoch die Unterteilung des Modells und somit die Polygondichte drastisch erhöht werden. Damit kommt es in den verzerrten Bereichen zu keinerlei unerwünschten Anomalien der Geometrie und somit zu Fragmenten bei der Schattierung.

Bei einem aus Splines aufgebauten Modell muß die Dichte der Kontrollpunkte nicht erhöht werden. Der mathematisch exakte Verlauf der Kurve durch die Punkte ist unabhängig von dem Abstand der Punkte zueinander.

Spline-Patches

Die bereits mehrfach angesprochene Problematik bei verzweigten Oberflächen, siehe Beispiel »Hand«, läßt sich jedoch auch mit den interpolierten Splines kaum lösen. Dazu ist eine beliebige Kombinierbarkeit von Splines nötig, die man Patch-Modeling nennt (Abb. 26).

Dabei können Oberflächen – wie bekannt – durch interpolierte Splines definiert werden. Zusätzlich besteht die Möglichkeit, die Kontrollpunkte der Splines als »Andock-Punkte« für Splines anderer Objekte zu verwenden. Der große Vorteil dabei ist, daß das dabei entstehende Mesh weiterhin durch Tangenten editierbar und durch mathematische Algorithmen beschreibbar ist. Es bleibt nämlich bei der eindeutigen Zuweisung jedes Oberflächenpunkts zu einer Raumkoordinate und somit bei der Möglichkeit der mathematischen Beschreibung des Objekts.

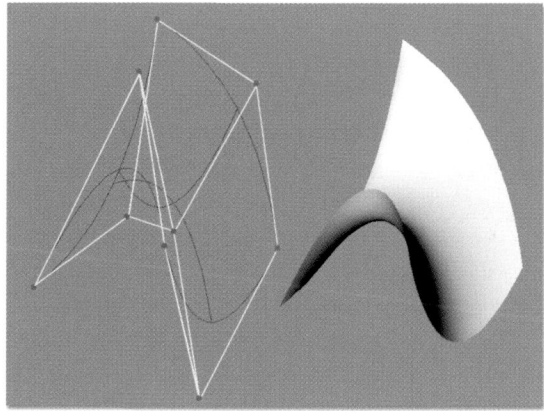

◄ Abbildung 27
NURBS-Oberfläche, definiert
durch nur neun Kontrollpunkte

Surface Extrusion

Leider bieten nur sehr wenige Programme bislang eine solche Funktionalität an. Zumeist
werden nur die »normalen« Splines verschiede-
ner Interpolationsmethoden angeboten. Um
das Verknüpfungsproblem mehrerer Objekte
zu umgehen, hat man die Polygonwerkzeuge
derart erweitert, daß sich abzweigende Oberflächen ohne Boolesche Operationen aus diesen heraus entwickeln lassen. Man spricht hier
oft von »Surface Extrusion«, also dem Heraus-
ziehen von Polygonen oder Polygongruppen
aus der Oberfläche eines Modells.

Der große Vorteil dieser Funktion liegt in der
Konservierung der restlichen Oberfläche (bei
Booleschen Operationen kommt es oft zur Hin-
zufügung von zusätzlichen Unterteilungen) und
in der Schaffung neuer Polygon-Flächen, die di-
rekt mit der alten Geometrie verbunden sind.
Ein kurzes Beispiel verdeutlicht eine typische
Vorgehensweise.

NURBS

NURBS, also Flächen, die durch Tangenten und
Kontrollpunkte gesteuert werden, wurden bislang nur am Rande erwähnt, bieten jedoch die
mächtigsten Möglichkeiten, organische Formen umzusetzen, die im Character Modeling
besonders wichtig sind.

Mittlerweile haben sich mehrere Spielarten
etabliert, welche die Vorteile der interpolierten
Splines mit einer Kontinuität der Oberflächen-
krümmung bei Verzweigungen kombinieren.

NURBS als Einzelobjekte verhalten sich wie
ein B-Spline. Dabei werden die vorgegebenen
Kontrollpunkte nicht als Kurvenpunkte benutzt, sondern zur Berechnung einer Tangen-
tensteigung herangezogen. Die virtuelle Verbindung zweier benachbarter Kontrollpunkte
gibt dadurch die Steigung des Kurvenverlaufs
zwischen den Punkten an.

Durch diese Art der Kurvenführung werden
Überschwingungen und extreme Krümmungen
vermieden.

Surface Extrusion zur Erzeugung von Verzweigungen

1. Gewünschten Bereich auswählen

Je nach gewünschter Lage und Größe des neu anzusetzenden Körpers muß zuerst das ursprüngliche Objekt weiter unterteilt werden. Es können schließlich nur dort Oberflächenelemente ausgewählt werden, wo sich auch welche befinden. Das rot umrandete Polygon zeigt hier den ausgewählten Bereich an, der extrudiert werden soll (Abb. 28).

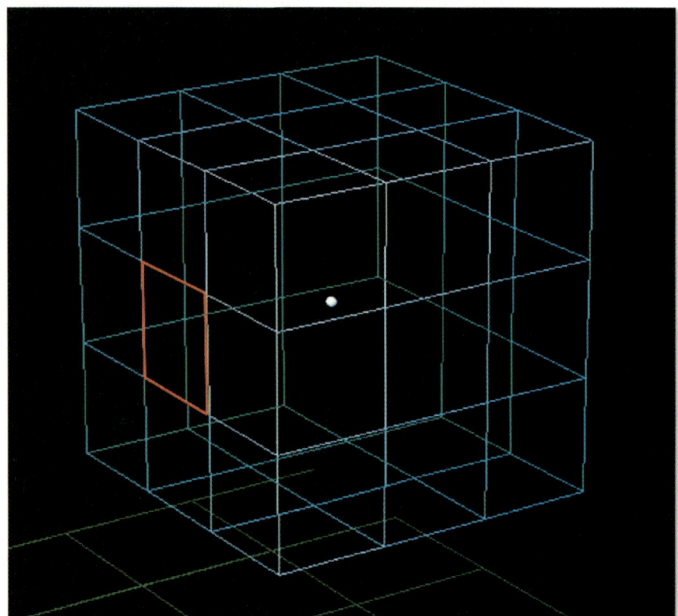

▲ Abbildung 28
Entsprechend unterteiltes Objekt mit ausgewählter Ansatzstelle

2. Gewünschte Extrudierung vornehmen

Wird nun mit dem entsprechenden Werkzeug eine Verschiebung des ausgewählten Oberflächenelements vorgenommen, werden automatisch verbindende Polygone erzeugt, welche die ursprüngliche Geometrie mit der neuen verbinden. Das Problem der nachträglichen Verbindung entfällt also. Diese Schritte können nun beliebig oft fortgeführt werden. Man ist also nicht auf eine einzige Extrusion beschränkt (Abb. 29).

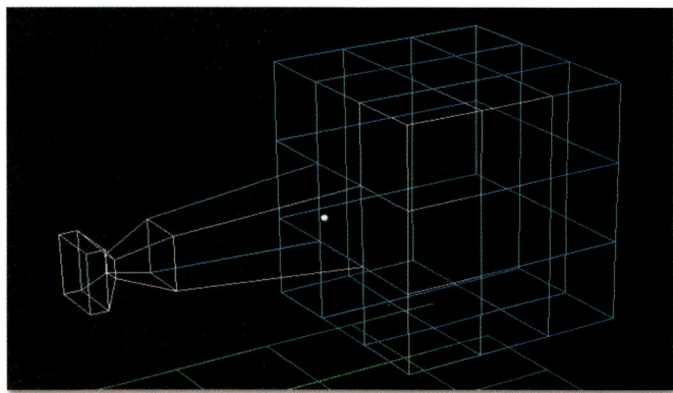

▲ Abbildung 29
Die ausgewählten Polygone werden mehrfach extrudiert.

3. Glättung der Oberfläche

Um einen Nutzen für die Modellierung organischer Körper aus diesem Werkzeug zu ziehen, muß die neue Geometrie nun noch geglättet werden. Dabei werden Oberflächen durch die Polygonecken interpoliert, die sich beliebig fein durch neue Polygone auflösen lassen. Es entstehen somit aus sehr einfachen Polygonmodellen weiche Formen, die sich optisch durchaus mit interpolierten Spline-Oberflächen messen können.

Der große Nachteil besteht jedoch in der sehr hohen Anzahl an Polygonen, die erzeugt werden. Zudem entfällt eine Möglichkeit zum manuellen Eingreifen in die Definition der berechneten Oberfläche. Tangenten, wie bei Splines werden hier in der Regel nicht angeboten.

Auf der Haben-Seite ist jedoch die selektive Glättung zu nennen, wobei Teile der Geometrie von der Glättung ausgenommen werden können (Abb. 30). Diese Mischung aus scharfen Kanten und gerundeten Oberflächenstücken ist mit Splines nicht immer ohne weiteres möglich. Oft muß man sich für eine Variante entscheiden.

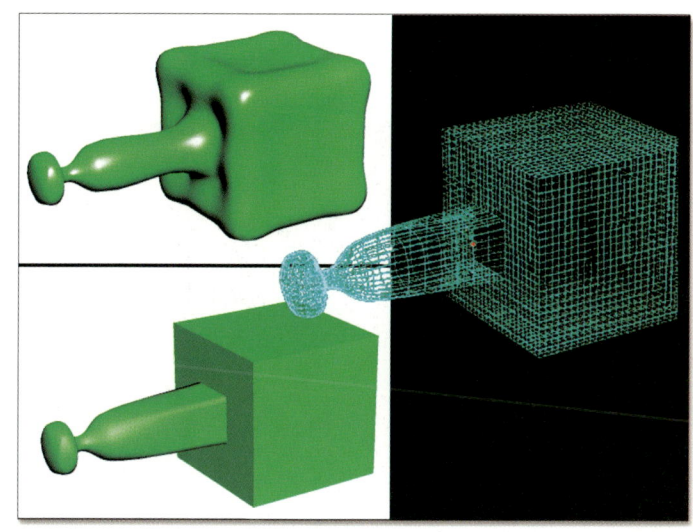

▲ Abbildung 30
Beispiele selektiver Glättung und dabei erzeugtes Mesh

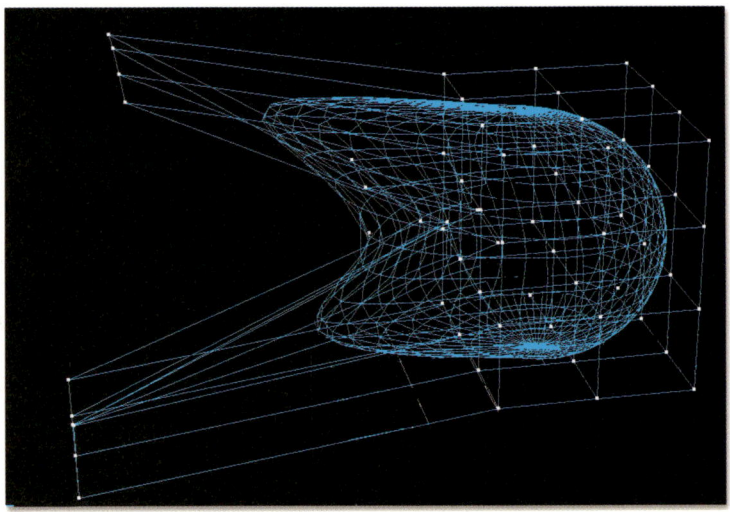

Abbildung 31 ▶
Über-NURBS werden durch den
umgebenden Polygonkäfig
geformt.

Hyper-NURBS

Kombiniert man mehrere NURBS zu einer
NURBS-Oberfläche, können zwischen den
stützenden NURBS sehr weiche Übergänge berechnet werden (Abb. 27). Die Oberfläche
bleibt jederzeit durch die Kontrollpunkte der
Einzel-NURBS editierbar. Diese »normalen«
NURBS erlauben jedoch – ähnlich den Splines –
nur unter größeren Anstrengungen Verzweigungen der Oberfläche. Die Weiterentwicklung
der NURBS, die sogenannten Über- oder Hyper-NURBS, macht dies nun möglich (Abb. 31).

Der Grund, weshalb ich diese modernen 3D-
Werkzeuge erst jetzt gezielter anspreche, ist
der, daß Sie alle bislang angesprochenen Techniken mit den neuen Über-NURBS kombinieren können. Sie können also ein relativ grob

unterteiltes Polygonmodell, das Sie vielleicht
mit Surface Extrusions oder Booleschen Operationen erzeugt haben, mit einem Über-NURBS
verbinden und so sehr schnell komplexe Modelle kreieren.

Noch besser ist jedoch die Möglichkeit, direkt mit einem Über-NURBS Modell zu arbeiten. Dabei wird oft ein NURBS-Quader als Startobjekt benutzt, der dann über virtuelle Messer
und bekannte Surface-Extrusion-Werkzeuge
bearbeitet werden kann.

Dieser Kontrollpunkte des Quaders dienen
dabei als NURBS-Kontrollpunkte. Somit verformt die Manipulation der Quader-Polygone
auch das eingeschriebene NURBS-Modell.

Animationswerkzeuge

Da nun die wichtigsten Modeling-Werkzeuge kurz angesprochen wurden, werde ich jetzt die für die Animation wichtigen Tools vorstellen. Sie werden feststellen, daß uns für anspruchsvolle Animationen eigentlich nur wenige Hilfsmittel zur Verfügung stehen, zumindest im Vergleich zu den vielfältigen Möglichkeiten bei der Modellierung. Um so wichtiger ist das vollständige Verständnis der Arbeitsweise und der Möglichkeiten.

Inverse Kinematik

Beginnen möchte ich mit der **Inversen Kinematik**. Dies ist ein Werkzeug, mit dessen Hilfe Bewegungen zusammenhängender Objekte leichter umzusetzen sind. Dazu muß ein Modell aus mehreren separaten Objekten zusammengesetzt sein, die entsprechend ihrer Bewegungsfreiheit hierarchisch geordnet werden. Es entstehen dadurch verzweigte Hierarchien (Abb. 32).

Werden nun die Endglieder dieser Verzweigungen bewegt, so folgen die angrenzenden Objekte entsprechend ihren Beschränkungen. Diese Folgebewegungen pflanzen sich so lange in dem Modell fort, bis ein Anker- oder Wurzelobjekt erreicht wird. Mit dieser Methode kann z.B. eine Hand verschoben werden, und der restliche Arm folgt entsprechend nach, obwohl er aus weiteren Einzelteilen besteht.

Um unzulässige Verrenkungen auszuschließen, können für alle Elemente einer IK-Kette (Inverse Kinematik-Kette) Grenzwinkel vorgegeben werden, die das Element nicht überschreiten kann. Dies verhindert z.B. das Durchdrücken eines Knies nach hinten oder eine Kopfdrehung um 360 Grad.

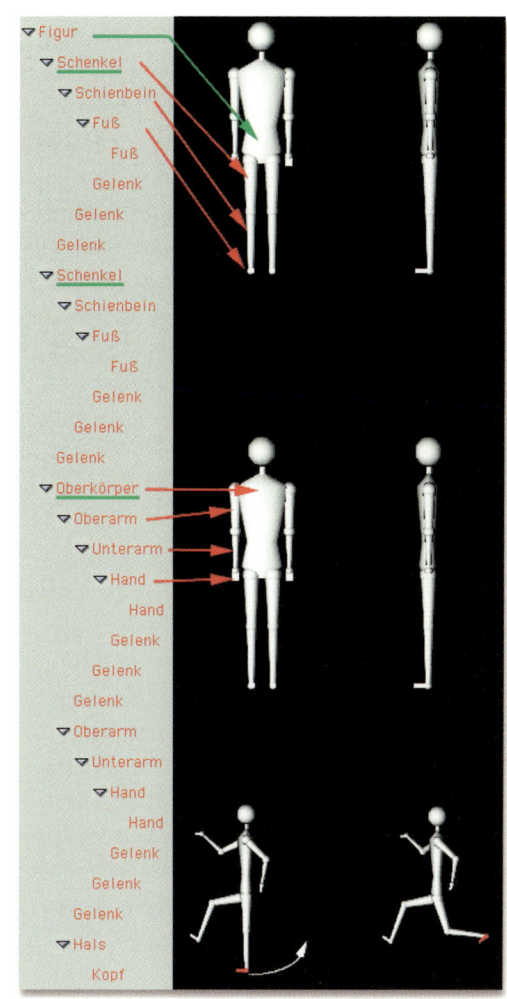

▲ Abbildung 32
Hierarchie einer einfachen Figur und IK-Bewegung des Beins durch Verschiebung des Fußobjekts

Vorteil dieser IK-Technik ist ganz klar die Beherrschung verzweigter Ketten durch Manipulation von nur wenigen Gliedern der Kette.

Eine Figur für Inverse Kinematik vorbereiten

1. Figur aus Einzelobjekten modellieren

Inverse Kinematik hat nur Sinn, wenn ein zu bewegendes Objekt aus mehreren Einzelteilen zusammengesetzt wird. Diese dürfen nicht durch Boolesche Operationen oder andere kombinierende Werkzeuge zusammengefaßt werden.

Positionieren Sie alle Einzelobjekte dort, wo sie in der fertigen Figur auftreten sollen (Abb. 33). Dabei spielt es keine Rolle, ob das Modell eine Maschine, ein Mensch, ein Tier oder eine andere Kreatur darstellen soll.

2. Drehachsen positionieren

Jedes Objekt besitzt ein lokales Koordinatensystem, das u.a. für die Berechnung von Translationen und Rotationen herangezogen wird. Diese lokalen Drehzentren müssen nun an die Positionen verschoben werden, um die das jeweilige Objekt gedreht werden soll. Soll ein einfacher Zylinder einen Oberarm darstellen, so muß dessen lokales Koordinatensystem also an das obere Ende verschoben werden, wo das virtuelle Schultergelenk liegt (Abb. 34). Je nach Geometrie kann es dabei durchaus vorkommen, daß ein lokales Koordinatensystem auch außerhalb eines Objekts liegt.

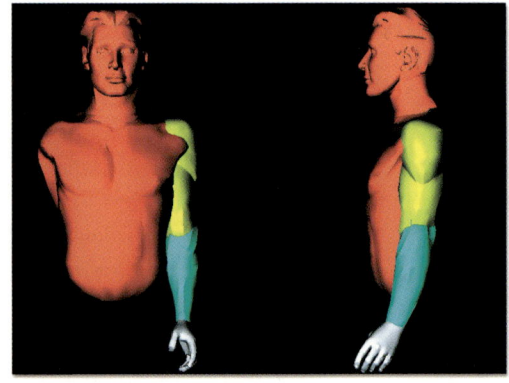

▲ Abbildung 33
Torso aus farbig markierten Einzelteilen

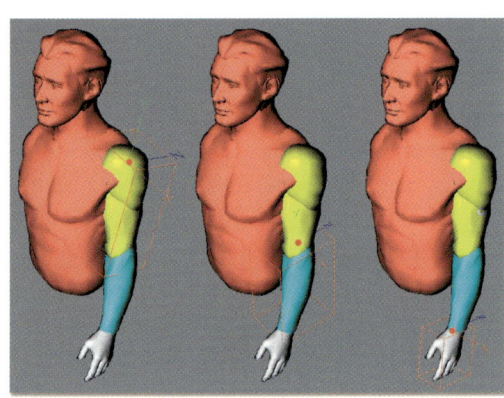

▲ Abbildung 34
Lokale Koordinatensysteme der Einzelteile

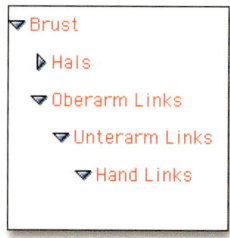

▲ Abbildung 35
Hierarchie der beweglichen Einzelteile

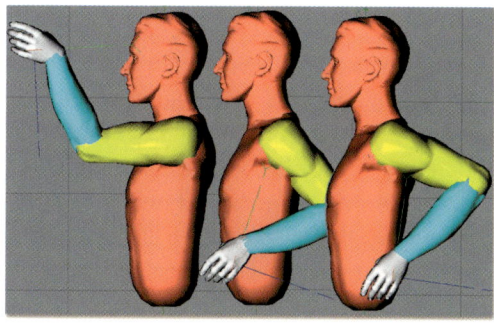

▲ Abbildung 36
Mögliche Bewegungen durch einfaches Ziehen an der Hand

3. Hierarchisch ordnen

Zuerst muß ein Anker- oder Wurzelobjekt bestimmt werden, das günstigenfalls im Zentrum des gesamten Objekts liegt. Bei menschlichen Modellen ist dies zumeist der Bauch oder die Hüfte.

Als nächstes werden jetzt die abzweigenden Körperteile in logische Ketten geordnet und dem Ankerobjekte untergeordnet. Eine solche Kette könnte z. B. »Hüfte, Oberschenkel links, Unterschenkel links und Fuß links« heißen (Abb. 35). Durch diese Anordnung kann die Software bei den folgenden Animationen Beziehungen zwischen den Objekten herstellen, die natürlich Bewegungsabläufe ermöglichen.

4. Animieren

Um eine derart vorbereitete Figur zu animieren, genügt die Bewegung der letzten Glieder der Hierarchien, also bei einem menschlichen Modell der linken oder rechten Hand, des linken oder rechten Fußes oder des Kopfes (Abb. 36). Wird eines dieser Glieder bewegt, folgen die in der Hierarchie zwischen diesem und dem Ankerelement liegenden Objekte entsprechend den gewählten Einstellungen.

Zusätzlich bleibt es weiterhin möglich, alle Objekte unabhängig von ihrer Position separat zu bewegen. Die zum Ende eines Zweiges nachfolgenden Objekte werden dann jedoch nicht von der Inversen Kinematik beeinflußt.

Auto-IK

Mitunter lassen sich jedoch ohne weitere Vorkehrungen nicht die gewünschten Posen herstellen, da eben doch eine Kontrolle jedes einzelnen Objekts einer Kette nötig ist. Hier kommt dann die **Auto-IK**, wie sie in einigen Programmen genannt wird, ins Spiel.

Alles nicht ganz einfach zu verstehen, wenn man dies zum ersten Mal hört. Dies wird aber sicher deutlicher, wenn wir zu einem späteren Zeitpunkt eben das in einem Workshop schrittweise durchexerzieren.

Bislang hatte die IK nur etwas mit separaten Objekten zu tun, die einen festen Dreh- und Angelpunkt hatten. Besteht das zu bewegende Modell jedoch nur aus einem Mesh, ist es also nicht in den gewünschten Gelenken unterbrochen, so kommen wir mit dieser Technik nicht weiter.

Bones

Hier greifen die **Bones** ein, die zwischen Single-Mesh und Einzelobjekten keinen Unterschied machen. Bones sind künstliche Unterteilungen der Geometrie in beliebige Abschnitte. Zwischen diesen Abschnitten zweier angrenzender Bones entsteht ein Gelenk (Abb. 37).

Werden die Bones bewegt, so verhalten sie sich wie normale Objekte auch, mit dem Unterschied, daß sie im fertigen Bild nicht berechnet werden.

Es handelt sich um bloße Hilfsobjekte, deren optische Erscheinung im Programm nur dazu dient, sie exakt innerhalb eines Modells plazieren und bewegen zu können.

Über Dialoge lassen sich Wirkbereiche der Bones einstellen, in denen das sie umgebende Mesh, egal aus wie vielen Objekten es sich zusammensetzt, mit dem Bone fest verbunden wird. Wird das Bone bewegt, so folgt das im Wirkbereich gelegene Mesh entsprechend mit.

Hinter dem Wirkbereich liegt ein Fade-Zone, ein Bereich, in dem der Einfluß des Bones langsam nachläßt. So wird erreicht, daß eine Bone-Bewegung das Mesh weich verformen kann.

Werden mehrere Bones zu der bekannten Hierarchie zusammengefaßt, so kann wieder IK auf die Bones angewendet werden. Prinzipiell bleibt die Arbeitsweise mit der bereits erwähnten bei Modellen aus mehreren Einzelteilen identisch, hat man die Bones erst einmal so im Objekt plaziert, daß die Gelenke an den gewünschten Stellen liegen.

Kontrollskelett

Dabei lassen sich beliebige Objekte mit dem hierarchischen verknüpften IK-Objekt eines Modells so verbinden, daß eine Bewegung dieses Objekts so wirkt, als hätte man direkt in die Hierarchie des Modells eingegriffen.

Es lassen sich so kontrollierte Bewegungen für jedes Element eines Körpers vorgeben, ohne auf die Vorteile der IK in bezug auf Dämpfung und Winkelbegrenzung verzichten zu müssen. Dazu können und müssen dann mehrere Anker- bzw. Wurzelobjekte im Körper angelegt werden, um die Wirkung jedes dieser außerhalb des Körpers liegenden Kontrollobjekte auf bestimmte Abschnitte begrenzen zu können.

Es entsteht also ein außerhalb des eigentlich zu animierenden Körpers liegendes Kontrollskelett, dessen Manipulation auf die zugewiesenen Einzelobjekte oder Objektgruppen übertragen wird.

◄ Abbildung 37
Erstelltes Modell (links), mit gelb
eingezeichneten Bones (rechts)

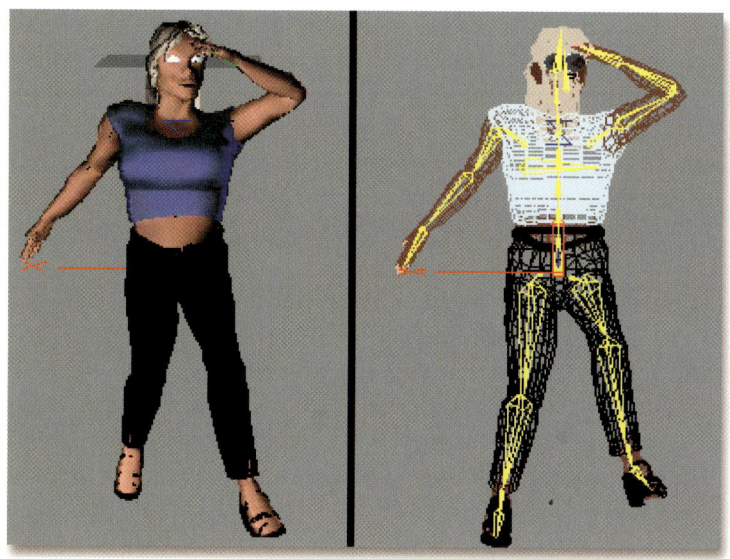

◄ Abbildung 38
Bones (rechts, gelb) verzerren
das beliebig zusammengesetzte
Modell.

Nun werden statt der Einzelobjekte des Modells die Bones bewegt, die wiederum das Mesh verzerren (Abb. 38).

Prinzipiell lassen sich mit Bones größere Bereiche eines Meshs besser verformen als z.B. Mimikbewegungen im Gesicht umsetzen. Hierfür gibt es Spline-Bones, welche die Eigenschaften eines Bones mit dem Verlauf eines Splines kombinieren. Dies hat den Vorteil, den zu verzerrenden Bereich besser abgrenzen zu können. Leider bieten bislang noch nicht alle Programme diese Bones an, weshalb gerade im Gesicht oft noch mit **Morphing** gearbeitet wird.

Morphing

Beim Morphing wird über die Zeit eine Form in eine andere überführt. Dabei gibt es jedoch wichtige Einschränkungen. Das Objekt selbst und das Zielobjekt, zumeist »Target« genannt, müssen über die gleiche Anzahl an Punkten und Kanten verfügen. Dies ist deshalb notwendig, da jeder Punkt im Startobjekt eine Bewegung zu seiner Endposition im Target vollführen soll. Gibt es keinen solchen Punkt, so müßte die Software Punkte zusammenfassen oder neue entstehen lassen. Allein im Hinblick auf die verwendete Textur kann man sich leicht ausmalen was passiert, wenn eine uv-gemappte Textur Koordinaten verliert. Die Textur wird verschmieren.

Selbst bei gleicher Punkt-/Kantenanzahl kann es jedoch zu Problemen kommen, da bei stark unterschiedlichen Formen die Software nicht vorausahnen kann, welcher Punkt zu welcher Position wandern soll. Es kann während des Morphings also zu Durchdringungen oder zu ungewollten Zwischenstadien kommen. Um alle diese Probleme zu vermeiden, verwendet man oft die im folgenden Workshop verwendete Technik.

Gewichtetes Morphing

Viele Programme sind auch in der Lage, gewichtet zu morphen. Das bedeutet, mehrere Morph-Targets können unterschiedlich gewichtet zu einem Ergebnis zusammengefaßt werden, was sich in keinem der Targets so wiederfindet.

Hierzu ein **Beispiel:** Sie haben ein Gesicht mit offenen Augen und ein daraus entstandenes Target mit geschlossenen Augen modelliert. Normalerweise ist es nun nicht möglich, die Augen in einer Animation nur halb zu schließen. Der Morph wird immer bis zum Target durchlaufen, also bis die Augen geschlossen sind. Hat man jedoch die Möglichkeit, gewichtet zu morphen, weist man dem Target einfach eine Stärke von 50% zu, und die Augen können auf Dauer halb geschlossen werden.

Sicherlich können Sie sich vorstellen, wie mit einer Kombination mehrerer Targets unendlich viele Möglichkeiten entstehen können, den Gegenstand zu verformen – zumal oft auch negative Gewichtungen vorgenommen werden können. Das Auge wird dann bei -100%-Gewichtung des »Augen zu«-Targets nicht geschlossen, sondern im Gegenteil in die exakt andere Richtung geöffnet, also über das normale Maß der geöffneten Augen hinaus.

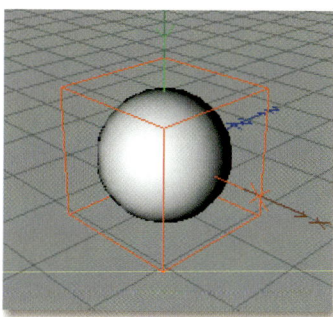

▲ Abbildung 39
Eine Kugel als Startobjekt

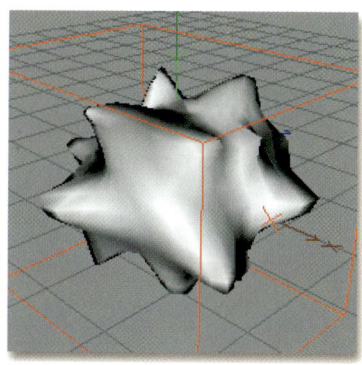

▲ Abbildung 40
Eine beliebig veränderte Kopie der Kugel wird als Target
definiert.

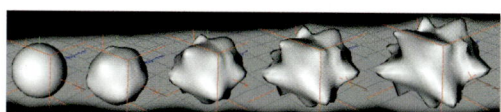

▲ Abbildung 41
Morph-Sequenz der Kugel bis zum Target

Erstellen von Morph-Targets

1. Ausgangsobjekt modellieren

Zuerst wird ein Modell benötigt, das sich über die
Zeit verändern soll. Hier sind wir weder an Anzahl noch an Lage der Polygone und Punkte ge-
bunden und können ohne Rücksicht auf Limitierungen ein beliebiges Objekt erstellen. Wichtig
ist nur, daß es aus einer zusammenhängenden
Oberfläche besteht, also nicht aus mehreren separaten Objekten zusammengesetzt ist, die nur
hierarchisch und nicht z.B. über Boolesche Operationen verbunden wurden (Abb. 39).

2. Anfertigen einer Kopie

Ist man mit dem Ergebnis soweit zufrieden, dupliziert man einfach das Modell. An dieser Kopie
werden später die Veränderungen vorgenommen,
die eines der Morph-Targets repräsentieren sollen
(Abb. 40). Das Modell wird dann als »Fahrplan«
für die Punkte und Kanten des ursprünglichen
Modells genutzt, um dieses in das Target zu über-
führen. Das Modell des Targets kann später auf
unsichtbar geschaltet werden.

3. Anfertigen eines Targets

Mit beliebigen Punkt- oder Magnetwerkzeugen
kann nun die Kopie verzerrt und deformiert werden. Es können sogar mit Bones verzerrte Bewe-
gungsstadien eines Modells als Targets definiert
werden. Auf diese Art und Weise können aus
dem Urobjekt beliebig viele Targets modelliert
werden, die automatisch alle den strengen
Morph-Kriterien genügen.

Zudem kann man selbst über die Manipulation
der Punkte und Polygone die Bewegung eben
dieser während der Animation abschätzen und
Problemen bei komplexen Verformungen durch
Modellierung mehrerer Targets für einen Morph
aus dem Weg gehen.

Da für jedes Target ein komplettes Objekt im Speicher gehalten werden muß, auch wenn das Target nur ganz kurz benötigt wird, hat diese Technik ökonomische Grenzen. Sie eignet sich vorwiegend für kleinere Objekte. Es wäre möglich, einen kompletten Menschen nur über Morphing zum Laufen zu bringen, jedoch würde dies in Anbetracht der Möglichkeiten von Bones niemand für sinnvoll halten.

Morphing eignet sich besonders für den Bereich Spezialeffekte und der bereits angesprochenen Mimik, wo zum Teil Veränderungen der Geometrie auf kleinstem Raum stattfinden.

In neueren Spielarten des Morphings ist es möglich, dessen Arbeitsweise zu nutzen, ohne separate Targets erstellen zu müssen. Dabei werden Manipulationen von Punkten, also Verschiebungen und Verzerrungen von Geometrien, als Keys speicherbar gestaltet. Es werden also nur die Informationen im Speicher gehalten, die sich tatsächlich verändert haben, anstatt das komplette Objekt, in dem sich vielleicht nur ein kleiner Teil verändert hat. Hier geht die Entwicklung neuer Tools laufend weiter. Auch Bones, denen unsymmetrische Punktmengen zugeordnet werden können, zählen dazu.

Wie Sie nun tatsächlich erste Characters erstellen und für Ihre Arbeiten nutzen können, wollen wir im folgenden Kapitel am Beispiel von Computerspielen beobachten.

Spielen mit Characters

Modellieren einer Spielfigur à la Lara Croft

Denkt man an 3D Characters in Computerspielen, dann denkt man an Lara Croft und die Spielserie »Tomb Raider« von Eidos Interactive. Wie keine andere Spielfigur versteht sie es, die Grenze zwischen Virtualität und Realität zu verwischen.

▶
Lara Croft

EINLEITEND EINIGE TEXTPASSAGEN AUS DEM LARA Croft-Magazin, einem eigenen Magazin nur über das virtuelle Idol Lara Croft. Alle hier abgedruckten Bilder von Lara Croft wurden von Eidos Interactive und Core Design zur Verfügung gestellt. Herzlichen Dank auch an dieser Stelle für die freundliche Unterstützung.

Zur Person:

Name: Lara Croft
Nationalität: britisch
Geburt: 14. Februar 1968 in Wimbledon, Surrey
Familienstand: ledig
Blutgruppe: AB-
Größe: 180 cm
Gewicht: 59,7 kg
Maße: 86-61-89
Haarfarbe: braun
Augenfarbe: braun
Ausbildung: Privatunterricht (von 3 bis 11 Jahre), Wimbledon High School für Mädchen (von 11 bis 16 Jahre), Gordonstough Boarding School (von 16 bis 18 Jahre), Swiss Finishing School (von 18 bis 21 Jahre).
Sport: Sie ist kein Fan von Mannschaftssportarten, bevorzugt statt dessen Freeclimbing und Schießen.

Werdegang: Als Tochter von Lord Henshingley Croft in der sicheren Welt des Adels aufgewachsen, entdeckte Lara während ihrer Zeit in Gordonstough die schottischen Berge (Freeclimbing). Die Schulzeit in der Schweiz nutzte Lara zum Extrem-Skisport. Um neue Herausforderungen zu finden, reiste sie während der Ferien in den Himalaya. Ein Flugzeugabsturz, den sie als einziger Passagier überlebte, änderte ihre Einstellung zu allem: Sie sagte sich von ihrem Dasein als Tochter aus gutem Hause los und wurde die unabhängige Abenteurerin, die sie heute noch ist. Ihre Eltern, die sie mit dem Earl von Farrington verheiraten wollten, strichen ihr deshalb alle finanziellen Zuwendungen. Lara lebt von den Verkaufserlösen ihrer Reisebücher und verbringt ihre Zeit damit, extreme Erfahrungen zu sammeln.

Nach dieser Vita ist wohl jedem klar, mit wem wir es hier zu tun haben: Mit Lara Croft, der weiblichen Superheldin der Erfolgsserie Tomb Raider. Mittlerweile befriedigt der vierte Teil der Spielereihe die riesige Fangemeinde. Lara ist Kult. Die Frage nach dem Warum ist das Entscheidende.

Zuerst einmal ist Lara eine echte Sympathieträgerin, und sie kann auf ein paar recht schlagkräftige Vorbilder zurückblicken. Bereits Mitte der 60er Jahre lief im englischen Fernsehen eine Serie namens »The Avengers«, die in Deutschland unter dem Titel »Mit Schirm, Charme und Melone« zu sehen war. Weit über 100 Folgen entstanden mit der Zeit, Agent John Steed (Patrick McNee) war immer dabei. Kult wurden aber nur jene zwei Staffeln, in denen er als Partnerin die ebenso hübsche wie gefährliche Emma Peel (Diana Rigg) an die Seite gestellt bekam. Denn Emma war ihrer Zeit weit voraus: Sie trug anfangs hautenge Kleidung aus schwarzem Leder, galt als Expertin in asiatischer Kampfeskunst, konnte aber auch mit Waffen aller Art umgehen und ließ sich von Männern nichts gefallen.

Vor einigen Jahren trat dann die postapokalyptische Powerfrau »Barb Wire« ins Licht der Öffentlichkeit, erst im eigenen Comicheft, später sogar auf der Leinwand, verkörpert von Idealbesetzung Pamela Anderson. Barb ist extrem sexy, extrem gefährlich, nimmt sich, was sie will, und ist in der Wahl ihrer Mittel nicht zimperlich. Parallelen zur brünetten Abenteurerin aus England sind nicht zu übersehen, dennoch ist Laras Fangemeinde bedeutend größer.

Tatsächlich nimmt Lara momentan fast eine Monopolstellung ein. Weder in der virtuellen noch in der realen Welt kann ihr eine andere Figur das Wasser reichen. Sie hat im Gegensatz zu Emma und Barb nicht hauptsächlich männliche, sondern auch eine Vielzahl weiblicher Fans. Daß Frauen jemanden wie Lara nicht als Konkurrenz, sondern als Vorbild und vielleicht sogar als Freundin akzeptieren würden, ist in der Historie der »großen Diven« eine Seltenheit.

Worin genau liegt nun das »Geheimnis« von Lara Crofts Erfolg? Auch dazu versucht das Magazin, eine Antwort zu geben:

»Was macht Lara so heiß? Ihr Aussehen natürlich. Unglaubliche 4700 Seiten im Internet sind gefüllt mit Diskussionsbeiträgen über Laras knappe Hotpants, ihr lindgrünes Elastiktop, das sich um ihre Kurven spannt, ihre neue Sonnenbrille, die sie so neckisch herunter schiebt, und all die anderen modischen Accessoires. Andere Sites bergen Unmengen von Bildern, die Lara in

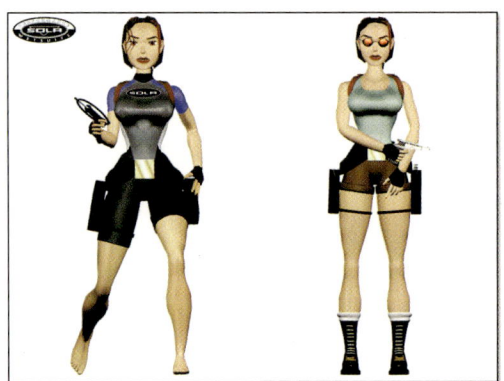

▲ Abbildung 3
Einige Outfits der Abenteurerin Lara Croft
(© by Core Design und Eidos Interactive)

▲ Abbildung 4
Einige Outfits der Abenteurerin Lara Croft
(© by Core Design und Eidos Interactive)

allen möglichen Positionen und mit in mühsamer Heimarbeit entworfenen Designerklamotten zeigen.

»Ich glaube, wenn ein Mann ein schönes Mädchen sieht, denkt er: Wow! Aber wenn dieselbe Schönheit auch noch anständig zutreten kann, dann ist es wow, WOW!«, schwärmt Slappy 300 auf der Site von Gamespot. Und Christopher ist überzeugt: »Tomb Raider wäre bestimmt nicht so erfolgreich, wenn es einen männlichen Star hätte.« »Es ist ein phantastisches Spiel«, stellt Mark fest, »und ich war traurig, als ich es beendet hatte. Aber ich muß eingestehen, daß das Tüpfelchen auf dem i gefehlt hätte, wäre die Hauptperson männlich gewesen. Die Frau sieht so klasse aus, hat so einen unglaublichen Busen, und ich habe sie trotzdem voll unter Kontrolle. Wann passiert das schon mal im richtigen Leben?«

Ein Anzeigenmotiv, das zum zweiten Teil von »Tomb Raider« plakatiert wurde, nimmt genau dieses Thema auf. Dort flötet Lara mit neckischem Augenaufschlag: »Du kannst mich in 2000 verschiedene Positionen bewegen. Versuch das mal mit Deiner Freundin!« Und die

vermeintliche Kontrolle über das Superweib ist exakt der Punkt.

Soweit der Auszug aus dem Lara Croft-Magazin.

Die 3D-Figur der Lara Croft entstand ursprünglich nach Zeichnungen einer seinerzeit neuen Comicfigur (Abb. 2). Die Grafiker ließen sich von der australischen Comicfigur »Tank Girl« sowie der amerikanischen Sängerin Neneh Cherry inspirieren. Erst später entfernte sich Lara mehr und mehr von diesen Vorbildern und entwickelte sich zu der optisch unabhängigen Figur, die wir alle kennen.

Eine Möglichkeit, eine fast ebenso erotische 3D-Figur zu modellieren, möchte ich gerne im nachfolgenden Workshop demonstrieren.

Modelliert wird fast ausschließlich mit Polygonen. Dies hat den Vorteil, daß Sie selbst an jeder Stelle des Modells die Auflösung und Rundung festlegen können. Sie haben es somit auch in der Hand, die Figur frühzeitig auf ihren späteren Verwendungszweck hin zu optimieren.

Innerhalb eines 3D-Spiels muß noch immer auf die Anzahl der Polygone geachtet werden, damit das Spiel flüssig abläuft. Das Polygon-

▲ Abbildung 5
Einige Outfits der Abenteurerin Lara Croft
(© by Core Design und Eidos Interactive)

▲ Abbildung 6
Das Polygongitter der originalen Lara Croft und das
entsprechend berechnete Abbild der Figur
(© by Core Design und Eidos Interactive)

Modeling ist also im Bereich der Character-Modellierung bei Spielen auch im Zeitalter der NURBS und Über-NURBS klar das Werkzeug der Wahl.

Modellieren einer Spielfigur

Um gleichzeitig auch die Modellierung anhand von Fotomaterial zu demonstrieren, habe ich mich der Unterstützung einer hocherotischen Frau versichert, die so freundlich war, mir für diesen Workshop Modell zu stehen.

Dabei handelt es sich um **Tina de Rose**, u. a. Miss Ibiza 1997, Biker Queen 1997 und Miss Harley Davidson. Auch im Fernsehen war sie bereits Gast in mehreren Talk-Shows und hatte Gastauftritte in TV-Serien.

Sie leitet die Künstleragentur »Body Talk« und vermittelt Sänger, Tanzgruppen, Zauberer und erotische Shows für jede Art von Feiern. Nähere Informationen zu Ihrer Agentur finden Sie u. a. im Internet unter www.bodytalk-tina-de-rose.de. Nochmals herzlichen Dank für ihr Mitwirken an diesem Workshop.

Modellieren mit Vorlagen
Um Fotovorlagen zur Modellierung nutzen zu können, müssen einige Voraussetzungen erfüllt sein. Die Fotos müssen so aufgenommen werden, daß die Konturen des Körpers aus mindestens zwei rechtwinkligen Ansichten erfaßt werden. Andererseits sollte die 3D-Software in der Lage sein, die Bildvorlagen auch in den Editorfenstern anzuzeigen.

◄◄
Tina de Rose

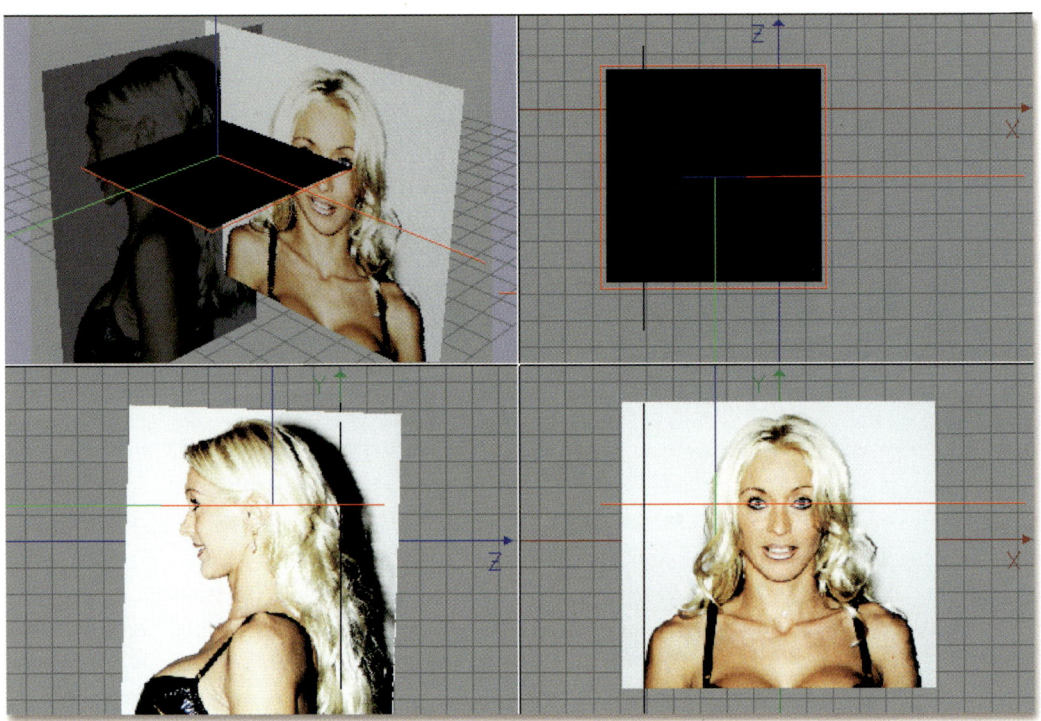

▲ Abbildung 7
Bildvorlagen mit einer Referenzebene abgleichen

Bei der folgenden Modellierung arbeite ich vor allem mit der frontalen Ansicht und einer Ansicht von der Seite. Zusätzliche Aufnahmen aus den gleichen Richtungen, die den Kopf in Nahaufnahme zeigen, sind sehr sinnvoll, da hier kleinste Details erkennbar sein müssen.

Alle Bildvorlagen werden dann in die 3D-Software geladen und entsprechend aufeinander abgestimmt, damit die Größenverhältnisse der Vorlagen übereinstimmen (Abb. 7).

Nachfolgend benutze ich fast ausschließlich sogenannte Polygonwerkzeuge, welche die grundlegendste und älteste Art darstellen, eine Oberfläche im Raum zu definieren. Dabei werden jeweils drei oder vier Punkte im Raum miteinander so verbunden, daß zwischen den

Punkten ein Drei- oder Viereck entsteht. Mit dieser Technik lassen sich – zwar etwas langwieriger als mit Über-NURBS oder ähnlich aktuellen Werkzeugen – beliebige Objekte auch mit der einfachsten Software erzeugen.

Da die Modellierung mit dieser Technik jedoch einiges an räumlichem Vorstellungsvermögen voraussetzt, ist dieser Workshop reich bebildert. Der technische Aufwand dagegen ist relativ gering. Es werden durchweg nur Punkte und Flächen mit Polygonen verbunden. Ich werde mich daher mit erklärenden Worten etwas zurückhalten, da die Bilder die Arbeitsschritte besser wiedergeben können als jede umständliche Erklärung.

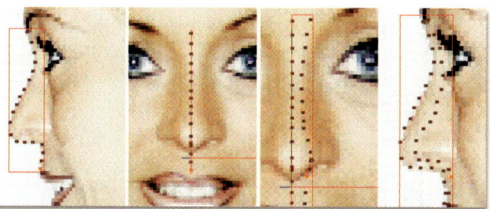

▲ Abbildung 8
Konturen je nach gewünschter Auflösung des fertigen Modells mit einer entsprechenden Anzahl von Punkten abgrenzen

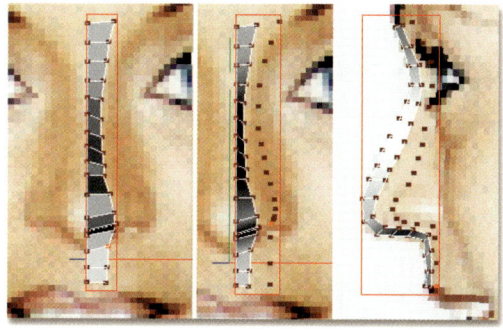

▲ Abbildung 9
Punkte paarweise mit Polygonen verbinden und nach gleichem Schema weitere Punkte ergänzen

1. Das Gesicht vom Nasenrücken bis zur Oberlippe

Nach dem Abgleichen der Bildvorlagen mit einer dazu senkrecht liegenden Ebene kann die Modellierung beginnen. Ich starte dabei sehr oft mit der Nase, da diese das Zentrum des Gesichts darstellt. In der seitlichen Ansicht plaziere ich Punkte entlang des Nasenrückens bis zur Oberlippe (Abb. 8).

Je mehr Punkte verwendet werden, desto detaillierter wird das Modell, desto mehr Arbeit kommt aber auch auf uns zu. Eine Spielfigur für eine 3D-Engine kommt sicherlich mit sehr viel weniger Punkten aus, als im Bild dargestellt. Unser Modell soll jedoch schon etwas weicher aussehen, da es eventuell auch für Zwischensequenzen eingesetzt werden soll.

2. Die Nase

Nach dem gleichen Schema werden nun weitere Punktreihen mit möglichst identischer Punktzahl seitlich ergänzt, um die Form der Nase und des Nasenflügels wiederzugeben. Dabei ist durchaus etwas Vorstellungskraft nötig. Nicht alle wichtigen Linien der Nase sind durch Falten oder Schattierungen auf den Bildern eindeutig begrenzt. Bei diesem Prozeß hilft die schattierte Darstellung der bereits erstellten Polygone, um die definierte Form besser beurteilen und eventuell korrigieren zu können (Abb. 9).

Hat man die Wahl, sollten möglichst nur viereckige Polygone eingesetzt werden. Eventuell später eingesetzte Werkzeuge zur Glättung der Oberfläche können mit dieser Sorte Polygone effektiver umgehen und erzeugen oft bessere Ergebnisse.

3. Das Nasenloch

Das Nasenloch wird vorerst nur als fehlendes Polygon berücksichtigt (Abb. 10). Zudem können Sie sich vorerst auf die Modellierung nur einer Seite der Nase beschränken. Durch eine hinreichend genaue Symmetrie des Gesichts kann die fehlende Hälfte später durch Spiegelung ergänzt werden.

4. Das Auge

Damit später eine normale Kugel als Augapfel eingesetzt werden kann, muß der entsprechende Bereich der Augenlider natürlich schon bei der Modellierung darauf vorbereitet werden.

Ich habe dazu eine Kugel im Modell plaziert und die Punkte der Augenlider auf der Kugeloberfläche verteilt, wie im Bild zu sehen (Abb. 14). Hier bringt wieder die schattierte Darstellung den Vorteil, daß sofort kontrolliert werden kann, ob die Punkte auch exakt auf der Oberfläche der Kugel liegen. Punkte, die innerhalb der Kugel liegen, sind dann nämlich unsichtbar.

Zwei oder drei Polygonreihen reichen vorerst aus, um die Augenlider zu formen (Abb. 15).

Danach sollte die Verbindung zur Nase hergestellt werden, wie im Bild gezeigt (Abb. 16). Die Kugelform ist ab jetzt nicht mehr bindend für die folgenden Polygone, kann jedoch an ihrer Position belassen werden. Diese Kugel werden wir später als Auge texturieren.

Oben kann die Form nun mit Polygonen bis zur Linie der Augenbraue ergänzt werden (Abb. 17). Unten verlängern fast geradlinige Punktreihen die Struktur in Richtung Wange (Abb. 18).

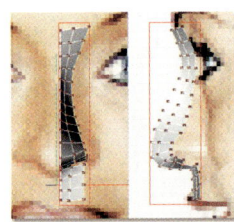

◄ **Abbildung 10**
Zweite Polygonreihe der Nase. Das Nasenloch wird ausgespart.

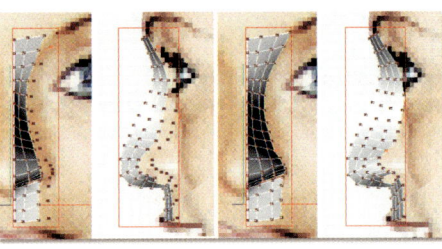

▲ **Abbildung 11**
Verschiedene Ansichten der folgenden Polygonreihen

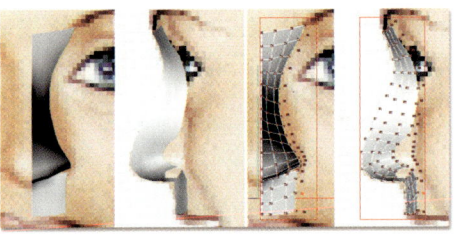

▲ **Abbildung 12**
Schattierte Ansichten und abschließende Punktreihe der Nase

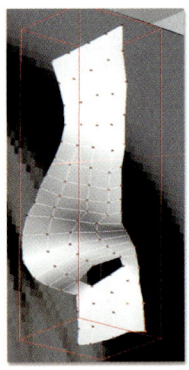

◄ **Abbildung 13**
Verdrehte Ansicht der halben Nase mit Nasenloch

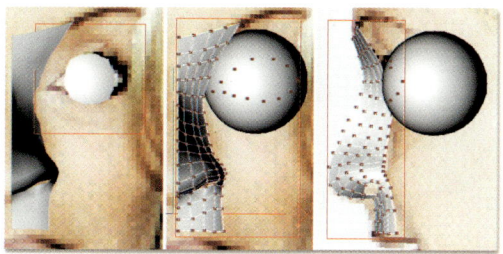

▲ Abbildung 14
Eine Kugel als Platzhalter für das Auge

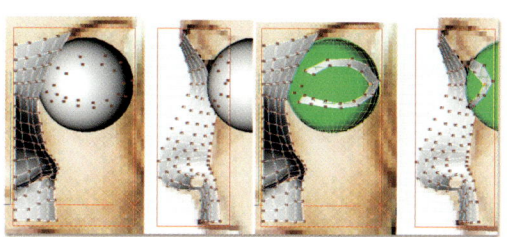

▲ Abbildung 15
Weitere Punktreihen um das Auge herum und
polygonale Verbindungen

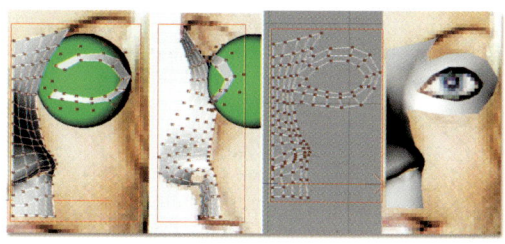

▲ Abbildung 16
Verbindungen von Auge und Nase

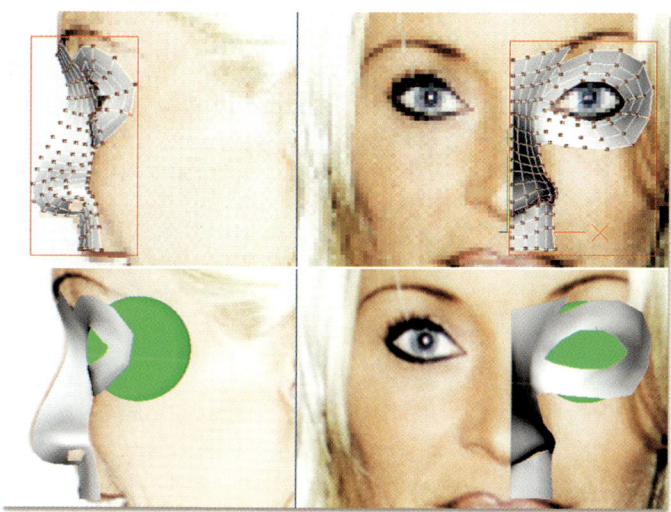

▲ Abbildung 17
Form zur Augenbraue hin ausweiten

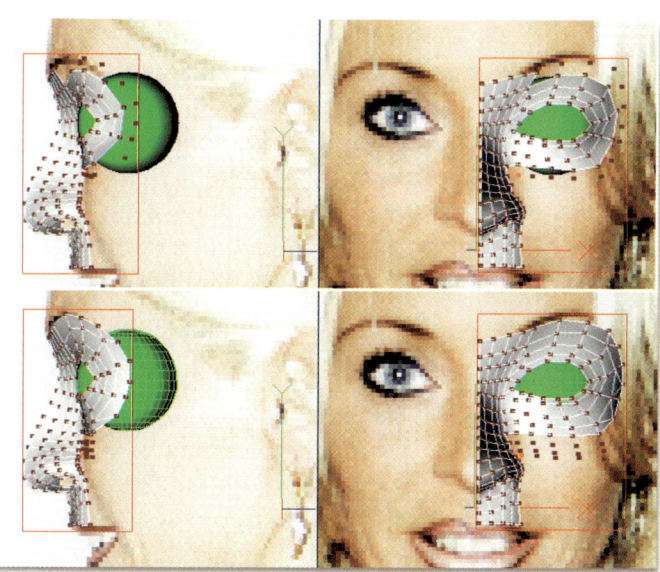

▲ Abbildung 18
Augenbraue ergänzen und Fortführung der Form zur
Wange hin vorbereiten

5. Das Gesicht bis zur Oberlippe

Nach diesem Schema kann das frontale Gesicht bis zur Oberlippe gestaltet werden (Abb. 19).

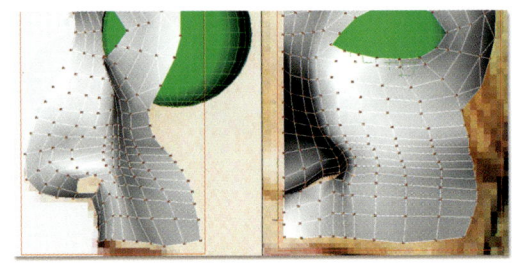

▲ **Abbildung 19**
Polygone bis zur Oberlippe

6. Vermeidung einer scharfen Kante

Damit am Auge später keine scharfe Kante an den Lidern entsteht, kann innen eine weitere Polygonreihe ergänzt werden (Abb. 20). Diese sollte noch nicht in den Bereich der Kugel hinein verschoben werden, damit auch diese Polygone später leichter texturiert werden können. Nach der Texturierung müssen diese Punkte dann natürlich in das Auge hinein verschoben werden.

▲ **Abbildung 20**
Innenauge ergänzen

7. Modellierung des Nasenlochs

Das Nasenloch, das bis jetzt nur ein Loch im Polygonnetz war, sollte durch zusätzliche Verbindungen zu einer zylinderartigen Form modelliert werden (Abb. 21)

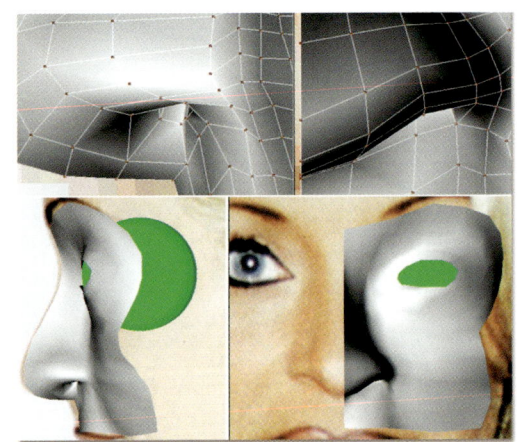

▲ **Abbildung 21**
Nasenloch formen

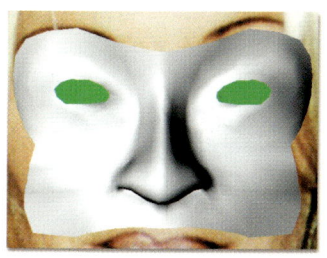

◄ Abb. 22
Gespiegelte
und
verbundene
Hälften

8. Spiegelung der Gesichtshälfte

Eine Gesichtshälfte ist somit fertig und kann auf die andere Seite gespiegelt werden. Zusätzliche Verbindungen am Nasenrücken verbinden die beiden Hälften zu einem Mesh (Abb. 22).

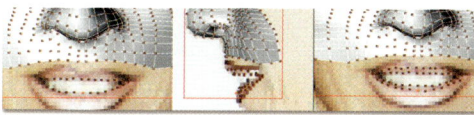

▲ Abbildung 23
Lippen mit Punkten formen

9. Die Lippen

Im nächsten Schritt nehmen die Lippen Form an. Von innen nach außen definieren Punktreihen die Konturen. Hier habe ich zuerst in der frontalen Ansicht die Punkte gesetzt und diese dann in der seitlichen Ansicht auf ihre endgültige Position verschoben (Abb. 23).

Die Lippen werden nun am oberen Rand der Oberlippe durch Polygone mit den angrenzenden Flächen unterhalb der Nase verbunden (Abb. 25)

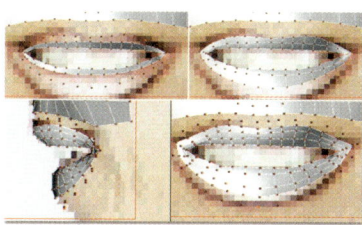

▲ Abbildung 24
Formung der Lippen

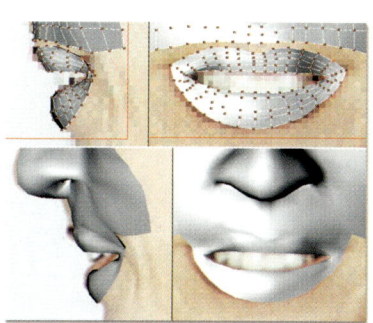

▲ Abbildung 25
Verbindung von Lippen- und Nasenpolygonen

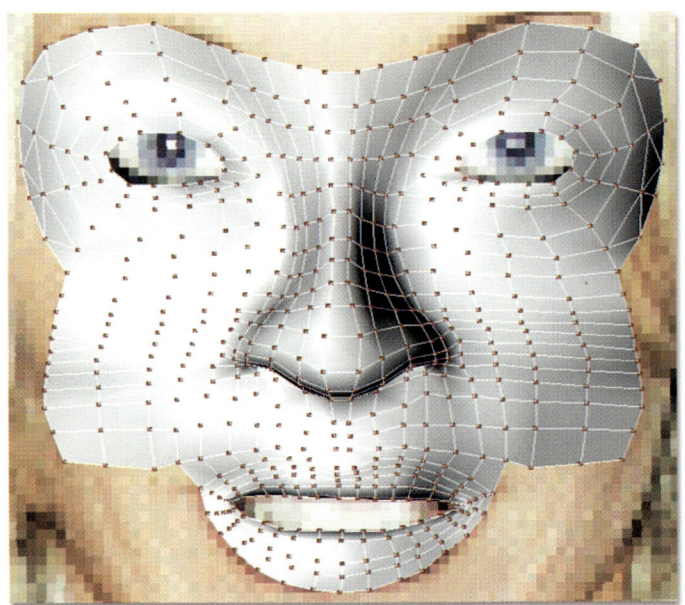

▲ Abbildung 26
Vorläufig fertiges Modell

10. Das Kinn

Das Kinn wird aus halbkreisförmigen Punktreihen geformt, die beiderseitig an die Punktreihen der Wangen anschließen (Abb. 27). Verbindungen untereinander und mit der Unterlippe schließen die Oberfläche (Abb. 28).

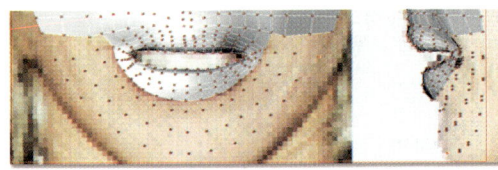

▲ Abbildung 27
Punktreihen entlang der Kinnlinie

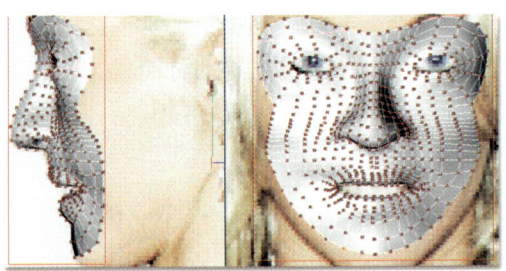

▲ Abbildung 28
Verbindungen der Kinnpunkte

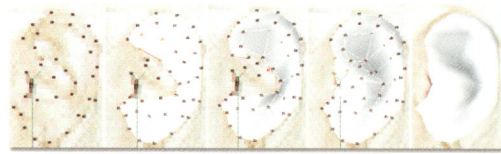

▲ Abbildung 29
Das Ohr

▲ Abbildung 30
Der Gehörgang und ein zusätzlicher Polygonwulst um
das Ohr herum

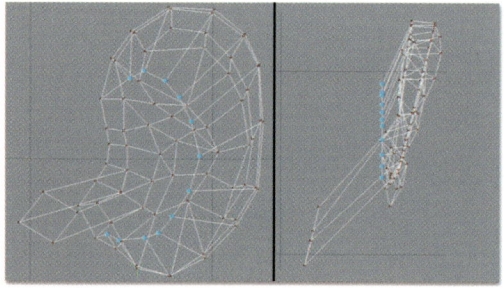

▲ Abbildung 31
Verbindungspolygone zum Kopf (hier farbig markiert)

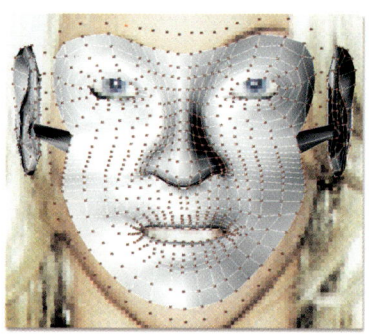

▲ Abbildung 32
Gespiegeltes Ohr und zusätzliche Punktreihe um das
Gesicht

11. Das Ohr

*Das Ohr besteht nur aus recht wenigen Punkten,
da es später wahrscheinlich durch die Haare
kaum zu sehen sein wird. Falls doch einmal andere Frisuren realisiert werden sollen, muß jedoch zumindest die Schattierung der Fläche stim-
men. Dazu werden die Grundlinien des Ohrs in
der seitlichen Ansicht mit Punkten festgehalten.
Durch Verschieben ausgewählter Punkte in die
Tiefe können auf den Polygonen Schattierungen
hervorgerufen werden, die eine höhere Komplexität vorgaukeln (Abb. 29).*

*Der Gehörgang sollte auf jeden Fall mit einge-
baut werden. Hier besteht er nur aus einem
rechteckigen Trichter. Die damit erzielbaren
Schattierungen lassen das Ohr jedoch realer erscheinen (Abb. 30).*

*Auch zusätzliche Polygonreihen, die dem Ohr
Dicke verleihen, sind sinnvoll, um den Ohrrand
massiver erscheinen zu lassen.*

*Damit das Ohr auch von oben oder hinten be-
trachtet glaubwürdig erscheint, muß ein realistischer Abschluß zum Kopf hin modelliert werden.
Das Ohr liegt schließlich nicht komplett am Kopf
an. Dazu reicht oftmals eine zusätzliche Verbindung zu einer halbkreisförmigen Struktur hinter
dem Ohr. Im Bild sind die entsprechenden Punkte
farbig markiert (Abb. 31).*

12. Kinn, Wangen und Stirn

Das fertige Ohr kann nun ebenfalls wieder auf die andere Seite gespiegelt werden. Zusätzliche Punkt- und Polygonreihen um das Gesicht herum führen die Oberfläche nun über das Kinn, die Wangen und die Stirn weiter (Abb. 32).

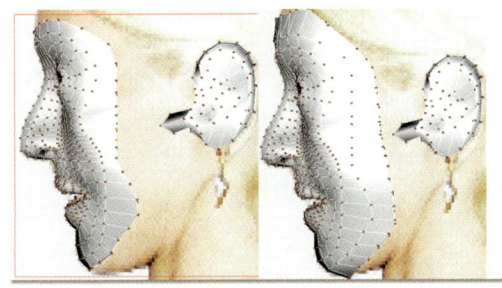

▲ Abbildung 33
Formung von Kinn, Stirn und Wange

13. Ohr und Kopf

Die Ohren müssen als einzelne Objekte natürlich noch mit dem Gesicht verbunden werden. Am Ohransatz kann dies direkt erfolgen. An den Stellen hinter den Ohren müssen zusätzlich Polygonreihen für Anschluß sorgen, damit das Ohr den gewünschten Abstand zum Kopf einhält (Abb. 34).

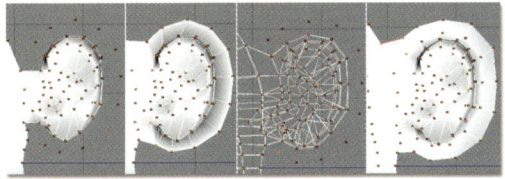

▲ Abbildung 34
Verbindung von Ohr und Kopf

Die Haare werden später zwar Teile der Stirn und den Kopf verdecken, jedoch kann es immer vorkommen, daß zwischen den Haaren auch Teile der Kopfhaut sichtbar werden. Sie sollten also immer dann den kompletten Kopf modellieren, wenn das Modell aus allen Richtungen perfekt aussehen soll und nicht nur frontale Bilder erstellt werden müssen.

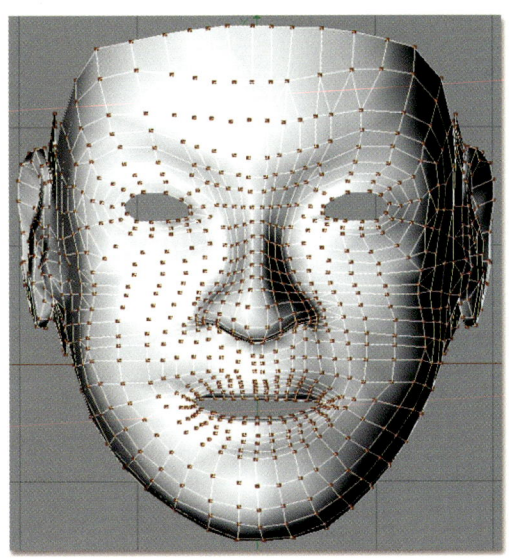

▲ Abbildung 35
Gesicht mit verbundenen Ohren

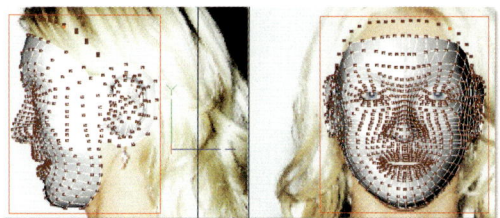

▲ Abbildung 36
Ausgehend vom Ohr die Stirn und den oberen
Kopfformen

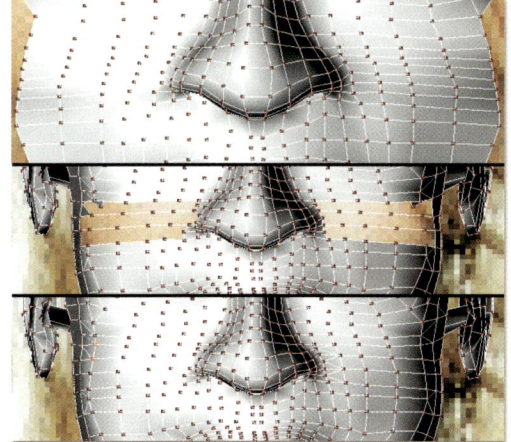

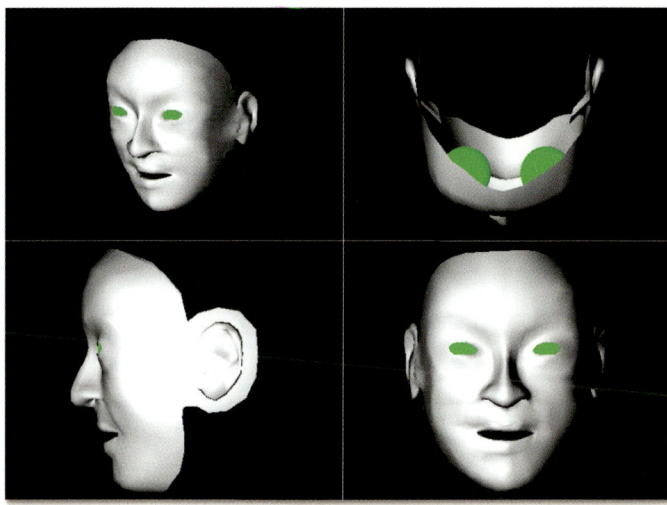

▲ Abbildung 37
Typische Editor-Ansichten des Modells

◄ Abbildung 38
Korrektur störender Flächen

Probleme beim Polygon-Modeling

Beim Polygon-Modeling kann es manchmal
vorkommen, daß durch die manuelle Plazie-
rung der Polygonecken störende Schattierungen sichtbar werden. Mir fielen ähnliche Stö-
rungen auf den Wangen meines Modells auf.
Oftmals liegt dies an einer zu großen Polygondichte in dem entsprechenden Bereich. Ich
habe daher mehrere Punktreihen – ausgehend
von den Nasenflügeln über die Wangen nach
außen – gelöscht und durch großflächigere Polygone ersetzt. Damit konnte das Problem
schnell gelöst werden (Abb. 38).

Andere mögliche Probleme bei der Schattierung liegen oftmals in der Lage der Normalen-
vektoren begründet, die auf jedem Polygon die
Lage der Oberfläche und somit deren Helligkei-
ten steuern. Es kann vorkommen, daß ein solcher Vektor exakt um 180° falsch ausgerichtet
ist, also anstatt nach außen nach innen zeigt.
Dadurch wird die Oberfläche so berechnet, als
läge sie im Innern des Modells, und erscheint
daher sehr oft total dunkel oder schwarz im
Gegensatz zu den Nachbarflächen. Solche Vektoren können von Hand per spezieller Funktion
ausgewählt und umgedreht werden. Das Ergebnis ist dann wieder wie erwartet.

14. Der Hals

Bei der Betrachtung meiner Bildvorlagen fiel mir auf, daß die Kopfhaltung von der Seite leicht gegenüber der frontalen Ansicht abweicht. Dadurch entstehen unschöne Falten und ein zu kurzes Kinn, das dem Original nicht entspricht. Ich habe daher das Modell etwas nach Augenmaß in der seitlichen Ansicht verdreht, damit das Kinn bis zum Halsansatz länger werden kann (Abb. 39).

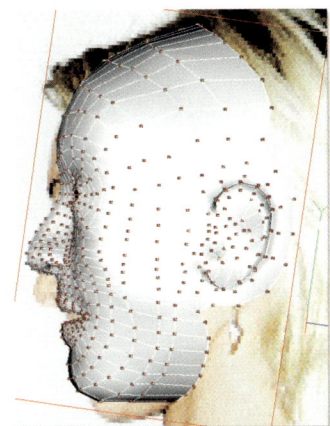

◄ Abb. 39
Kinnpartie verlängern und Lage des Modells korrigieren

Damit sich die Schattierung hinter dem Backenknochen auch im Modell wiederfindet, ergänze ich eine Polygonreihe direkt hinter dem Kiefer, die unterhalb des Ohrs etwas zur Nase hin eingerückt ist. Die Oberfläche knickt dort also leicht nach innen. Unter dem Kinn ist eine solche Kante nicht nötig. Dort knicke ich die Struktur leicht nach unten (Abb. 40).

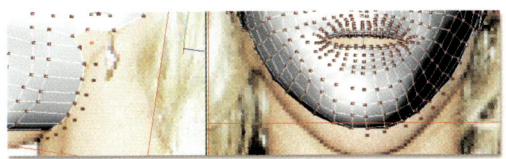

▲ Abbildung 40
Backenknochen am Halsansatz

15. Hals und Übergänge

An diese beidseitig ergänzte Kante schließen kreisförmige Polygonreihen an, die den Hals formen. Die entsprechenden Punkte lassen sich gut in der Ansicht von oben plazieren (Abb. 41).

Die Anzahl der Punkte am Hals sollte nicht zu niedrig liegen, da aus diesem heraus der Schultergürtel entstehen wird. Der Hinterkopf kann durch halbkreisförmige Polygonreihen bis zum Genick fortgeführt und dort mit dem Hals verbunden werden (Abb. 42).

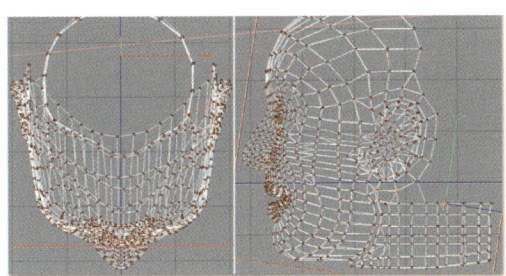

▲ Abbildung 41
Den Hals formen

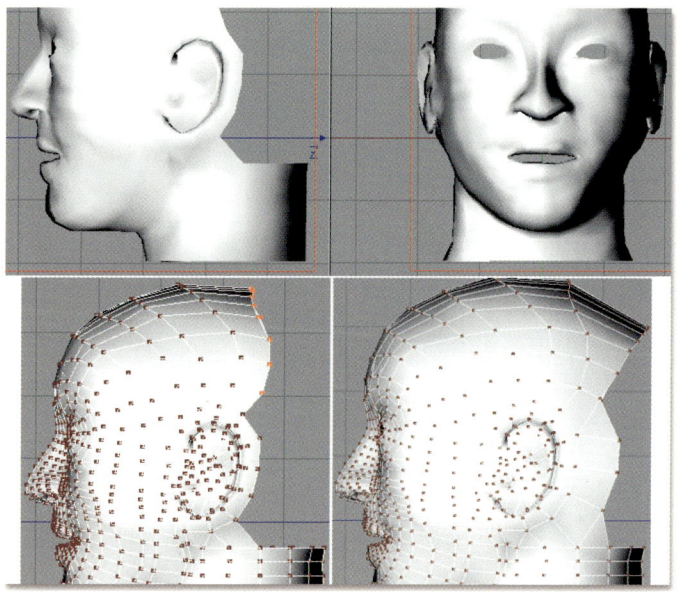

▲ Abbildung 43
Fertiger Kopf

▲ Abbildung 42
Der fertige Hals und die Schließung des Hinterkopfes

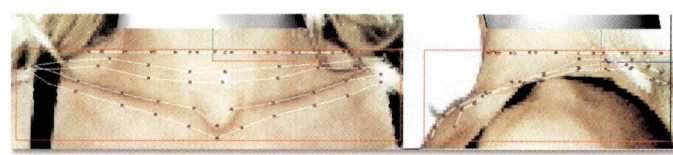

▲ Abbildung 44
Formung des Schlüsselbeins

16. Hals, Schlüsselbein und Nacken

Auf den Vorlagen ist die Position und Form des Schlüsselbeins sehr gut zu erkennen. Entsprechende Punkt- und Polygonreihen können also leicht entlang der Struktur plaziert und mit dem Hals verbunden werden. Die Formgebung des Nackens ist dem Augenmaß überlassen (Abb. 44).

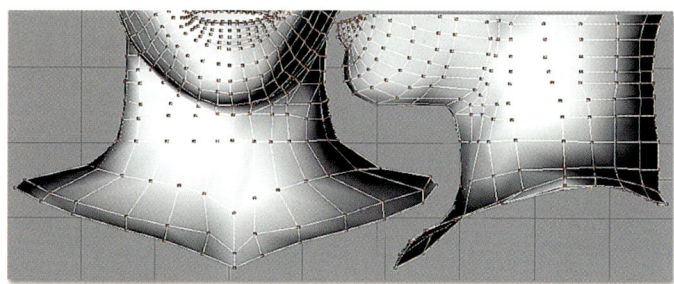

▲ Abbildung 45
Schattierte Polygone

1. Die Brust

Durch dreieckige Polygone kann die Anzahl der Punkte pro Reihe nach dem Schlüsselbein stark erhöht werden, da nun die Brust folgt, die zur exakten Modellierung der Rundungen eine höhere Polygondichte benötigt (Abb. 46).

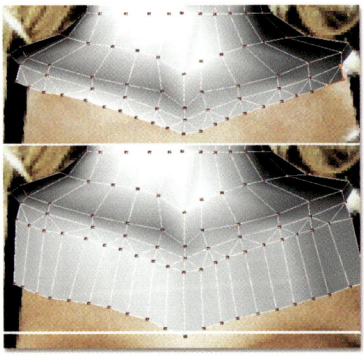

▲ Abbildung 46
Verlängerung des Schlüsselbeins bis zum Brustansatz

Um Arbeit und Zeit zu sparen, habe ich Kugeln, die als 3D-Grundobjekte fertig abrufbar sind, als Brüste eingesetzt und plaziert. Die innen liegenden Polygone können dabei gelöscht werden. Die runde Form kann so sehr viel exakter wiedergegeben werden, als dies durch Plazieren der Polygone per Hand möglich wäre.

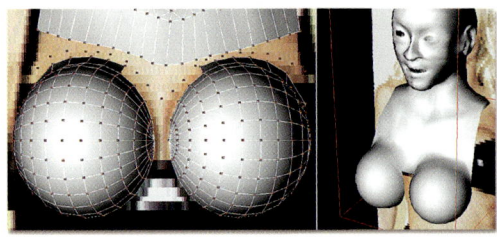

▲ Abbildung 47
Zuhilfenahme von Kugeln erleichtert die Modellierung

Ich habe hier leider den Fehler gemacht, die Pole der Kugeln auf die Höhe des Brustbeins zu bringen (Abb. 47). Dies brachte mir später Schwierigkeiten bei der Verbindung der Kugeln, die sich in unschönen Schattierungen äußerten. Achten Sie also auf eine Lage der Pole oben auf den Brüsten, damit der Äquator der Kugeln auf dem Brustkorb liegt.

Diesen Fehler konnte ich durch eine aufwendige Verbindung der Kugeln innen ausgleichen (Abb. 48). Sie können sich diese Arbeit jedoch ersparen.

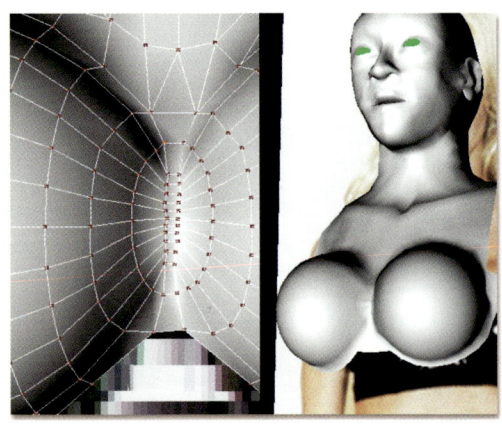

▲ Abbildung 48
Eine aufwendige Verbindung zwischen den Kugeln, durch die falsche Lage ihrer Pole notwendig geworden.

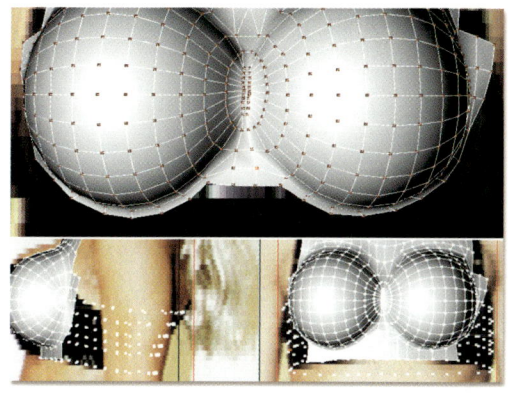

Sind die Kugeln mit dem Schlüsselbein verbunden, kann die Form – ähnlich der Modellierung des Halses – durch ellipsenförmige Punktreihen geschlossen werden. Diese Punktreihen verlaufen dann über den Rücken (Abb. 49).

▲ Abbildung 49
Oberkörper durch seitliche Fortführung ergänzen

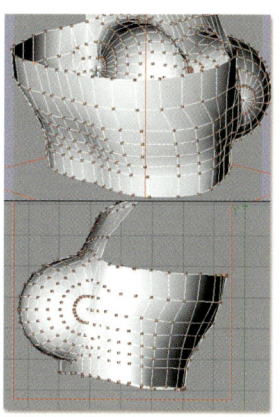

◄ Abb. 50
Geschlossener
Oberkörper

Es können Punkte nahe der Wirbelsäule leicht eingerückt werden, um die Muskelstränge dort zu formen.

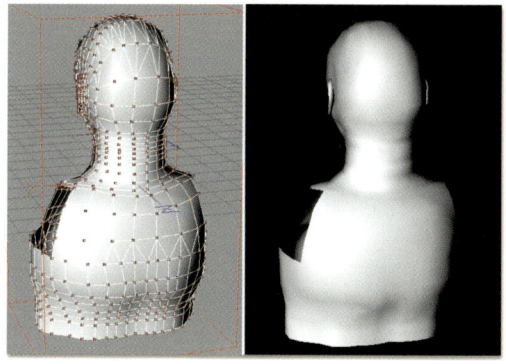

Die Form kann nun leicht nach oben zum Genick hin geschlossen werden. Der Bereich der Schultern kann noch ausgespart werden (Abb. 51).

▲ Abbildung 51
Verbindung zwischen Rücken und Genick

61

2. Der Bauch

Der Bereich von Bauch und Hüfte kann durch wenige Polygonreihen überbrückt werden (Abb. 52).

▲ **Abbildung 52**
Verlängerung in Richtung Bauch

Die Form der Unterwäsche aus den Vorlagen kann gut als Referenz für den Abschluß des Bauchs benutzt werden (Abb. 53).

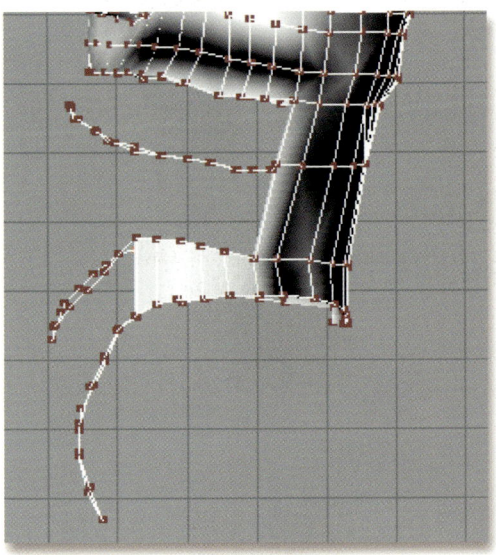

▲ **Abbildung 53**
Verlängerung bis zur Hüfte

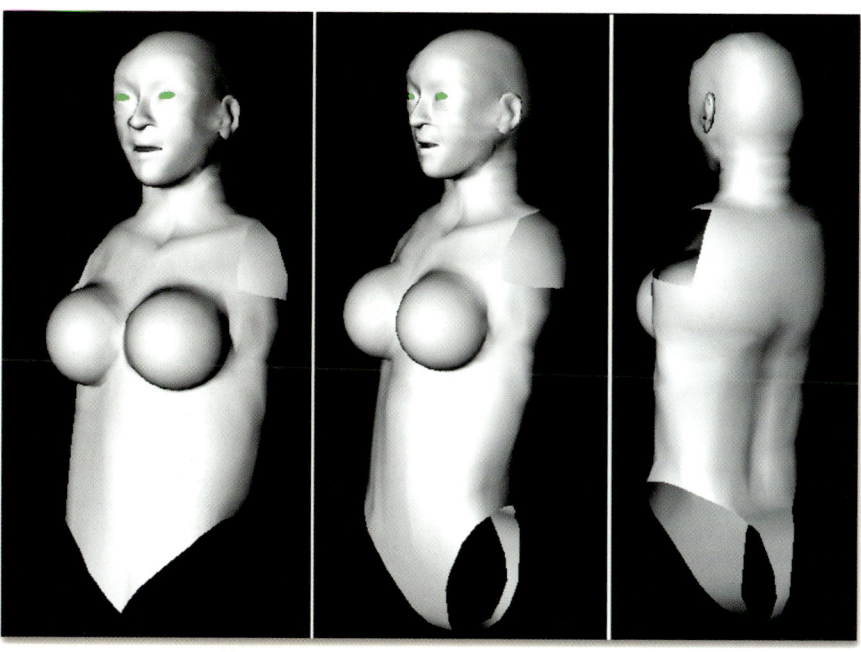

◄ Abb. 54
Schließen der
Form im Bereich
Becken/Gesäß

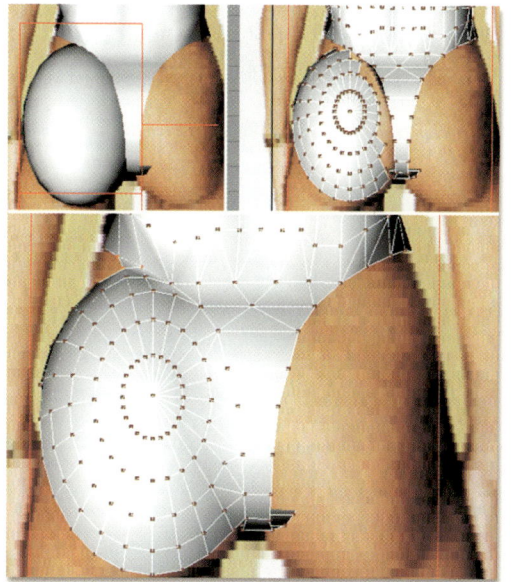

3. Das Gesäß

Auch das Gesäß kann wie die Brust wieder zeitsparend mit Kugeln modelliert werden. Dabei wird die Kugel zuerst auf die richtige Größe gebracht und dann entsprechend der Bildvorlage verformt. Schließlich werden die nicht benötigten Polygone der Kugel gelöscht und eine Verbindung zur vorhandenen Struktur hergestellt (Abb. 55).

▲ Abbildung 55
Auch das Gesäß kann wieder schnell mit Kugeln geformt werden.

Auch der vordere Beinansatz kann mit dieser Technik schnell umgesetzt werden (Abb. 56).

Die seitliche Fläche an der Hüfte wird durch runde Verbindungslinien von hinten nach vorn geschlossen.

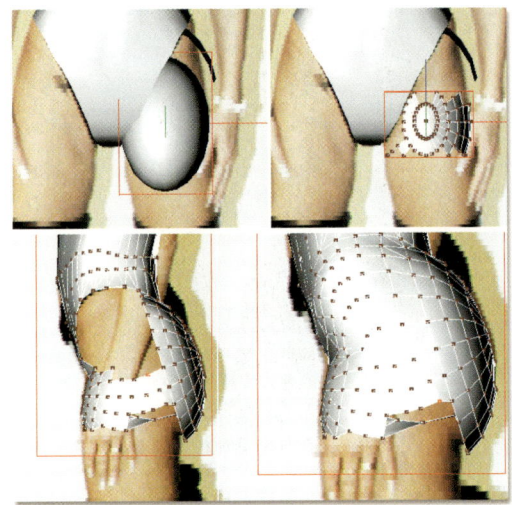

▲ Abbildung 56
Arbeiten mit Kugeln auch am Beinansatz

4. Das Bein

Um das Bein zu verlängern, nutzen wir abermals einen Grundkörper, nun den Zylinder. In die richtige Form und Größe gebracht, verlängert dieser schnell und exakt den Beinansatz (Abb. 58).

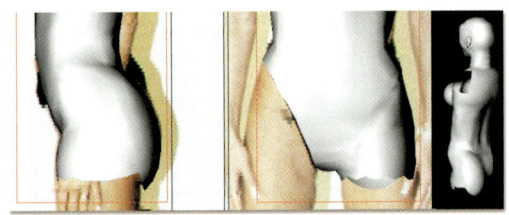

▲ Abbildung 57
Kompletter Beinansatz und Gesäß

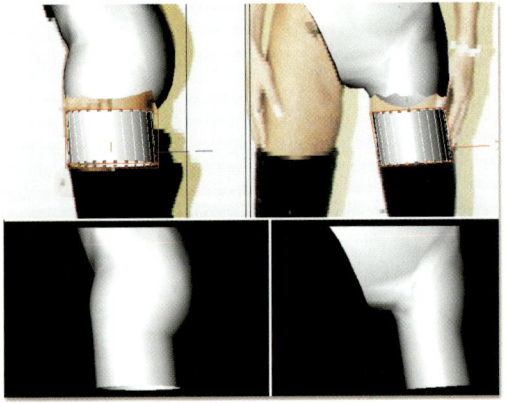

▲ Abbildung 58
Bein verlängern

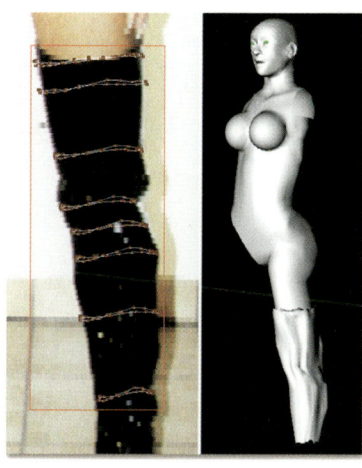

▲ Abbildung 59
Der Stiefel aus mehreren Querschnitten

5. Der Stiefel

Der anschließende Stiefelschaft ist sehr einfach aus Querschnitten aufgebaut. Hier können auch entsprechende Spline-Objekte zum Einsatz kommen, welche über die manuelle Verbindung der Querschnitte abnehmen (Abb. 59).

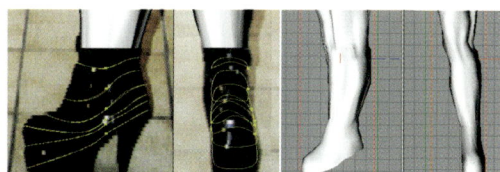

▲ Abbildung 60
Spline-Querschnitte formen den Schuh.

Mit der gleichen Technik kann der Schuh als Abschluß des Stiefels modelliert werden (Abb. 60).

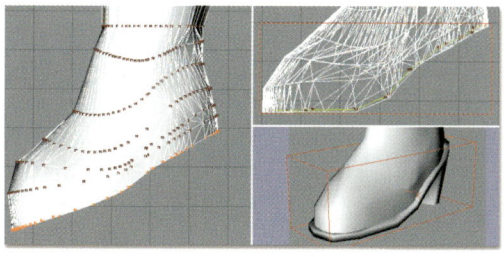

▲ Abbildung 61
Der Absatz und die Sohle als eigenes Objekt

Der Absatz und die Sohle sollten dabei als eigene Objekte erstellt und nicht fest mit dem Stiefel verbunden werden (Abb. 61). Dies erleichtert die spätere Texturierung.

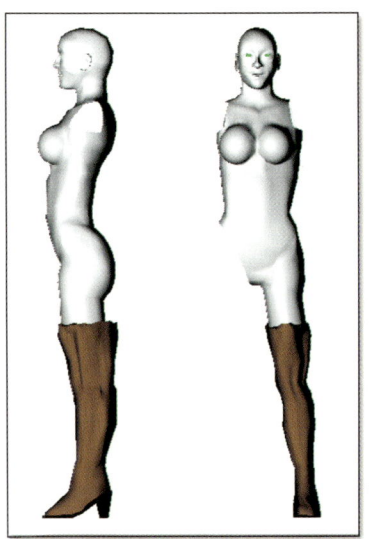

◀ Abb. 62
Die Figur
zum
jetzigen
Zeitpunkt

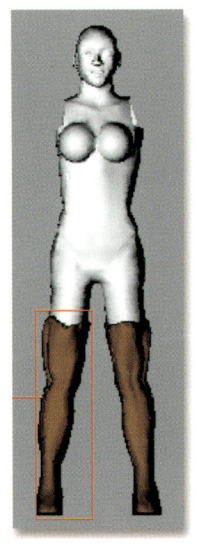

◀ Abbildung 63
Durch Spiegelung ergänztes
Bein mit ergänztem Stiefel

6. Die Arme

*Der noch fehlende Arm wird nach der gleichen
Technik modelliert wie zuvor der Stiefel (Abb. 64).
Miteinander verbundene Querschnitte definieren
eine Polygonhaut in Form der Vorlagen. Die
Schulter entwickelt sich dabei aus dem Arm her-
aus in Richtung Oberkörper, hat aber noch keine
Verbindung zu diesem.*

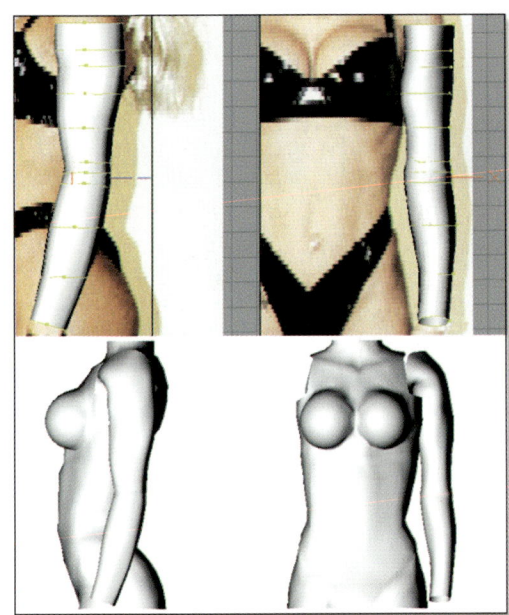

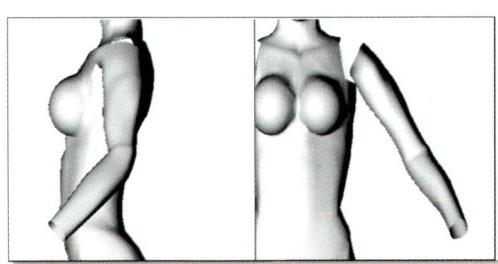

▲ Abbildung 65
Arm abwinkeln – zum leichteren Einbringen von Bones

▲ Abbildung 64
Modellierung des Arms

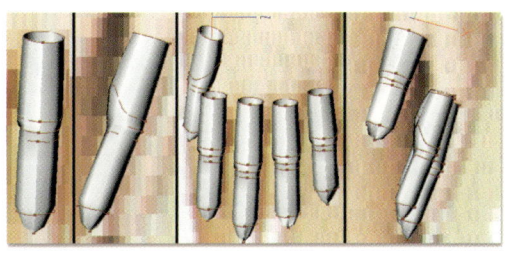

▲ Abbildung 66
Finger und Daumen aus Querschnitten formen

7. Hand und Finger

Die Finger können jetzt auch wieder mit der Hilfe von wenigen Querschnitten geformt werden. Lage und Größe der Finger und des Daumens lassen sich aus der Vorlage entnehmen (Abb. 66).

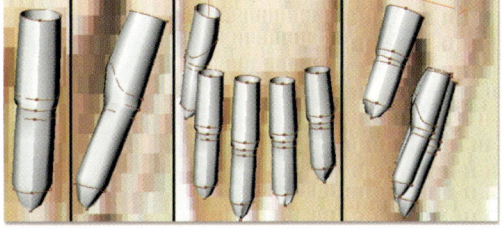

▲ Abbildung 67
Die Handfläche aus Querschnitten

Die Handfläche formt sich auch aus Querschnitten, wobei der letzte Querschnitt des Arms als Startquerschnitt der Hand verwendet wird. Dies garantiert später den exakten Anschluß.

Besonders der Bereich der Daumenwurzel sollte frühzeitig herausgearbeitet werden (Abb. 67).

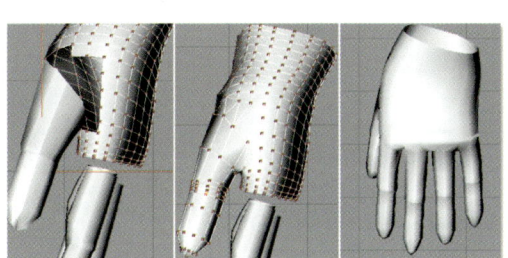

▲ Abbildung 68
Verbindungen von Daumen und Fingern

Nachdem die überflüssigen Polygone der Handfläche im Bereich des Daumens gelöscht wurden, kann hier eine Verbindung hergestellt werden. Bei den Fingern geht man ähnlich vor, nur daß es hier auch Verbindungen zwischen den Fingern geben muß (Abb. 68).

8. Hand und Arm

Die Hand kann nun mit dem Arm verbunden werden (Abb. 69). Danach sollte der komplette Arm etwas vom Körper abgewinkelt werden. Eine zusätzliche Abwinklung im Ellenbogen ist auch ratsam. Dies wird später das Einbringen von Bones und die Zuweisung der Einflußbereiche erleichtern.

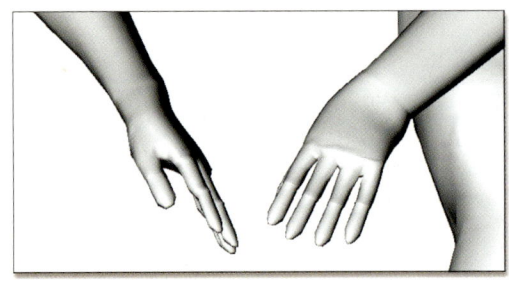

▲ Abbildung 69
Die Hand am Arm

9. Die Schulter

Die Schulter selbst kann wie der Beinansatz aus Kugelteilen modelliert werden (Abb. 70). Natürlich können auch von Hand Punkte gesetzt werden, die dann verbunden werden. Mit der »Kugelmethode« erzielt man jedoch exaktere Krümmungen.

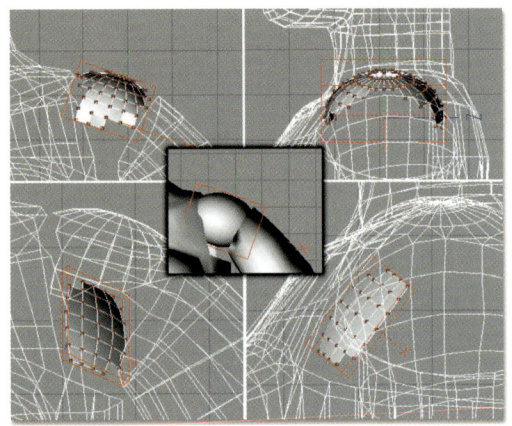

▲ Abbildung 70
Teile der Schulter aus Kugeln formen

Der Arm kann nach der Formung der Schulter wie gewohnt auf die andere Seite gespiegelt und dort ebenfalls verbunden werden (Abb. 71).

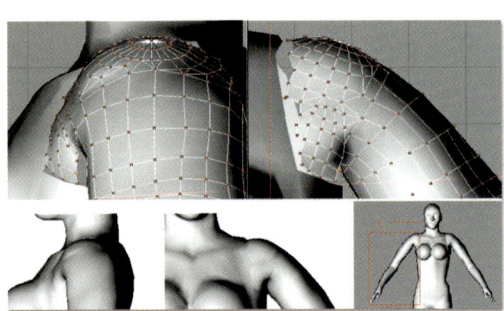

▲ Abbildung 71
Komplette Schulter und fertige Verbindungen zum Oberkörper

68

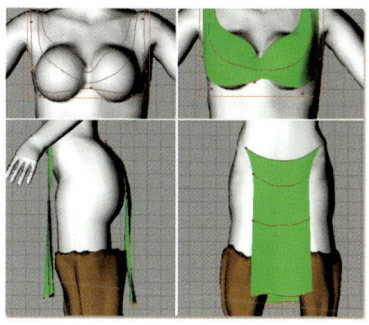

▲ Abbildung 72
Aus Querschnitten erzeugte Kleidungsstücke

10. Bekleidung

Wir können uns nun mit der Kleidung der Figur beschäftigen und erzeugen diese wieder aus Spline-Querschnitten. Die Formung der Splines sollte wieder in der schattierten Darstellung erfolgen, um ein Durchdringen von Spline und Figur frühzeitig korrigieren zu können (Abb. 72).

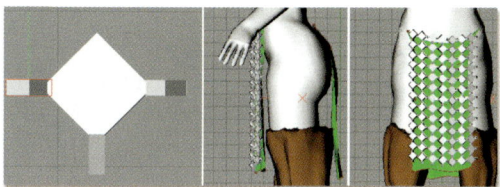

▲ Abbildung 73
Kilt aus Quadern

Aus Quadern habe ich Elemente geformt, die ich zu einer Art Kettenhemd kombiniere. Ich setze die einzelnen Elemente per Hand zu einer Fläche zusammen, um sie nicht zu künstlich aussehen zu lassen (Abb. 73). Die gleichen Elemente kommen auch beim Oberteil und auf dem Rücken zum Einsatz.

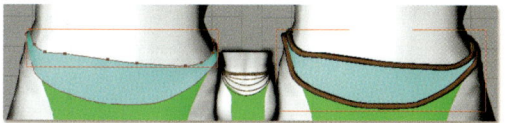

▲ Abbildung 74
Ein Gürtel und zusätzliche Schnüre am Rücken

Aus einfachen Spline-Objekten entstehen Schnüre und ein Gürtel, der den Kilt hält (Abb. 74).

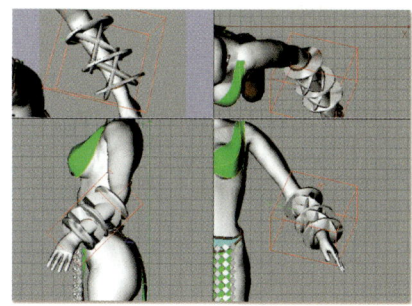

▲ Abbildung 75
Lederbänder um einen Arm mit Booleschen Operationen erzeugen

Damit die Lederbänder exakt der Form des Arms folgen, erstelle ich diese aus der Schnittmenge zwischen Zylindern und dem Arm der Figur (Abb. 75). Mit Hilfe dieser Booleschen Operation lassen sich schnell derartig anliegende Teile erzeugen. Das Ergebnis habe ich dann leicht vergrößert, damit die Riemen dicker erscheinen.

Damit die Schulterpolster der Form der Schulter folgen, erzeuge ich zuerst einen Spline der gewünschten Form in der Ansicht von oben und extrudiere daraus einen Körper. Diesen wickle ich dann um einen Zylinder, dessen Größe ich vorher durch Ausprobieren ermittelt habe (Abb. 76).

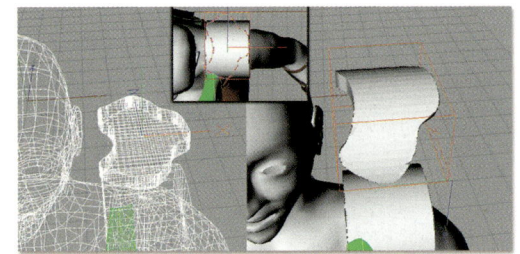

▲ Abbildung 76
Die Schulterpolster entstehen aus einem verbogenen Spline-Objekt.

11. Die Haare

Die Haare erzeuge ich schließlich aus ca. 70 schlauchförmigen Spline-Objekten (Abb. 77).

Die benutzte Textur dieser Objekte ist in Kapitel 7 besprochen und wiedergegeben. Die abschließende Texturierung beschränkt sich auf das Mappen der Vorlagenbilder auf die Figur. Die Kleidungsteile werden separat mit Metall- und Stofftexturen belegt. Die Figur ist nun fertig für den Einsatz (Abb. 78).

Wie Bones und Inverse Kinematik nun angewendet werden, können Sie z.B. Kapitel 6 oder Kapitel 10 entnehmen. Die grundsätzliche Vorgehensweise ist dabei immer identisch und wird daher hier nicht vorgestellt.

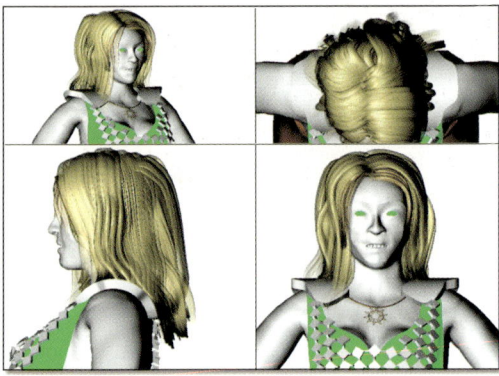

▲ Abbildung 77
Die Haare aus ca. 70 Spline-Objekten

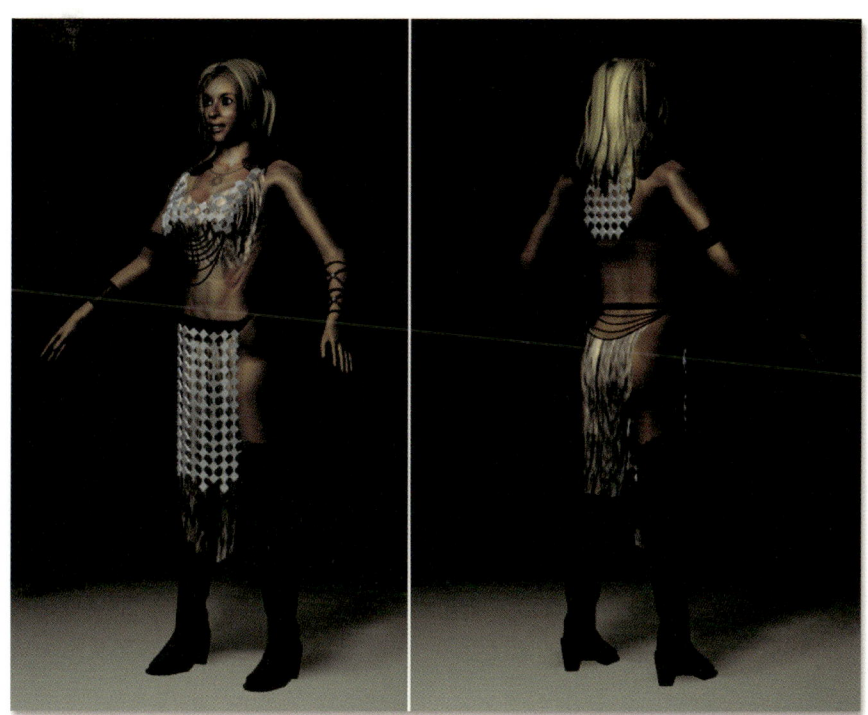

▲ Abbildung 78
Fertig texturiertes Modell

3D-Comics

Modellieren einer Comicfigur

Comics üben seit jeher eine Faszination auf alle Altersgruppen aus. Sie verbinden Satire, Komödie, Erotik, Abenteuer und natürlich Identifikationsfiguren auf dem Medium Papier. Aber nicht nur dort sind sie anzutreffen, denn auch in der Welt der 3D-Grafiken sind sie mittlerweile zu Hause.

▶ Was sind Comics?

Dass Unterhaltung und Kunst sich nicht ausschließen müssen, wird kaum irgendwo anders deutlicher als bei den Comics, jenen aufgezeichneten Geschichten, in denen nahezu alles möglich scheint.

Doch Vorsicht: **Den** Comic gibt es nicht mehr. Ebenso wie bei Filmen haben sich hier die verschiedensten Genres herausgebildet, die von Bildergeschichten für Kinder über brutale Gewalt in Mutantenkämpfen bis zur Erotik für Erwachsene reichen.

Der ehemals von den großen Comic-Zeichnern bei Disney, Marvel oder DC geprägte Zeichenstil hat sich in unendlich viele Richtungen weiterentwickelt. Von der Karikatur bis zum realistischen Lebewesen ist alles zu finden. Art und Zeichenstil einer Figur tragen dabei zur Abgrenzung von anderen Figuren bei und fügen sich zumeist in ein konzeptionelles Universum des jeweiligen Künstlers ein. Zudem gewinnen ausländische Zeichner – allen voran die japanischen Anime-Künstler – zunehmend auch hierzulande an künstlerischem Einfluß.

Diese Individualität einer Zeichnung macht den Comic von anderen unterscheidbar und bindet somit eine Fangemeinde an den Künstler und seine Figur, die ja möglichst nicht nur als Eintagsfliege, sondern innerhalb einer Serie publiziert werden soll.

Mit der Einführung von günstigeren *3D-Programmen*, die sich auch einfacher bedienen ließen, haben sich einige Comic-Zeichner auch mit der Portierung Ihrer Figuren in die *3D-Welt* befaßt oder gänzlich neue Characters nur für diese entwickelt.

Stellvertretend für viele habe ich ein Interview mit NAAM geführt, einen Comic-Künstler aus Holland mit dem bürgerlichen Namen Bastiaan Hooimeijer, der sich in einschlägigen Kreisen bereits eine große Fangemeinde mit seinen witzigen *3D-Characters* geschaffen hat. Als ehemals reiner 2D-Zeichner hat er sich nun *3D-Comics* gewidmet, für deren Realisation er sogar eigene Plug-ins entwickelt.

Nachfolgend das kurze Interview mit ihm:

Wie würdest Du das Genre beschreiben, in dem Du arbeitest?

Die erste Frage, und gleich eine so schwere. Ich denke, es sind und bleiben Comics, so wie man sie auch in der gedruckten Form kennt. Das ist ja auch der Background, den ich habe. Ich zeichne und lese Comics, seit ich denken kann, und bin seit jeher fasziniert von Comics, deren Storys von ausdrucksstarken Figuren getragen werden. Auch Fantasy-Comics haben mich stark beeinflußt, obwohl ich nicht sagen kann, daß man dies meinen Geschichten ansieht.

Was für eine Ausbildung hattest Du, und welchen Beruf übst Du aus?

Ich hatte keinerlei kunstbezogene Ausbildung, Nun ja, das ist nicht ganz wahr. Ich habe an einer Kunsthochschule ein Jahr studiert. Das einzige, was ich dort gelernt habe, war, daß ich nie zulassen würde, daß mir jemand etwas beibringt. Deshalb habe ich dort die Sachen hingeschmissen. Danach tat ich eine ganze Weile nichts Künstlerisches mehr, bis die Dinge anfingen, ins Rollen zu kommen. Ich nahm einen Job als Designer im Jugendzentrum unserer Stadt an und kam dort erstmals in Kontakt mit DTP.

Ich brachte mir dort die Eigenarten und die Bedienung der Programme selbst bei und entdeckte mein Interesse in dieser Richtung. Mit Computern hatte ich seit jeher rumgespielt. Von daher hatte ich auch keine Berührungsängste.

Warum bist Du zu 3D gewechselt, anstatt mit 2D-Tools am Computer zu arbeiten?

Seit meiner Kindheit war ich immer fasziniert von den Möglichkeiten, welche die *3D-Grafik* bietet. Es mußte einfach irgendwann einmal so

Abbildung 2 ▶
Ausschnitt aus einer
Animation von NAAM

kommen, daß ich selbst damit arbeiten würde. Ich liebe es, die Szene und die Characters für eine Animation vorzubereiten. Ist das erledigt, ist die eigentliche Berechnung der Animation nur noch lästiges Übel. Wenn das alles ohne Wartezeit ginge, würde mein Traum in Erfüllung gehen. Die Arbeit wäre dann ein einziger Spaß.

Manchmal verwende ich auch noch 2D-Tools, aber dafür habe ich keine richtige Geduld. Die Arbeit mit *3D-Programmen* ist zwar nicht einfacher oder schneller, aber es kommt nicht so sehr zu ständig gleichen Arbeitsabläufen.

Welche Programme setzt Du bei Deinen Projekten ein?

Ich mache alles in MAXON CINEMA 4D XL. Natürlich brauche ich Photoshop für die Texturen und Adobe After Effects für das Composing, aber ich versuche so viel wie möglich mit CINEMA 4D zu erledigen. Ich habe sogar einmal den Text einer Anzeige in CINEMA 4D modelliert.

Welche Hardware setzt Du ein?

Im Moment habe ich zwei Systeme: einen Apple Power Macintosh 7200 mit 120 MHz und einen Pentium II mit 350 MHz. Mit dem Apple hatte damals alles begonnen.

Woher beziehst Du Deine Ideen und die Inspiration für ein neues Projekt?

Hmm. Keine Ahnung. Wenn ich wirklich darauf antworten müßte und dies auch noch in nur wenige Worte fassen sollte, würde ich sagen: Einfach so.

Bei größeren Projekten ist das natürlich anders. Ich starte dort meistens mit einer kurzen Szene. Dafür genügt eine Idee für einen Character, eine Bewegung oder einfach nur ein Schlußgag. Von dieser Szene aus phantasiere ich dann weiter. Für die Serie, die ich gerade produziere, hatte ich einen Mitarbeiter, der sich um die Geschichte gekümmert hat. Wir haben uns dann zusammengesetzt und das Storyboard ausgetüftelt. Dabei habe ich gelernt, daß durch eine solche Zusammenarbeit der gesamte Prozeß erheblich beschleunigt wird. Vor allem dann, wenn eine komplexe Geschichte erzählt werden und nicht nur eine lustige Szene entstehen soll.

Abbildung 3 ▶
Einer von NAAMs Characters
in einer Studie

*Wie gehst Du an ein neues Projekt heran? Arbei-
test Du zuerst ein Storyboard aus, nur ein paar
Skizzen, oder ist alles nur in Deinem Kopf?*

Ich mache niemals etwas ohne Storyboard.
Nein, ich sollte besser sagen, ich habe noch nie
ein Projekt ohne Storyboard zu Ende gebracht.
Besonders bei Animationen, die über einen
längeren Zeitraum entstehen, verliert man
ohne Storyboard sehr schnell die Substanz des
Projekts, also das, um was es eigentlich in dem
Film gehen soll.

Am Anfang dachte ich, es wäre nicht nötig,
etwas niederzuschreiben oder Skizzen zu machen. Ich wollte einfach loslegen und so schnell
wie möglich ans Animieren kommen.

Für kurze »Gagfilme« ist das o.k., aber selbst
dort nicht für alle Projekte. Mittlerweile macht
es mir richtig Spaß, mich hinzusetzen und die
Geschichte in Bildern und Text zu Papier zu
bringen. Wenn man sich ein wenig diszipliniert,
macht es fast ebensoviel Spaß wie das eigentliche Animieren. Kann natürlich auch an meiner
Vergangenheit als Comic-Zeichner liegen.

Wer gehört zu Deinen Kunden?

Momentan sind keine Großkunden dabei.
Ich habe einige Arbeiten für Fernsehsender hier
und in anderen Ländern Europas gemacht. Al-
lerdings waren das nur Standbilder. Meinen
ersten großen Auftrag im Bereich Character
Animation habe ich gerade beendet. Es handelt
sich dabei um einen »Opener« für eine natio-
nale Themenwoche hier in den Niederlanden.
Dabei ist das »national« aber nicht überzube-
werten, denn die Niederlande sind ja nicht so
groß. Ich schätze, mein derzeit größter Kunde
ist MAXON (Hersteller von CINEMA 4D in
Deutschland; Anm. des Autors), der einige
meiner Arbeiten zu Werbezwecken einsetzt.
Ein Großteil meiner Arbeiten ist für meine eigenen Projekte bestimmt, die ich noch in einen
entsprechenden Rahmen fassen werde.

*Was ist für Dich der faszinierendste Teil während
des Character Modeling bzw. der Animation?*

Das Größte ist der Blick auf das »gerenderte«
Ergebnis, wenn all das, was man ausdrücken

◀ **Abbildung 4**
Einer von NAAMs
Characters

Abbildung 5 ▶
Szene aus einer Animation
von NAAM

und zeigen wollte, einen vom Bildschirm aus anstarrt. Das ist es, was die Arbeit rechtfertigt. Fast noch besser ist der Augenblick, wenn man diesen Moment mit einem bislang unwissenden Zuschauer teilen kann, der die Entstehung des Characters nicht miterlebt hat und trotzdem von dem Resultat begeistert ist.

Absolute Glücksgefühle gibt es in dem Moment, wenn ein selbst geschaffener Character während einer Animation wirklich zu leben beginnt und eine eigene Dynamik entwickelt. Sehr viel öfter läßt sich dieser Moment jedoch nicht klar beschreiben, z. B. wenn man einfach aus Langeweile etwas modelliert hat, eine Fehlermeldung mit einem Achselzucken übergeht, ein paar Keyframes willkürlich verschiebt und plötzlich ein geniales Resultat erzielt. Das sind die Momente, die mir klarmachen, daß da noch so viel Potential in der Software lauert, das ich bislang noch nicht entdeckt und für mich genutzt habe.

Wenn Du ein paar Wünsche frei hättest, welche Möglichkeiten sollte Deine perfekte 3D-Software haben?

Ich halte mich mit Wünschen immer etwas zurück. Tatsächlich würde ich es hassen, eine

Software mit unbegrenzten Möglichkeiten zu besitzen. Was in aller Welt sollte ich damit anfangen? In gewissen Grenzen mag ich die Limitierungen der Software. Sie halten mich kreativ und stacheln mich an, meine gesetzten Ziele trotzdem erreichen zu wollen.

Natürlich sollte man sich keine Gefechte mit der Software liefern müssen, um sein Projekt realisieren zu können, aber kleinere Scharmützel machen einfach Spaß. Einige Dinge, auf die ich mich wirklich freue, sind ein intuitives IK-System (inverse Kinematik), obwohl IK an sich ja eine »unintuitive« Sache ist. Vielleicht sollte mal jemand mit einer völlig neuen Art auftauchen, Figuren zu bewegen, vielleicht sogar ganz ohne IK und Hierarchien.

Das Posieren der Figuren ist sehr unintuitiv, besonders wenn Euler Rotationen verwendet werden (HPB, also Heading, Pitch und Bank; Anm. des Autors), wie CINEMA 4D und einige andere Programme dies tun. Ich denke, mein Hauptwunsch ist daher mehr Intuitivität.

◄ Abbildung 6
Ein Character von NAAM

Wieviel Zeit vergeht bei Dir zwischen der ersten Idee und dem fertigen Ergebnis?

Das läßt sich nicht so einfach sagen, da ich die unterschiedlichsten Projekte umsetze. Einige brauchen Jahre, andere sind nach einer Woche erledigt.

Gibt es ein »leuchtendes Vorbild« für Deine Arbeit?

Ich habe kürzlich »Wallace und Gromit« gesehen (Stop-Motion-Animation mit Knetmännchen, Anm. des Autors), und mir kamen die Tränen, wie genial das animiert ist. Alles ist an seinem Platz, die Geschichte, die Modelle, die Animation, der Akzent der Figuren, die Details, einfach alles. Es ist traurig, es ist zum Brüllen komisch, es ist ein komplettes Universum, in dem alles einen Sinn ergibt.

Was glaubst Du, was ist der schwierigster Teil Deiner Arbeit?

Etwas zu Ende zu bringen. Dies bezieht sich besonders auf private Projekte. Es ist einfach schwierig, den Punkt zu erreichen, an dem man sagt: »Okay, so wollte ich es haben. Auf zum nächsten Projekt.«

Welchen Tip kannst Du meinen Lesern geben, wenn sie gerade erst anfangen, sich mit Characters zu beschäftigen?

Fangt mit einfachen Dingen an! Dies gilt besonders dann, wenn auch animiert werden soll. Entwerft einen einfachen Character und lernt beim Umgang mit dieser Figur. Ich weiß noch von mir, daß man immer dazu tendiert, alles einen Tick zu komplex anzulegen.

Danke, NAAM, für dieses Interview, und weiterhin viel Erfolg. (Das Interview wurde über E-Mails geführt und aus dem Englischen übersetzt.)

Auf seiner Internetseite www.xs4all.nl/ ~naam oder durch direkten Kontakt über naam@xs4all.nl können Sie mehr über NAAM erfahren.

Comic-Workshop

Da es gerade zu diesem Thema so viele Variationen von Techniken und Figuren gibt, ist es unmöglich, in einem Buch – ganz zu schweigen von nur einem Kapitel – erschöpfend darüber zu informieren.

Wirft man jedoch einen Blick in eine beliebige Buchhandlung, so werden sich dort zumeist Helden und Monster verschiedenster Gestalt tummeln. Zumeist erscheinen solche Hefte im monatlichen Rhythmus und führen dabei eine durchgehende Geschichte fort.

Damit Sie in der gebotenen Kürze zumindest eine Idee von dem Entstehungsprozeß einer solchen Modellierung samt Vorbereitung zu einer Animation erhalten, habe ich mir einen an aktuelle Comics angelehnten Character ausgedacht, den ich nachfolgend in *3D* umsetzen möchte.

Ich verwende für diese Aufgabe den Spline-Patch-Modeler **Animation Master**. Er bietet mir den Vorteil, das Modell später in gewünschter Polygon-Detailtreue exportieren zu können. Grundsätzlich lassen sich die gezeigten Arbeitsschritte ebenso mit jedem beliebig gewählten 3D-Programm durchführen, das die Einblendung von Vorlagen in das Modeling-Fenster erlaubt und die manuelle Verbindung von Punkten und Polygonen anbietet – eine Standardfunktion jeder 3D-Software (siehe Kapitel »Spielen mit Characters«).

Wie in dem Gespräch mit NAAM auch schon erwähnt wurde, sollte jede so anspruchsvolle Arbeit mit Bleistift und Papier beginnen. Daß man dafür kein Künstler sein muß, demonstriert meine Skizze (Abb. 7). Darum geht es jedoch auch nicht. Achten Sie bei der Vorarbeit nur auf gleiche Größenverhältnisse und darauf, daß sich markante Punkte in allen Ansichten wiederfinden.

Ich gehe dazu immer so vor, daß ich mit der **frontalen Ansicht** beginne, an den markanten Punkten der fertigen Skizze horizontale Hilfslinien einzeichne und an diesen dann die anderen Ansichten orientiere. So lassen sich Fehler recht einfach vermeiden.

Da es sich bei diesem Projekt um eine erdachte Figur handelt, können wir uns in den Skizzen auf Andeutungen beschränken, welche die Abmessungen der Körperteile und deren Querschnitte wiedergeben. Zudem sollten hier **zwei Ansichten**, also eine frontale und eine seitliche, völlig ausreichen.

Rüstzeug

Wer sich ernsthaft mit dem Thema *3D-Comics* befassen möchte, dem sind die vorwiegend amerikanischen Bücher zu empfehlen, die in die Anlegung eines Comic-Characters einführen. Dabei sind diese Bücher auch uneingeschränkt für den *3D-Künstler* zu gebrauchen.

Auch sollte ihm der Umgang mit Bleistift und Papier nicht vollständig fremd sein. Nicht zuletzt eine gezeichnete Vorlage der Figur und – bei Animationen – das bereits von NAAM erwähnte Storyboard gehören zu einem überzeugenden Projekt dazu.

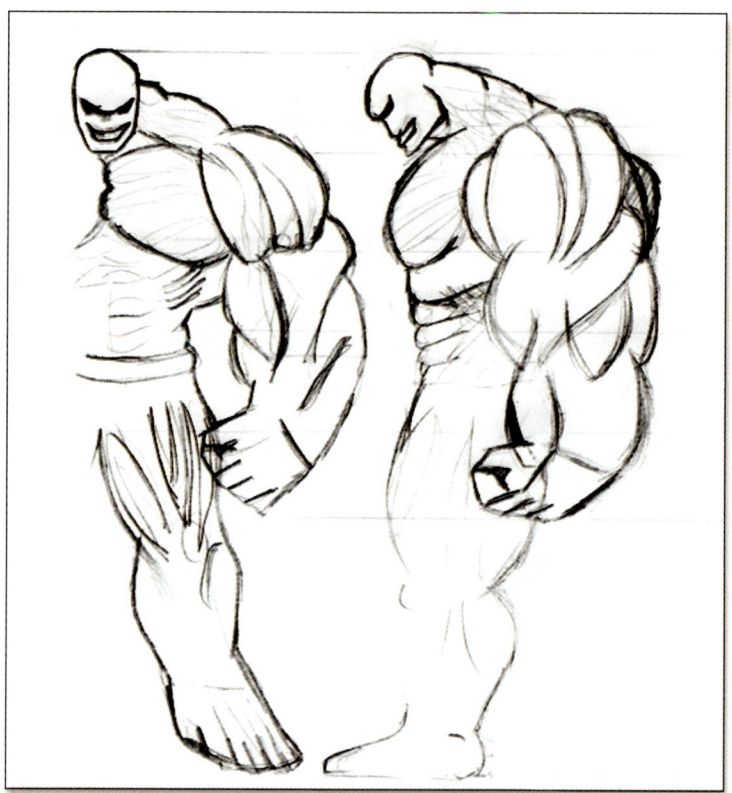

▲ Abbildung 7
Meine Bleistiftskizze der Comic-Figur

Zuerst muß die Vorlage natürlich eingescannt werden, um sie in der 3D-Software nutzen zu können. Dazu sollten beide Ansichten als separate Bilder abgespeichert werden, ohne deren Höhe zu verändern. Das erspart uns in der 3D-Software den manuellen Abgleich der Vorla-

gen. Die y-Koordinaten der Bilder können somit bei der Positionierung in den Ansichtsfenstern der Software gleich sein.

Ich habe mir angewöhnt, meine Characters mit dem Kopf zu beginnen, und lade Sie dazu ein, mir dabei zu folgen.

Modellierung von Gesicht und Kopf

1. Die Nase

Da unser Character nur andeutungsweise über eine Nase verfügt, fahren Sie die Kontur der Stirn bis zur Oberlippe mit einem Spline ab. Dafür sollten sieben bis zehn Kontrollpunkte genügen. Setzen Sie bewußt einige Kontrollpunkte mehr als benötigt auf den Nasenansatz, da diese bei den folgenden Splines gut für die Ausbuchtung der Augen gebraucht werden können (Abb. 8).

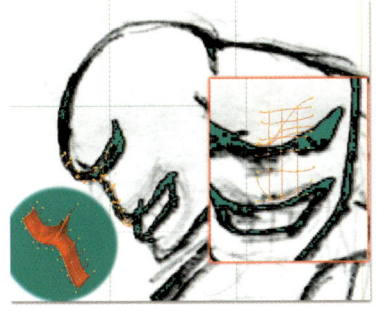

▲ Abbildung 8
Übergang Nase/Auge

2. Der Übergang zum Auge

Die Comic-Figur hat keine sichtbaren Augen, sondern soll später durch eingesetzte Kugeln in den Augenhöhlen ein besonders aggressives Äußeres bekommen. Legen Sie daher einige ähnliche Splines parallel zum »Nasen-Spline« so an, daß ein tiefer Einschnitt am Auge entsteht. Wenn Sie nun die Splines mit Querverbindungen zu einer Fläche zusammenfassen, könnte der Übergang so wie im Bild (Abb. 9) aussehen.

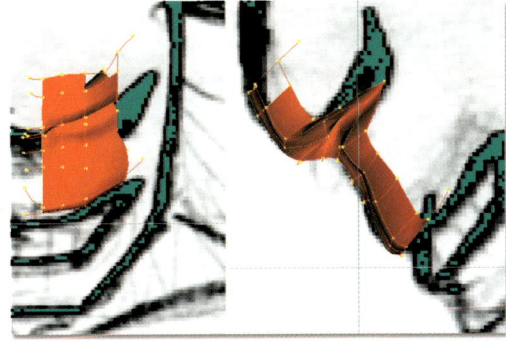

▲ Abbildung 9
Die Vertiefung am Auge

3. Das Auge begrenzen

Für das folgende Modeling des Kopfes ist es von Vorteil, daß das Gesicht eine fächerartige Verteilung des Polygonnetzes aufweist. Beenden Sie daher das Modeling des Auges durch umlaufende Splines, die Sie aus Fortführungen der vorhandenen Splines entwickeln. Die Augenhöhlung sollte dabei natürlich im äußeren Augenwinkel wieder auf das Niveau der Gesichtsoberfläche zurückgeführt werden (Abb. 10).

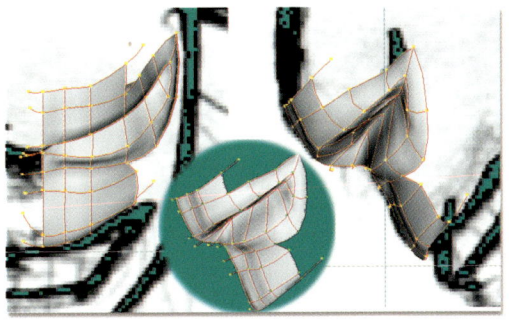

▲ Abbildung 10
Das komplett begrenzte Auge

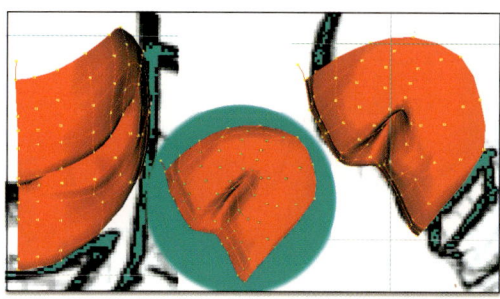

▲ Abbildung 11
Weitere Splines schließen die Struktur

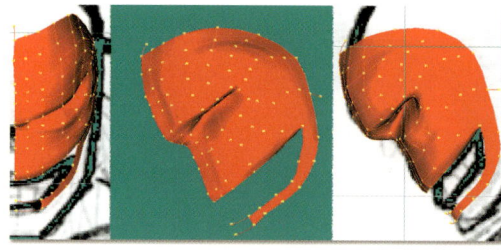

▲ Abbildung 12
Die Unterlippe formen

4. Das Auge in das Gesicht integrieren

Nach dem gleichen Schema der umlaufenden Splines ergänzen Sie nun weitere Linien um das Auge herum, die oben teilweise die Schläfen und die Stirn formen und unten die Wangen bedecken (Abb. 11).

Die Form dieser Splines sollte unbedingt auch in der Top-down-Ansicht kontrolliert werden, da nur aufgrund der beiden Ansichten keine exakte Abschätzung der Breite der definierten Oberfläche möglich ist. Oft wirkt das Gesicht ohne diese Kontrolle zu spitz. In der Top-down-Ansicht sollten die Linien nahezu auf einer Zylinderoberfläche liegen.

5. Der Unterkiefer

In dem Bereich, wo der Mundwinkel liegt, werden nun weitere Splines angedockt, welche die Oberfläche zwischen Wange und Unterlippe formen (Abb. 12).

Besonderes Augenmerk ist dabei auf eine sinnvolle Verbindung im Mundwinkel zu legen, da dies der spätere Drehpunkt für die Animation des Kiefers wird. Sie sollten dort also auf runde Spline-Verläufe zum Oberkiefer achten, damit bei Verzerrungen dieser Region keine Artefakte auf der Oberfläche entstehen, also unschöne Helligkeitsunterschiede der berechneten Oberfläche aufgrund von zu stark gegeneinander verwinkelten Polygonen.

6. Gesichtshälfte spiegeln

Gerade bei dem relativ hohen Arbeitsaufwand im Gesicht ist es natürlich sehr willkommen, daß hier die Symmetrie ausgenutzt werden kann. Kopieren und spiegeln Sie also die fertige Gesichtshälfte und verbinden Sie beide Hälften mit Spline-Patches (Abb. 13).

Die dabei zusätzlich entstehende Patch-Reihe entlang der Nase ist uns nützlich, da so die Schattierung in diesem Bereich weniger kritisch wird. Es darf schließlich nicht vergessen werden, daß das Mesh direkt neben der Nase stark in den Kopf eindringt, um die Augen zu bilden. Die ansonsten entstehende »Spitze« auf dem Nasenansatz wird somit entschärft.

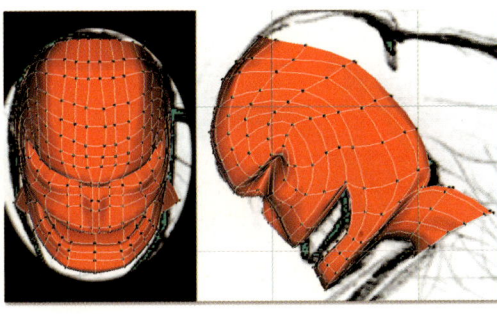

▲ **Abbildung 13**
Gespiegelte Kopfhälfte mit extrudierter Unterlippe und Stirn

7. Mund und Hals

Da die Lippen nicht nur wie ein scharfer Rand erscheinen sollen, werden alle Kontrollpunkte, welche die Lippen und den Mundwinkel bilden, selektiert und durch mehrmaliges Extrudieren und Skalieren zu einem Wulst geformt, der im Mundraum verschwindet (Abb. 14). Durch die Eigenart der Splines entsteht dadurch eine organische Wölbung der Lippen nach außen, die den Mund plastischer macht.

Die Kontrollpunkte am unteren Rand des bisherigen Spline-Netzes werden durch mehrmaliges Extrudieren und Verschieben nach hinten zum Kinn und zu einem vorderen Ansatz des Halses.

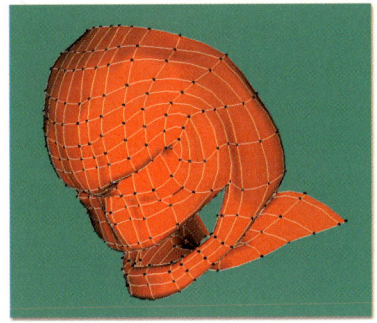

▲ **Abbildung 14**
Extrudierte Lippen

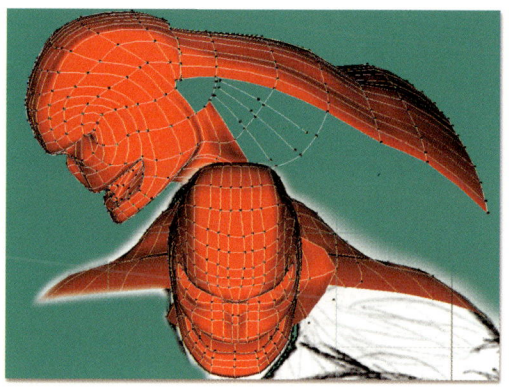

▲ Abbildung 15
Der Nacken aus den Splines des Hinterkopfes

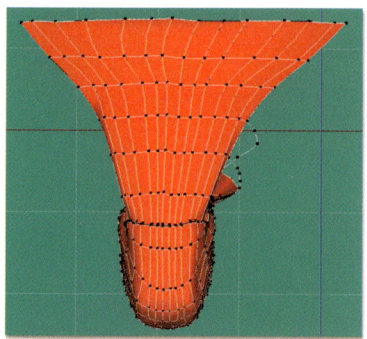

▲ Abbildung 16
Der Nacken in der Top-down-Ansicht

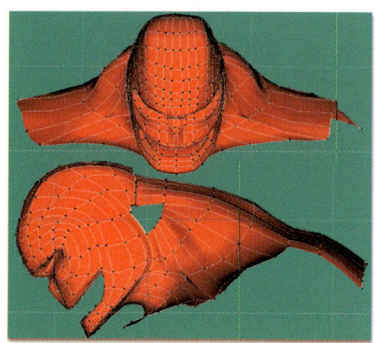

▲ Abbildung 17
Verbindungen zwischen Hals und Nacken

8. Der Nacken

Die Kontrollpunkte der Stirn werden selektiert und mehrfach nach hinten rotiert, um den kugelförmigen Schädel zu formen. Die kleine Kante, die das Ende eines unter der Haut liegenden Schädelknochens markieren soll, entsteht durch eine verkleinerte Kopie des vorherigen Splines, die seitlich gesehen unter diesem plaziert wird. Die ehemals runden Spline-Züge des Schädels habe ich dann beim weiteren Extrudieren entlang der x-Achse skaliert und abgeflacht, damit diese den breiten Nacken bilden können (Abb. 15).

Die mittleren Kontrollpunkte dieser abgeflachten Splines habe ich so manipuliert, daß in der Mitte des Nackens Muskelstränge sichtbar werden. Ein kleines Detail, das beim fertigen Modell die Masse des Characters glaubhafter macht.

9. Die Teile schließen

Sowohl der Nacken als auch der vordere Hals müssen nun noch durch halbkreisförmige Spline-Züge miteinander verbunden werden. Am einfachsten geht dies in der Top-down-Ansicht, wobei man dann den Spline in der frontalen oder in der seitlichen Ansicht auf die richtige Höhe bringt (Abb. 16).

Zwischen dem Schädel und dem Hals wird sich ein Bereich relativ hoher Kontrollpunktdichte bilden, der für diese Anordnung der Splines typisch ist. Positionieren Sie diesen Bereich so, daß er ungefähr an der Stelle zu liegen kommt, wo ein Ohr eingesetzt werden soll (Abb. 17).

10. Das Ohr

Da zu unserem Character ein abstehendes flei-
schiges Ohr irgendwie nicht passen würde, habe
ich mich für eine weniger auffällige Ausführung
entschieden. Dazu lege ich zuerst einen Spline
mit exakt der Anzahl von Kontrollpunkten an, die
der Anzahl der auf diesen Punkt hinlaufenden
Splines entspricht. Dieser neue Spline sollte möglichst kreisförmig und natürlich geschlossen sein.

Die Kontrollpunkte auf diesem Kreis-Spline liegen idealerweise denen der angrenzenden Splines
gegenüber, damit bei der Verbindung keine Überschneidungen und somit später Fragmente entstehen können. Nach der vollzogenen Verbindung
wird dieser Kreis-Spline in den Kopf hinein extrudiert und dann seitlich so verdreht, daß kein Blick
durch das Ohr in den Kopf mehr möglich ist
(Abb. 18).

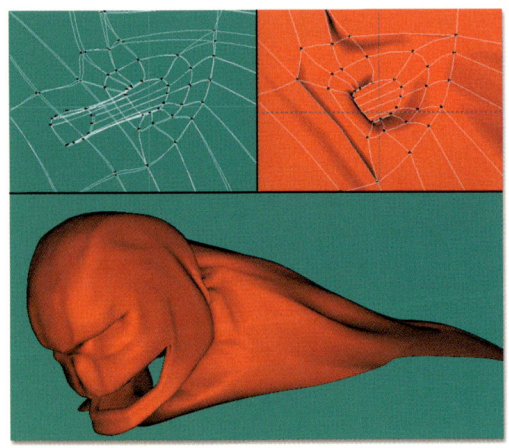

▲ Abbildung 18
Kreisförmige Zusammenführung der losen Enden und
Formung des Ohrs

Modellierung der Körperteile

1. Der Arm

Bei dem Arm habe ich mich für ein einfaches Rotationsobjekt entschieden. Dazu lege ich einen
Spline entlang einer Kontur des Arms an und ver-
binde die um die Mittelachse des Arms rotierten
Kopien zu einer geschlossenen Fläche (Abb. 19).

Diese Arbeitsschritte werden einem durch die
Lathe-Routine praktisch abgenommen. Dabei
gibt man nur die Anzahl der gewünschten Kopien
an und die Achse, um welche die Rotation erfolgen soll. Das entstandene Gebilde erinnert an einen ausgebeulten Schlauch und muß nun entsprechend der Skizze in die richtige Form gebracht werden. Dabei sollte man sich zuerst an
den Begrenzungen des Arms in der frontalen und
der seitlichen Ansicht orientieren und dann durch
Bewegung der Kamera um das Modell herum die
Feinheiten herausarbeiten.

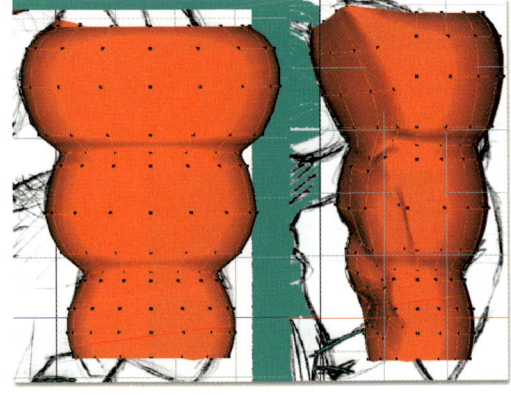

▲ Abbildung 19
Links die ursprüngliche, rechts die teilweise schon an
die Vorlage angepaßte Form des Arms

Ich habe mich für ein Lathing aus 16 Splines entschieden, der auch für diese große Form ausreichend sein sollte. Es darf zudem nicht vergessen werden, daß sich schließlich an der noch folgenden Hand und an der Verbindung zum Oberkörper diese 16 Punkte wiederfinden müssen, um einen organischen Übergang modellieren zu können.

2. An die Animation denken

Sind Sie mit dem Arm zufrieden, sollten Sie diesen leicht seitlich abwinkeln. Die später für die Bewegung der Figur nötigen Bones haben nämlich die Eigenschaft, auf alle innerhalb eines bestimmten Radius liegenden Polygone zu wirken. Für die Bones macht es keinen Unterschied, ob dies der Arm oder noch ein Stück vom Bauch ist, der durch seine Nähe zum angelegten Arm im Einflußbereich liegt. Wenn also die einzeln beweglichen Körperteile einen größeren Abstand voneinander haben, minimiert dies das Risiko von ungewollten Verzerrungen mit den Bones.

Wie Sie auf dem Bild erkennen können, habe ich aus eben diesem Grund nicht nur den Arm verdreht, sondern auch den Kopf angehoben, damit dieser nicht zu nahe an der Brust liegt (Abb. 20).

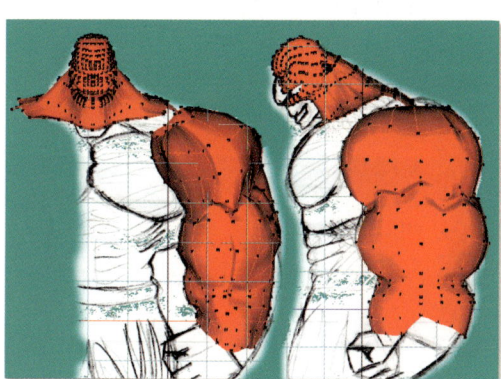

▲ Abbildung 20
Gehobener Kopf und fertiger Arm

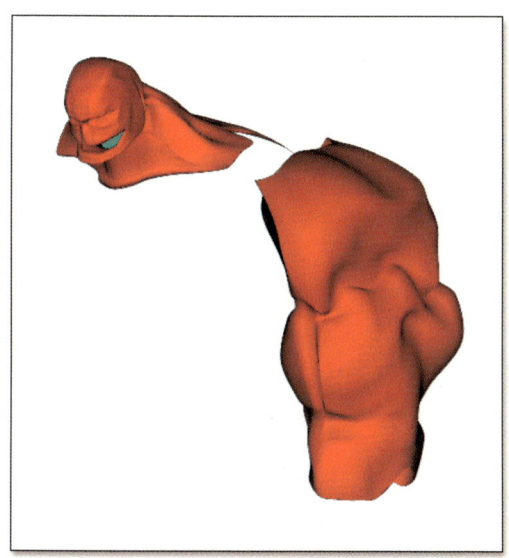

▲ Abbildung 21
Gerenderte Ansicht der fertigen Teile

3. Arm und Hals verbinden

Als nächstes wird die Schulter, die wir mit dem Arm modelliert haben, in den Oberkörper überführt. Dazu muß der extrudierte Schulter-Spline vorne ausgewölbt werden (Abb. 22).

Im Bereich der Achse sollte der Rückenmuskel sichtbar werden. Der obere Rand der Brust sollte nach Möglichkeit so plaziert werden, daß er sich leicht mit dem bereits vorhandenen vorderen Hals verbinden läßt. Auch darf die hintere Schulter nicht vergessen werden, die in den Nacken übergeht und Teile des Rückens über den Schulterblättern bildet.

Es kann dabei nötig werden, zwei Schulterkontrollpunkte mit jeweils einem Hals- oder Nackenkontrollpunkt zu verbinden, um die unterschiedlichen Anzahlen auszugleichen (Abb. 25).

Solche Reduzierungen sollten nur in den Bereichen vorgenommen werden, wo nur geringe Krümmungen der Oberfläche zu vermuten sind. Ansonsten kann es später zu sichtbaren Kanten und Fragmenten kommen.

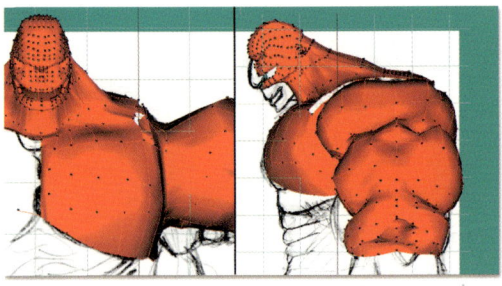

▲ **Abbildung 22**
Die Brust entsteht aus Teilen der Schulter

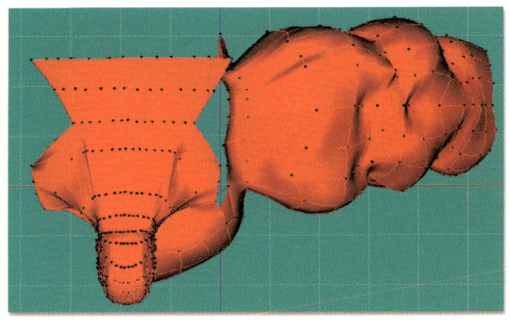

▲ **Abbildung 23**
Die fertige Brust – von oben betrachtet

4. Oberkörper komplettieren

Wie zuvor bei den Gesichtshälften können auch jetzt Arbeitsschritte durch einfaches Spiegeln an der Symmetrieachse der Figur eingespart werden. Der komplette Arm mit halber Brust kann dupliziert und auf die andere Seite gespiegelt werden. Dort werden dann die gleichen Verknüpfungen vorgenommen. Der Oberkörper ist somit zu großen Teilen komplett (Abb. 26).

Durch Extrusion der untersten Spline-Züge wird der Bauch und auch der Rücken bis zur Taille verlängert und geformt. Dabei verjüngen sich die Splines, um den Oberkörper noch massiger erscheinen zu lassen (Abb. 28).

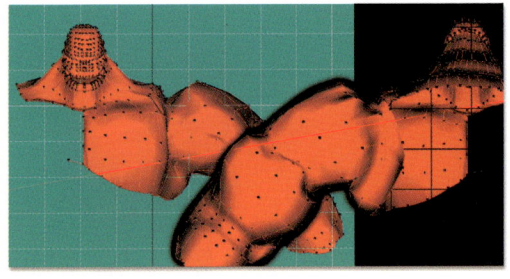

▲ **Abbildung 24**
Der verbundene Arm – von vorne und hinten betrachtet

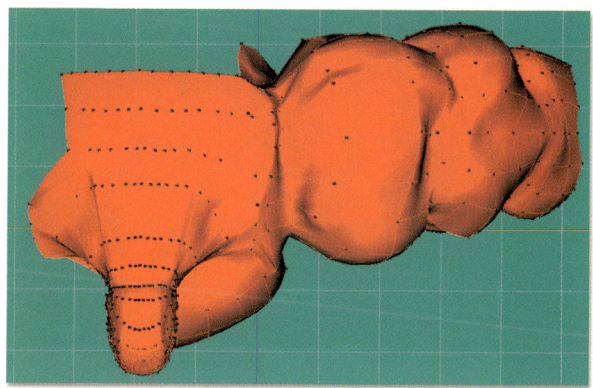

▲ Abbildung 25
Die Verbindung zur Schulter – von oben betrachtet

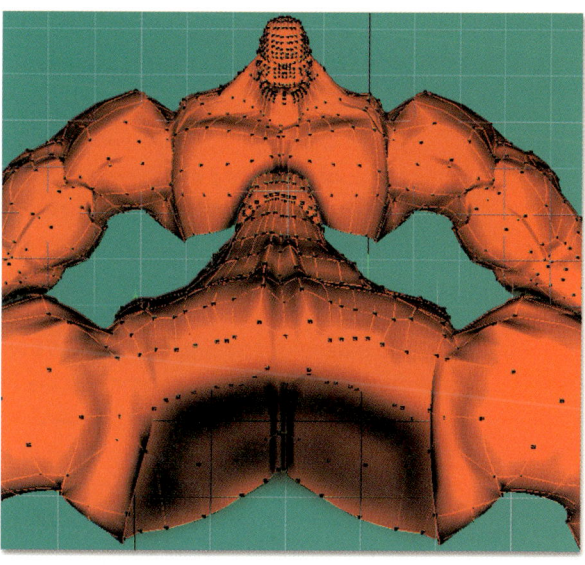

▲ Abbildung 26
Gespiegelte Hälfte und verlängerter Nacken (Rückseite der Brust, zur besseren Orientierung abgedunkelt)

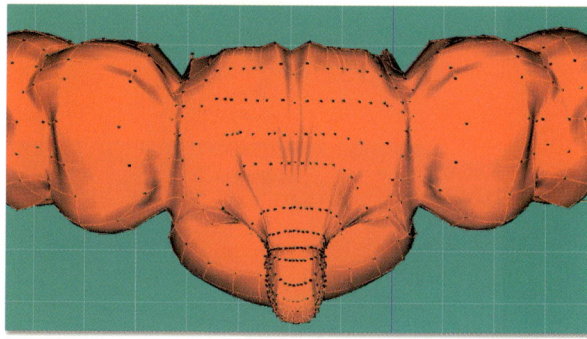

▲ Abbildung 27
Gespiegelte Hälften – von oben betrachtet

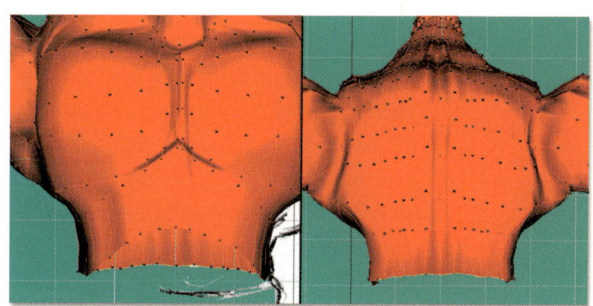

▲ Abbildung 28
Bauch und Rücken – durch umlaufende Splines verlängert

5. Gürtel modellieren

Aus dem untersten Bauch- bzw. Rücken-Spline wird ein Gürtel oder ein Bund für eine Hose geformt. Dazu wähle ich alle entsprechenden Kontrollpunkte aus und dupliziere diese. Bei diesem bloßen Kopieren und Einfügen entstehen keine automatischen Verbindungen zu der kopierten Struktur, wie ansonsten beim Extrudieren der Fall. Die Kopie ist somit ein neues Objekt und kann daher später separat exportiert und texturiert werden. Alles Überlegungen, die durchaus schon beim Modellieren wichtig sind.

Dieser ovale Gürtel-Spline wird nun mehrfach derart extrudiert, daß er das ringförmige Aussehen eines Gürtels erhält. Durch Einbringen der Kopie des Bauch-Splines wird die Form dieses Objekts später perfekt zu der Figur passen (Abb. 29).

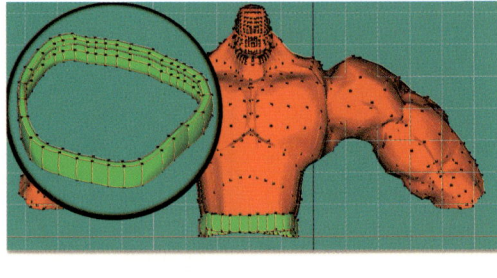

▲ Abbildung 29
Der Gürtel als neues Objekt

6. Die Beine

Die Beine entstehen prinzipiell so wie auch die Arme zuvor. Eine beliebige Umrißlinie der Beinskizze wird über Lathing zu einem Körper. Bei den Beinen habe ich jedoch nur acht Kopien für das Objekt eingestellt, da die Beinform weniger komplex ist. Durch Anpassen des entstandenen Körpers an die Vorlagenskizzen nimmt das Bein Kontur an. Der Fuß ist dabei ausgespart. Er wird später hinzugefügt (Abb. 30).

Da das Beinobjekt keine feste Verbindung zum Oberkörper hat, handelt es sich hierbei auch wieder um ein separates Objekt, das für sich texturiert werden kann.

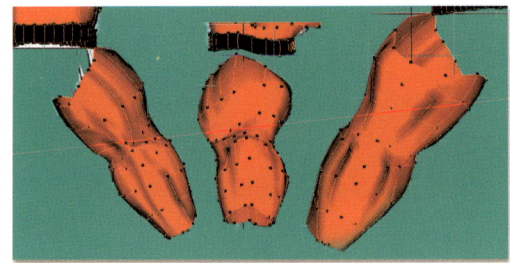

▲ Abbildung 30
Ein fertiges Bein – von vorne, von der Seite und von hinten betrachtet

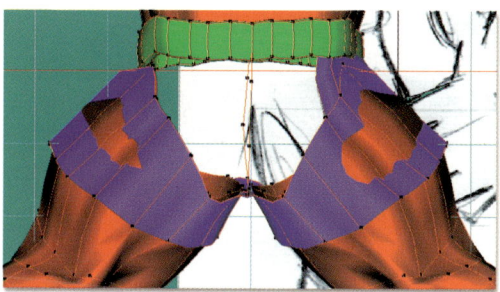

▲ Abbildung 31
Kopierte Bein-Splines bilden Hosenbeine

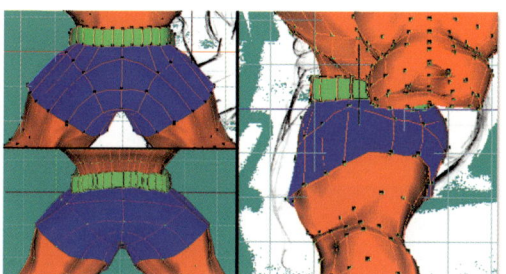

▲ Abbildung 32
Die fertige Hose

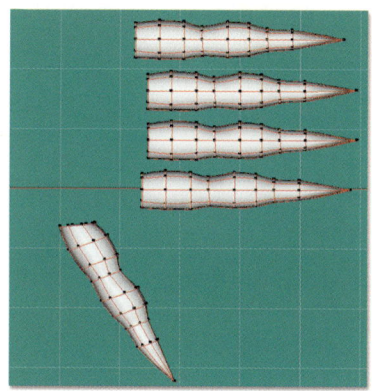

▲ Abbildung 33
Finger und Daumen – von oben betrachtet

7. Die Hosenbeine

Das fertige Bein kann wieder dupliziert und gespiegelt werden. Die zwei oberen Splines beider Beine werden selektiert und kopiert. Ein zusätzlicher Spline innerhalb des Gürtels und ein U-förmiger Spline direkt auf der Symmetrieachse bilden dann das nötige Gerüst für eine einfache Hose, die den Bereich zwischen Gürtel und Beinen ausfüllt.

Durch die Verwendung von kopierten Splines aus den Beinen übernehmen die Hosenbeine zudem die Form der Beine, die sich durch die Hose abzuzeichnen scheinen (Abb. 31 und 32).

Die Hand

1. Die Finger

Die Finger bestehen aus einem wellenförmigen Spline, der durch Rotation um die gewünschte Symmetrieachse des Fingers mit dem Lathe-Befehl entsteht (Abb. 33 und 34). Da keine Skizze der Hand angefertigt wurde, kann hier nach Augenmaß gearbeitet werden. Es sollte jedoch das Größenverhältnis und die Länge der Finger in eine realistische Relation zum Rest des Arms gebracht werden. Die Krallen an den Fingerspitzen entstehen durch eine Skalierung des letzten Splines auf die Ausdehnung »Null«. Der größte Durchmesser des Fingers sollte am späteren Ansatz an der Handfläche liegen. Zudem sollten die Gelenke des Fingers durch geringere Durchmesser verdeutlicht werden.

2. Der Daumen

Der Daumen entsteht aus einer leicht verdrehten Kopie eines beliebigen Fingers, die etwas unterhalb der Höhe der Finger plaziert wird. Hier verdeutlicht ein Blick auf die eigene Hand, warum dies so ist. Der Daumen entspringt der Hand nämlich nicht exakt seitlich, sondern findet seine Ruheposition unterhalb davon. Der Daumen ist zudem insgesamt massiger und kürzer, da ihm ja auch ein sichtbares Glied fehlt, das bei ihm im Inneren der Handfläche liegt.

Der Daumenansatz wird so geformt, daß die Verbindung zur Handfläche in einem leichten Bogen zum Handgelenk hin erfolgen kann und er nicht einfach senkrecht aus der Handfläche hervorragt.

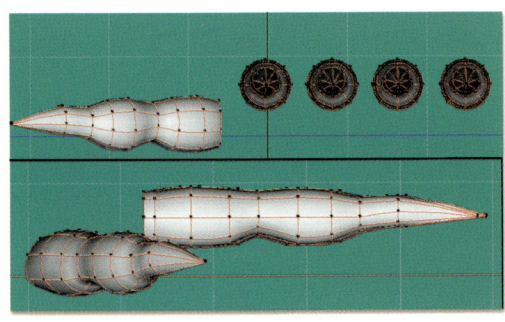

▲ **Abbildung 34**
Finger und Daumen

3. Die Handfläche

Zuerst werden die vier Finger miteinander verbunden, indem ein geschlossener Spline komplett um die Enden der Finger gelegt wird. Dabei findet jeder Fingerkontrollpunkt einen »Partner«-Kontrollpunkt in diesem Verbindungs-Spline. Zwischen den Fingern werden Splineverbindungen eingezogen, welche die Oberfläche in diesem Bereich kontrollieren und schließen. Die Bilder zeigen die vorgenommenen Verbindungen besser, als jeder Text es je beschreiben könnte (Abb. 35).

Dieser geschlossene Spline wird nun mehrfach extrudiert und nahe dem Daumen jeweils aufgebrochen, um diesen einzubinden. Es sollten also nur so viele Splines extrudiert werden, wie auch der Daumen offene Kontrollpunkte anbietet. Trotzdem können zusätzliche Verbindungen nötig werden, die besonders zwischen Fingern und Daumen eingesetzt werden müssen. Deren Lage ergibt sich jedoch während der Konstruktion zwangsläufig, da Splines mit unterschiedlicher Anzahl von Kontrollpunkten miteinander verbunden werden müssen.

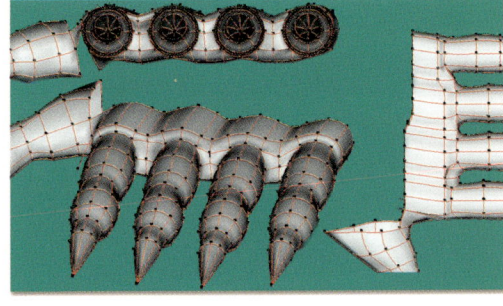

▲ **Abbildung 35**
Verbindungen zwischen den Fingern

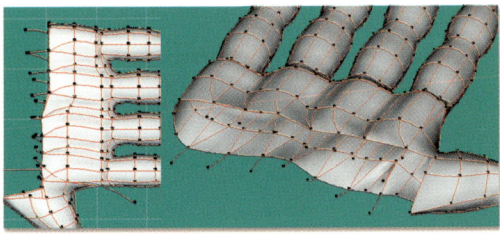

▲ **Abbildung 36**
Reduzierung der Kontrollpunkte

Abb. 37 ▶
Weitere
Reduzierung
der Kontroll-
punkte und
Anbindung der
Handfläche an
den Daumen

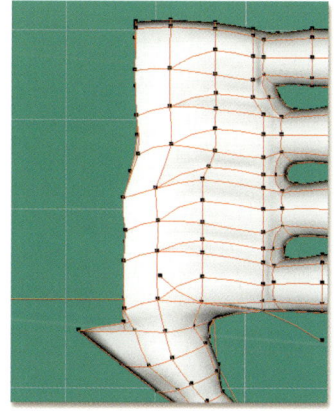

Achten Sie zudem darauf, bereits frühzeitig die Anzahl der Kontrollpunkte auf der Ober- und auf der Unterseite der Handfläche durch Querverbindungen von zwei Kontrollpunkten auf jeweils einen des nachfolgenden Splines zu verringern (Abb. 36). Das Problem verlagert sich ansonsten auf das Handgelenk, wo dann schlagartig sehr viele Kontrollpunkte mit den wenigen Armkontrollpunkten verbunden werden müssen. Gerade in diesem Bereich am Handgelenk sind solche gehäuften Querverbindungen nicht zu empfehlen, da dort extreme Verformungen bei der Animation nötig werden können.

Abb. 38 ▶
Fertige
Handfläche

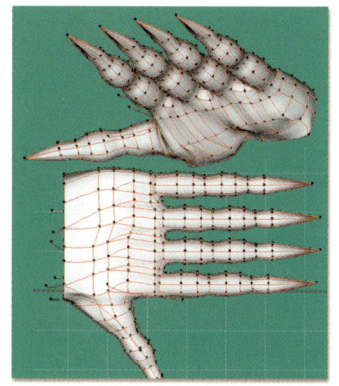

Abb. 39 ▶
Verlängerung
der Handfläche
bis zum
Handgelenk

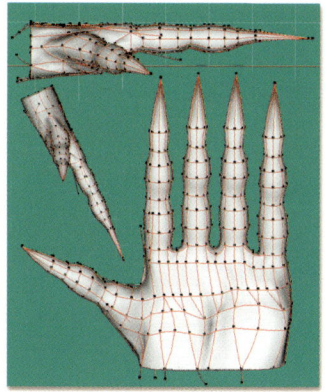

4. Handgelenk

Ist der Daumen mit den restlichen Fingern über die Handfläche verbunden, führen Sie einige Extrusionen der Handfläche durch, wobei deren Form dem letzten Querschnitt des Arms angenähert werden sollte (Abb. 38). Der Übergang von der Hand zum Arm wird dann weniger kritisch. Haben Sie meinen Ratschlag der frühzeitigen Reduktion der Kontrollpunkte beherzigt, so können Sie im idealen Fall einfache 1:1-Verbindungen zwischen den Arm- und den Hand-Splines vornehmen (Abb. 40). Eine gespiegelte Kopie der fertigen Hand vollendet den Arm auf der anderen Seite äquivalent (Abb. 41).

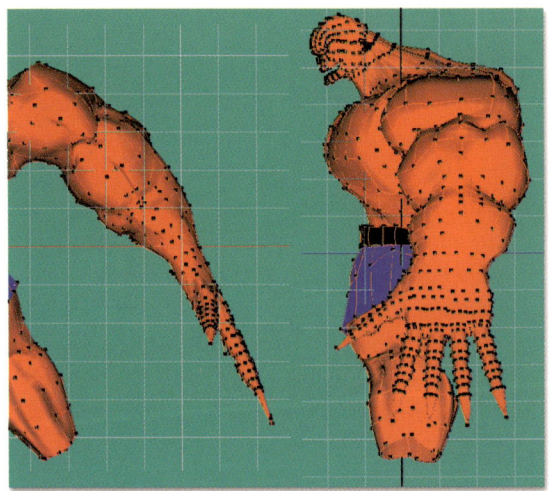

▲ Abbildung 40
Die Hand am Arm

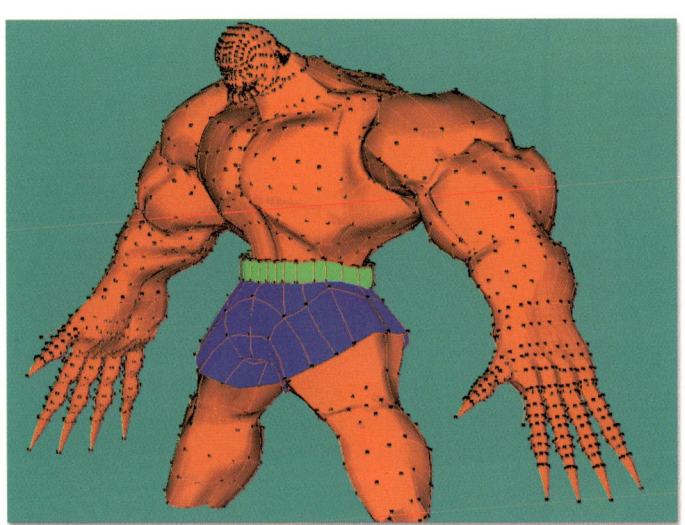

▲ Abbildung 41
Die gespiegelte Hand am noch freien Arm

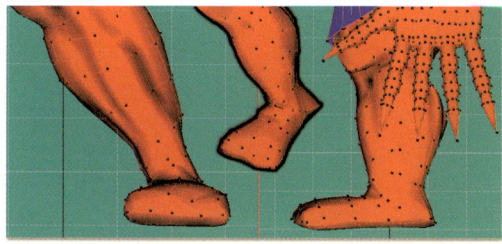

▲ Abbildung 42
Verlängerung des Unterschenkels zu einem einfachen Fuß

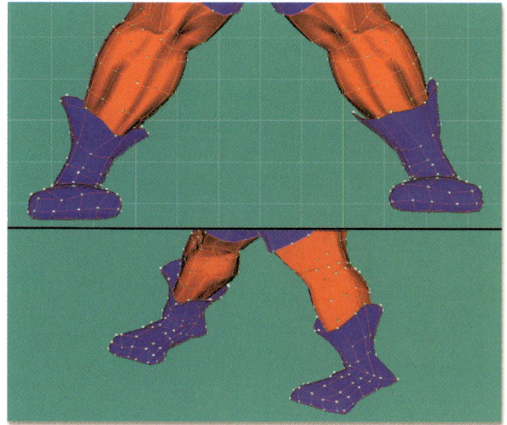

▲ Abbildung 43
Alternativer Vorschlag: anstatt der Füße hier Schuhe

Abb. 44 ▶
Halbe
Zahnreihe aus
verschiedenen
Perspektiven

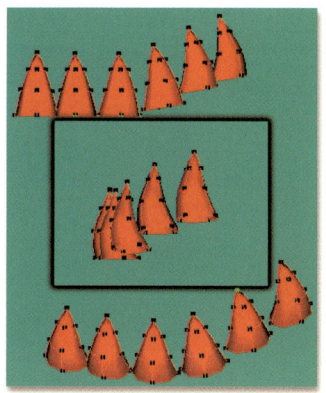

5. Der Fuß bzw. der Schuh

Das Ende des Beinstumpfes kann durch Extrusion des letzten Splines verlängert und so mit einem Fuß bestückt werden. Dieser müßte jedoch als Körperteil sehr aufwendig ausmodelliert werden, damit Details wie die Zehen auch glaubhaft sind. Dazu könnte die gleiche Technik wie bei den Händen angewendet werden, die ja zuvor erläutert wurde (Abb. 42).

Ich möchte dies hier nicht wiederholen und verpasse daher der Figur einfache Schuhe, die als separate Objekte aus einer Kopie des letzten Bein-Splines entstanden sind. Die Ausführung ist natürlich recht simpel und kann wesentlich detaillierter geschehen. Geschlossen werden die Schuhe entweder durch Skalierung des letzten Spline-Querschnitts auf die Höhe »Null« oder durch extra Querverbindungen, wie im Bild (Abb. 43) zu erkennen.

6. Die Zähne

Im Mund fehlen nun noch einige Zähne, um die Figur zu vervollständigen. Diese bestehen aus einfachen Kegeln, deren Spitzen leicht nach hinten in Richtung Rachen verschoben wurden. Kopien dieses Zahnkegels werden halbkreisförmig im vorhandenen Mundraum nahe der Unterlippe plaziert. Die Positionen sollten natürlich auch in der seitlichen Ansicht derart angepaßt werden, daß die hinteren Zähne weiter oben liegen (Abb. 44).

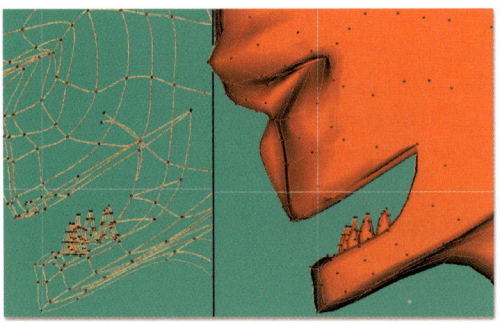

▲ Abbildung 45
Die Zähne im Unterkiefer plaziert

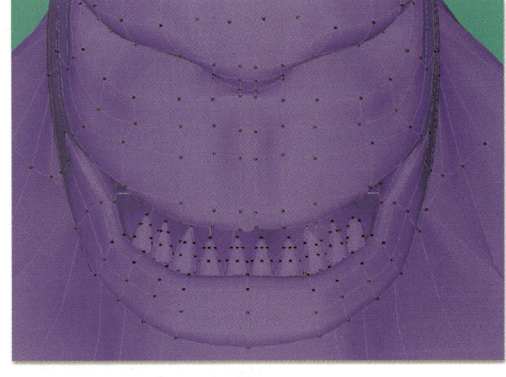

▲ Abbildung 46
Die Zähne im Unterkiefer

7. Das Zahnfleisch

Bei einigen Verzerrungen des Mundes kann neben den Zähnen auch das Zahnfleisch sichtbar werden. Dieses sollte daher auch modelliert werden. Ich habe dazu einen bogenförmigen Spline immer wieder extrudiert und die Kopien entlang der Zahnreihe angeordnet (Abb. 47).

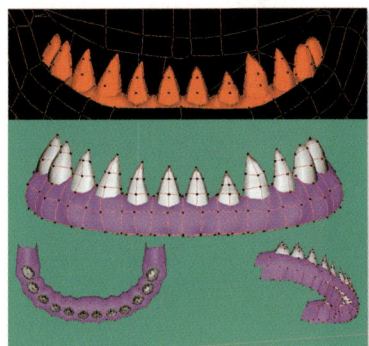

▲ Abbildung 47
Zahnfleisch aus einfachem U-Profil

Die entstandene Form sollte an den Zähnen leicht nach außen und an den Zahnzwischenräumen leicht nach innen versetzt werden. Die Zähne sollten ein gutes Stück im Zahnfleisch verschwinden. Sowohl Zahnfleisch als auch die Zähne können dann kopiert und in den Oberkiefer gespiegelt werden. Dort sollten die Zähne dann so variiert werden, daß sie nicht mit der unteren Zahnreihe kollidieren (Abb. 48).

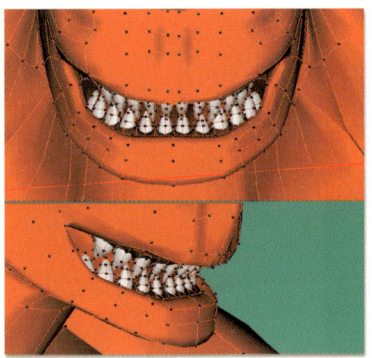

▲ Abbildung 48
Die kompletten Zahnreihen

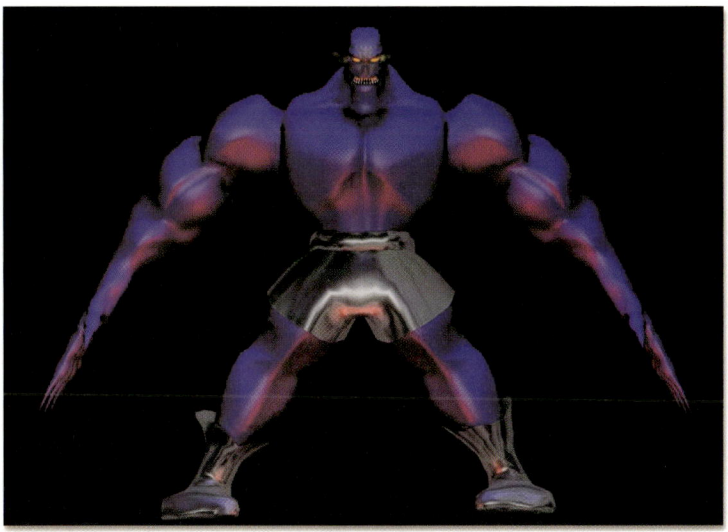

▲ Abbildung 49
Die Figur mit eingesetzten Augen, Texturen sowie Partikel- und Lichteffekten

8.   Export und Textur

Das demonstrierte Modell hätte nach der gleichen Technik auch auf Polygonbasis erstellt werden können. Da wir hier jedoch mit Splines und deren Verbindungen gearbeitet haben, läßt sich das Modell nahezu beliebig exakt auflösen und exportieren. Ich habe dazu eine Unterteilung von einem Spline-Patch in vier Polygone eingestellt und die Objekte dann in eine andere Software exportiert, die mir bessere Möglichkeiten zur Texturierung und zur Animation bietet. Dort habe ich Körperteilen eine blaue Farbe und den Kleidungsstücken eine spiegelnde Oberfläche zugewiesen.

Um die Haut interessanter zu machen, wurde dort zusätzlich eine leichte Noise-Bumpmap eingesetzt, die mit Quaderprojektion auf den gesamten Körper angewendet wurde. Durch eine hohe Kachelanzahl der Textur fallen die auftretenden Verzerrungen an den Rundungen kaum auf, wie das Bild beweist. In den Augenhöhlen finden einfache Kugeln Platz, denen ein Gloweffekt zugewiesen wurde. Partikel mit Glüheffekt in den Augen geben der gesamten Erscheinung etwas Diabolisches. Ein blaues Licht von oben und ein rotes Licht von unten machen die Szene perfekt (Abb. 49).

◄◄
Das Resultat

▲ **Abbildung 50**
Nahaufnahme mit sichtbaren Reliefs auf der Haut

▲ **Abbildung 51**
Werbeträger mit beeindruckenden Argumenten

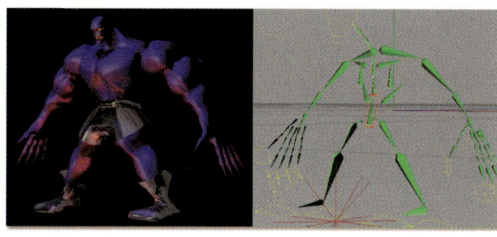

▲ Abbildung 52
Lage der Bones in der modellierten Figur

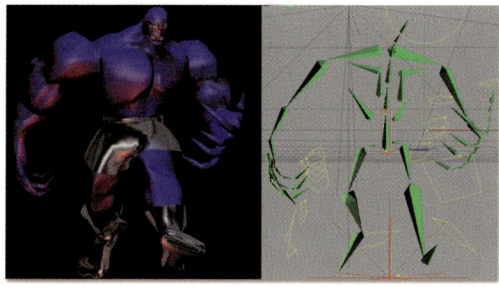

▲ Abbildung 53
Aus der Ruhelage heraus bewegte Bones verzerren die
Figur.

Da der Vorgang beim Einsetzen der Bones, dem anschließenden Einstellen der IK-Parameter und die Animation selbst vom Prinzip her immer gleichen Mustern folgt, werde ich diese ausführlicher in einem folgenden Kapitel beschreiben. Danach lassen sich die Arbeitsabläufe entsprechend auch auf diese Figur übertragen.

Die Bilder geben einen ersten Eindruck von der sinnvollen Lage der Bones bei einer derart massigen Figur und zeigen einige schnell zu erzielende Ergebnisse (Abb. 52+53).

Feuer und Wasser

Eine Einführung in begleitende Effekte

Gerade in Animationen werden die Auftritte von 3D Characters gerne mit Spezialeffekten wie z. B. Explosionen unterstützt. Einen kurzen Einblick, wie solche Effekte umgesetzt werden, gibt das folgende Kapitel.

In diesem kurzen Kapitel möchte ich die Effekte ansprechen, die oft mit Characters einhergehen. Feuer, Wasser, Rauch oder Explosionen spielen besonders in Animationen eine Rolle. Ein Wasserlauf macht aber auch durchaus in einem *Still* eine gute Figur und erzeugt ein rundes Gesamtbild für den Character.

Der Fisch aus einem der nachfolgenden Kapitel wirkt z. B. noch realistischer, wenn die exakte Simulation von Wasser in der *3D-Software* gelingt.

Diese Art der Effekte ist so komplex und vielschichtig, daß ich in einem Buch über Character Design einfach nicht den Platz dafür habe, alle Spielarten vorzustellen oder gar mit Workshops zu vertiefen. Ich belasse es daher bei einigen grundlegenden Informationen und Beispielen, wie exemplarisch aufgegriffene Effekte verwirklicht werden können.

Partikel

Partikel spielen dabei eine wichtige Rolle. Partikel in der *3D-Welt* unterscheiden sich dabei leicht von der Bedeutung im normalen Sprachgebrauch. Dort verbinden wir kleine Teilchen oder Absplitterungen damit. In einem *3D-Programm* können Partikel oftmals beliebige Modelle sein.

Sie unterscheiden sich von normalen Modellen dadurch, daß sie wie Wassertropfen aus einem Schlauch an einer bestimmten Stelle im 3D-Raum auftauchen und sich dann von dort in den Raum ausbreiten.

Dabei kann festgelegt werden, wie die Flugbahn der Partikel verlaufen soll, wie lange die Partikel sichtbar sein sollen und ob sie ihre Lage oder Größe während der Flugdauer verändern.

Das Bild zeigt die einfachste Variante von Partikeln, die Kugel bzw. den Punkt.

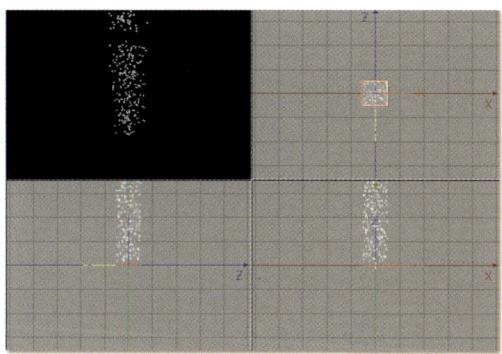

▲ Abbildung 1
Eine Partikelsäule

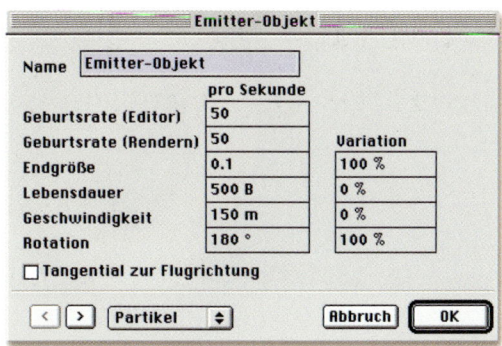

▲ Abbildung 3
Typischer Emitter-Dialog

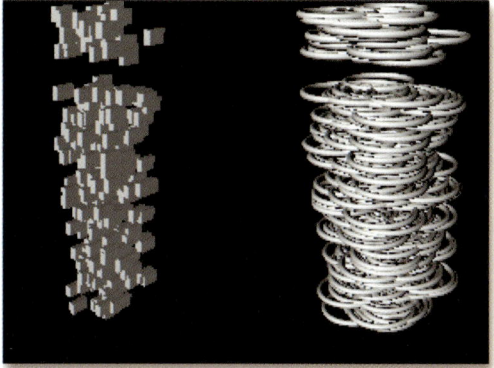

▲ Abbildung 2
Quader und Ringe als Partikel

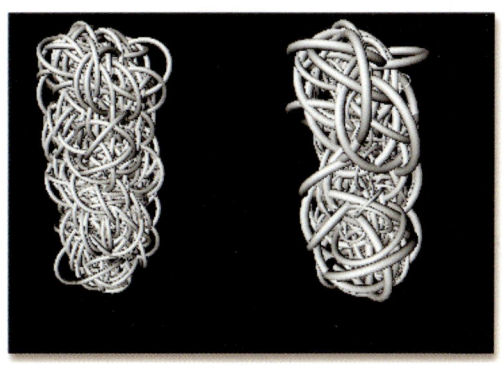

▲ Abbildung 4
Automatische Variationen der Partikel

Die Stelle, an der die Partikel sichtbar werden, nennt man Emitter. Emitter sind oft rechteckige Flächen beliebiger Größe. Einige Programme können auch Oberflächen von bestehenden Objekten als Emitter verwenden. In diesem Fall werden dann die Partikel auf der Oberfläche eines Modells sichtbar und breiten sich von dort in den Raum aus (Abb. 1).

In der bis jetzt bekannten Form können wir Partikel z. B. als Schnee einsetzen, wenn der Emitter die Partikel von oben nach unten durch das Bild schickt.

Interessant wird es jedoch, wenn man andere Objekte als Partikel benutzt. In meinen Beispielbildern habe ich dies einmal mit Quadern und Ringen vorgeführt (Abb. 2). Es können so sehr schnell Schwärme von Einzelkreaturen erstellt werden. Denken Sie an einen Vogel, der als Partikel plötzlich einen Schwarm darstellt und sich durch das Bild bewegt. Einige Programme erlauben sogar, bereits animierte Modelle als Partikel zu benutzen. So läßt sich eine Horde trampelnder Dinosaurier natürlich sehr viel schneller erstellen, als wenn jede Figur einzeln animiert werden müßte.

◀◀
Emitter

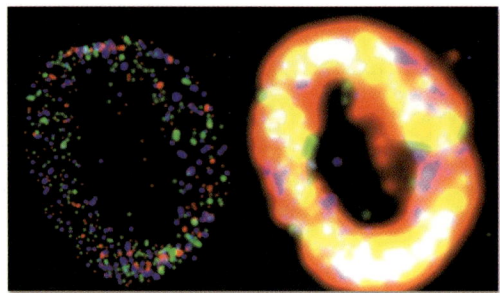

▲ Abbildung 5
Lichtquellen mit sichtbaren Eigenschaften als Partikel

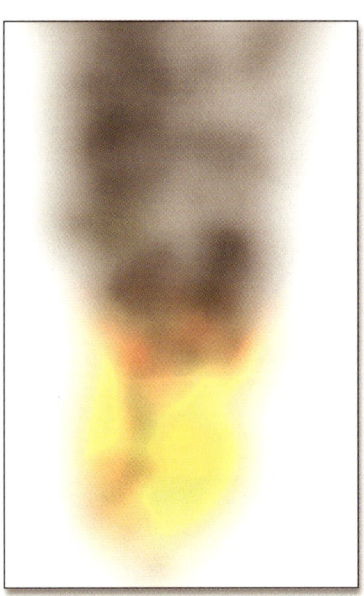

Abbildung 6 ▶
Verschiedenfarbige Licht-
quellen simulieren Feuer

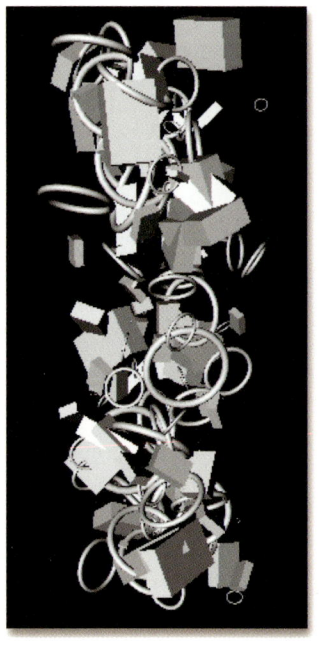

◀ Abb. 7
Mehrere
Partikel in
einem Emitter
mit Varia-
tionen

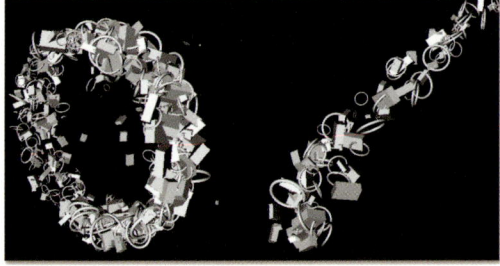

▲ Abbildung 8
Beeinflussung der Partikelflugbahnen durch Rotations-
und Windobjekte

Um Variationen in den Partikeln zuzulassen, kann man oft die Größe oder die Ausrichtung der Partikel per Zufall berechnen lassen (Abb. 4). Bei animierten Modellen werden die Startpunkte der Animationen verschoben, damit nicht alle Partikel die gleiche Bewegung zur gleichen Zeit ausführen.

Auch ist ein Emitter nicht nur auf eine Sorte Partikel beschränkt. Es können mehrere Modelle oder Objekte mit dem Emitter verknüpft werden, die dann wild gemischt als Partikel verwendet werden (Abb. 7).

Damit man nicht nur auf einen geradlinigen Verlauf der Partikel durch den Raum festgelegt ist, können zusätzliche Steuerobjekte nur für

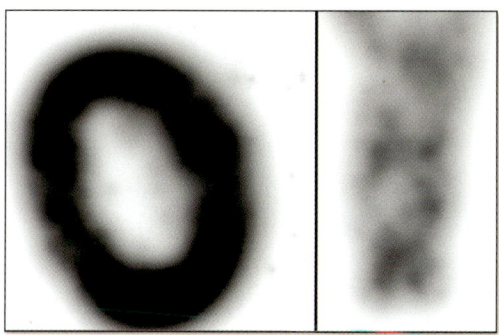

▲ Abbildung 9
Rauch mit dunklen Lichtquellen als
Partikel hergestellt

Abb. 10 ▶
Vorgefertigte
Texturen
sorgen für
Realistik in der
3D-Welt.

Partikelströme benutzt werden. Eines simuliert
z. B. Wind, der die Partikel verweht, oder ein
anderes bringt die Partikel in Rotation um eine
Achse des Raumes (Abb. 8).

Sichtbares Licht

Wenn wir Partikel im Zusammenhang mit Ef-
fekten betrachten, so kommt den Lichtquellen
eine große Bedeutung zu. Verwendet man eine
Lichtquelle mit sichtbarem Licht als Partikel, so
lassen sich Lichterscheinungen wie Feuer oder
Plasma visualisieren (Abb. 5). Durch die oftmals
nur kugelförmige Erscheinung sichtbaren Lichts
gibt es jedoch Probleme bei der Darstellung
von scharfen Konturen, wie sie z. B. bei Flammen zu erkennen sind.

Für weiter vom Betrachter entfernte Feuer-
stellen oder Brände lassen sich Partikel jedoch
gut einsetzen.

Professionelle Ergebnisse lassen sich jedoch
nur mit animierten Texturen erreichen, die von
realen Flammen und Explosionen abgefilmt
wurden. Durch dazu passende Masken können
störende Bereiche ausgeblendet werden. Das
Bild gibt einen Eindruck von den Ergebnissen
wieder (Abb. 10).

Dabei wurden solche animierten Texturen
auf ein Viereck gelegt. Richtet man das Viereck
immer mit der belegten Seite auf den Betrachter aus, so können diese Texturen auch in Animationen mit Kamerafahrten eingebaut werden.

Bei der Umsetzung von Rauch können Partikel durchaus mit solchen vorgefertigten Texturen mithalten. Dabei werden wieder Lichtquellen als Partikel verwendet, nur daß diesmal das
sichtbare Licht auf Schwarz oder zumindest
sehr dunkel eingestellt wird. In Verbindung mit
entsprechenden Partikelflugbahnen lassen sich
recht natürliche Rauchfahnen erzeugen
(Abb. 9).

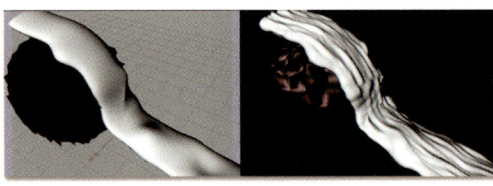

▲ Abbildung 11
Ein schlauchförmiges Objekt mit wellenförmiger
Displacement-Struktur

▲ Abbildung 12
Schlauchförmiges Objekt mit Displacement und Transparenz

Wasser

Wasser hingegen läßt sich nur teilweise mit Partikeln umsetzen, es sei denn, man setzt Metaobjekte als Partikel ein, die sich zu einer organischen Masse verbinden. Dies ist jedoch mit erheblichem Rechenaufwand verbunden.

Schneller und leichter zu manipulieren ist dagegen die Benutzung geeigneter Texturen. In meinem kleinen Beispiel habe ich einen schlauchförmigen Körper mit einer Wellenstruktur im Displacement-Kanal der Textur belegt (Abb. 11).

Das Displacement sorgt dafür, daß ein Objekt durch eine Textur tatsächlich verformt werden kann. So sorgen z. B. helle Stellen in der Textur für eine Wölbung und dunkle für eine Absenkung der Oberfläche.

Verbindet man diese Eigenart von Displacement-Maps mit animierten Maps, so scheint sich das Objekt laufend zu verformen. Der Vorteil liegt ganz klar darin, daß keine Morph-Targets oder komplizierten Manipulationen mit dem Magnet-Tool nötig sind.

Vergibt man zusätzlich noch eine transparente Eigenschaft an das Objekt mit einem Brechungsindex und kombiniert dies mit einem Glanzlicht und einer dezenten Spiegelung, so ist aus dem Schlauch ein Wasserstrahl geworden (Abb. 12).

Sicherlich konnten hier die verschiedenen Effekte nur angerissen werden. Dafür ist einfach der Raum und das gestellte Thema nicht gegeben. Bei Interesse können Sie sich jedoch auf meinen Internet-Seiten über ergänzende Literatur zu diesem Thema informieren.

Characters im Film

Modellierung eines Aliens

Die Filmindustrie macht immer häufiger Gebrauch von künstlichen Charakteren in Filmen. Wie ein solches Projekt angegangen werden kann, soll ein Beispiel verdeutlichen.

▶ Unterschiede/ Gemeinsamkeiten

GRUNDSÄTZLICH UNTERSCHEIDET SICH DIE Modellierung nicht von dem bisher Gelernten. Die einzigen Unterschiede sind die wohl häufig höhere Auflösung und Detailtreue des Modells und die sorgfältigere Planung des Aussehens.

In der heutigen Zeit ist es oftmals so, daß große Teile des Umsatzes nicht mit den Eintrittsgeldern an der Kinokasse, sondern mit Verkäufen von begleitenden Artikeln gemacht werden.

Dazu gehören bedruckte Tassen, Poster und T-Shirts ebenso wie Modelle und Puppen zu den Charakteren aus dem Film. Es ist daher wichtig, die geplanten Characters schon in der Konzeptphase auf die Zielgruppe – also Kinder und Jugendliche – abzustimmen. Sehr gefragt sind dabei sogenannte Sympathieträger, die durch ihr Aussehen, ihre Sprache und ihr Verhalten eine emotionale Bindung zulassen.

Oft werden runde Formen mit leicht unbeholfenen Bewegungen kombiniert, um die Angst vor einem ansonsten unbekannten Wesen frühzeitig zu nehmen. Ein gutes Beispiel ist Jar Jar Bings aus dem aktuellen *Star Wars*-Film.

Natürlich trifft dies nicht auf alle Characters in Filmen zu, denn auch »Bösewichte« oder einfach nur exotische Figuren, die als Modell nicht realistisch genug wirken würden, sind gefragt.

Da ich selbst derzeit in die Realisation eines kleinen Trailers für eine Fernsehproduktion eingebunden bin, kann ich ein wenig aus dem Nähkästchen plaudern und die Entstehung einer Figur Schritt für Schritt vorführen.

Am Anfang steht die Idee einer Geschichte. Ein Suchtrupp erforscht gerade einen Abschnitt der Kanalisation. Ein Mitglied der Gruppe betritt dabei einen stillgelegten Seitenarm und findet dort ein außerirdisches Wesen.

Das Wesen soll einen kranken und geschwächten Eindruck beim Zuschauer hinterlassen und keinesfalls bedrohlich wirken. Das Wesen hat zudem eine Art Parasit am Arm, der im Laufe des Films noch eine größere Rolle spielen soll.

Die Geschichte sieht vor, daß der Parasit in der Lage ist, beliebige Krankheiten und Verwundungen anderer zu heilen, indem er aus Körpersubstanzen des Wirts entsprechende Seren, Zellen und Instrumente bildet. Der Wirtskörper wird dadurch jedoch krank und schwach. Daher muß der Parasit von Zeit zu Zeit an andere Wesen weitergegeben werden.

Das gefundene Alien wird also den Parasit an den noch nichts ahnenden Menschen weitergeben, der dadurch nachfolgend z. B. für das Militär interessant wird. Das Genre des Films ist also im Bereich zwischen »Akte X« und »Outer Limits« angesiedelt.

▲ Abbildung 1
Verfremdeter Entwurf für das Alien von Andreas Haun
(© by Andreas Haun)

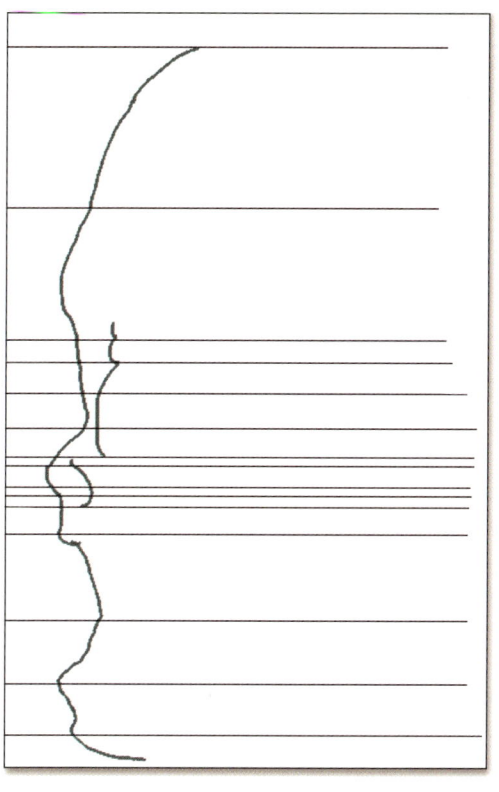

▲ Abbildung 2
Meine Skizze der seitlichen Ansicht

Soviel zum Plot des Films und der Bedeutung der Personen im Handlungsstrang.

Mein Ansprechpartner für dieses Projekt war Herr Andreas Haun, der mir auch ein Bild zur Verfügung stellte, wie er sich das Alien vorstellen könnte (Abb. 1). Ich habe dieses Bild als Grundlage für das nun folgende Modeling genommen.

Da mir nur eine Ansicht des Aliens zur Verfügung stand, habe ich eine simple Skizze für die seitliche Ansicht in Photoshop gezeichnet, wobei ich mich an gezogenen Hilfslinien orientierte (Abb. 2)

Beide Ansichten, die durch die Hilfslinien optimal aufeinander abgestimmt waren, habe ich als Hintergrund in die entsprechenden Fenster geladen. Nachfolgend nun die einzelnen Schritte bis zum fertigen Modell.

Ich habe mich hier wieder wegen der Freiheiten bei der späteren Unterteilung des Modells für den **Animation Master** entschieden. Sie können natürlich statt der Splines nur die markierten Punkte setzen und in jeder beliebigen Software mit Polygonwerkzeugen verbinden lassen. Ein anschließendes Smoothing der Oberfläche führt zum gleichen Ergebnis.

◄◄
Vorbereitungen

Modellieren des Aliens

1. Die Nase

Nachdem die beiden Skizzen in die frontale und seitliche Ansicht der Software geladen und auf die gewünschte Größe gebracht wurden, beginne ich mit einigen senkrechten Splines auf dem Nasenrücken (Abb. 3).

Wenn Sie nicht mit Spline-Patches arbeiten können, setzen Sie einfach Punkte, die Sie später über Polygone miteinander verbinden. Je mehr Punkte Sie setzen, desto glatter wird das Modell später im Profil wirken können.

2. Flächen definieren

Egal ob mit Splines oder Punkten, die Flächen müssen natürlich begrenzt werden. In diesem Fall erledigen dies horizontale Splines, die viereckige Flicken (Patches) entstehen lassen. Diese können nun erstmals schattiert dargestellt werden und ermöglichen so die eventuelle Korrektur der Form der Nase (Abb. 4).

Polygonbenutzer haben den exakt gleichen Arbeitsschritt vor sich, denn auch sie müssen drei- oder viereckige Flächen erzeugen, um die Form sichtbar zu machen.

3. Nasenlöcher

Achten Sie darauf, die Flächen an den Nasenlöchern nicht mit Polygonen oder Patches zu schließen. Diese Öffnung kann zusätzlich nach hinten extrudiert werden, um ein tatsächliches Loch mit in der Tiefe verschwindendem Gang zu erhalten.

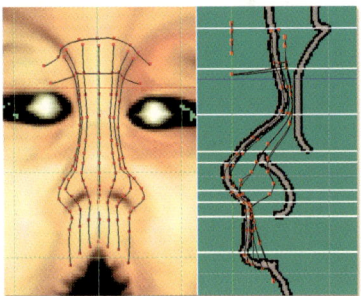

▲ Abbildung 3
Frontale und seitliche Ansicht der ersten Splines

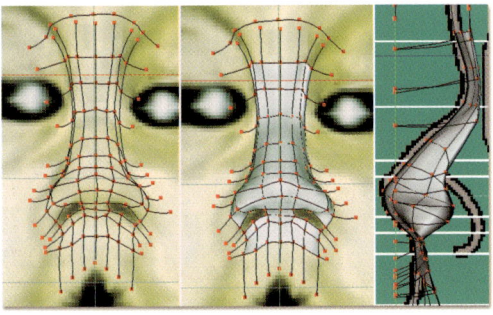

▲ Abbildung 4
Querverbindungen erzeugen Flächen

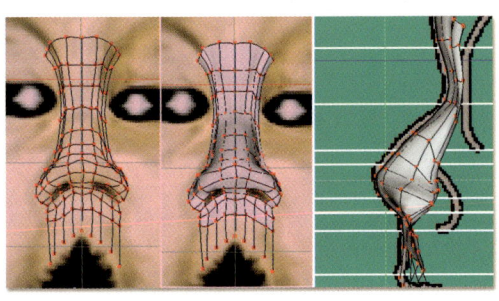

▲ Abbildung 5
Geschlossene und korrigierte Nase

Abb. 6 ▶
Begrenzung
der Augen-
partie

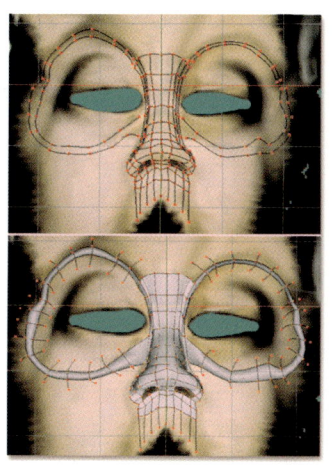

4. Die Augenpartie

Entwickeln Sie aus dem Nasenrücken heraus zwei Linienzüge um die Augen herum, die schließlich wieder in die seitliche Nase münden. Orientieren Sie sich bei der Form an der Vorlage und achten Sie auch in der seitlichen Ansicht der Szene auf eine sinnvolle Lage (Abb. 6).

Zwei weitere »Augenringe« ermöglichen dann die Schließung durch Querverbindungen, wie schon an der Nase demonstriert. Die entstehenden Vierecke können sowohl als Patches als auch als Polygone nun schattiert berechnet werden und erleichtern somit die Einschätzung des Modells erheblich.

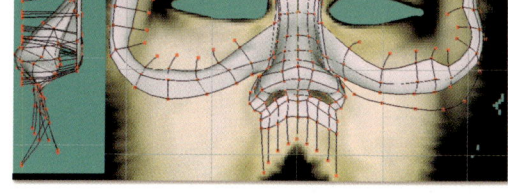

▲ Abbildung 7
Weitere »Augenringe« und Querverbindungen entstehen

5. Ausweitung der Augenpartie

Nach dem gleichen Muster ergänzen Sie weitere Ringe, die Sie wieder durch Verbindungen mit der vorhandenen Struktur zu Flächen ergänzen. Achten Sie besonders an den äußeren Rändern darauf, diese in die Tiefe nach hinten zu verschieben, da sie ja nicht wie eine Brille auf der Nase sitzen, sondern die Kopfform beschreiben sollen.

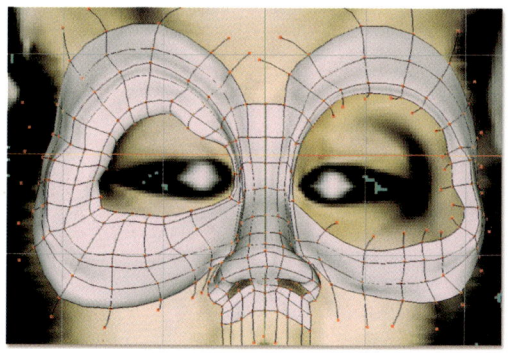

▲ Abbildung 8
Phase eins der Schließung der Struktur am Auge

6. Schließung der Augenöffnungen

Jetzt können die »Augenringe« nach innen ergänzt werden, um die Augenlider zu formen. Arbeiten Sie sich dabei zuerst mit Kopien der inneren Kreispunkte bis zur Falte über dem Augenlid vor (Abb. 8). Dabei sollten Sie immer zuerst die Form in der frontalen Ansicht bestimmen und diese dann in der seitlichen Ansicht korrigieren.

7. Die Augenlider

Die Augenlider treffen sich jeweils in den Winkeln in einem Punkt. Wir müssen daher von dem kreisförmigen Ansatz Abschied nehmen und Ober- und Unterlid getrennt modellieren.

Dazu habe ich halbkreisförmige Linienzüge angelegt, die sich jeweils in den Ecken in einem Punkt treffen (Abb. 9). Dort entstehen dann erstmals dreieckige Flicken bzw. Polygone.

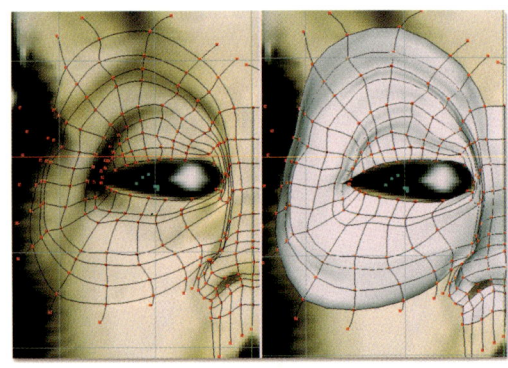

▲ Abbildung 9
Die Augenlider

Die beiden Kanten der Lider habe ich dann selektiert und mehrfach nach innen extrudiert. Dabei habe ich diese etwas verkleinert (Abb. 10). Dies sorgt später dafür, daß bei der Animation des Auges nie eine Lücke zwischen Lidern und Augenkörper entstehen kann.

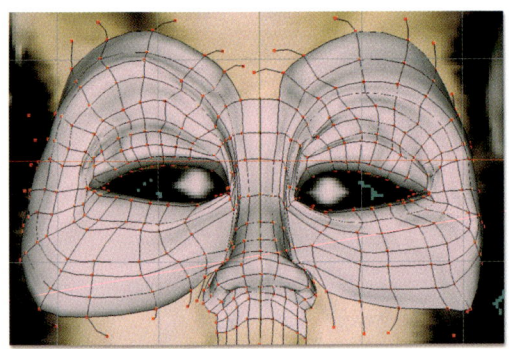

▲ Abbildung 10
Beide Augenlider sind ergänzt und extrudiert.

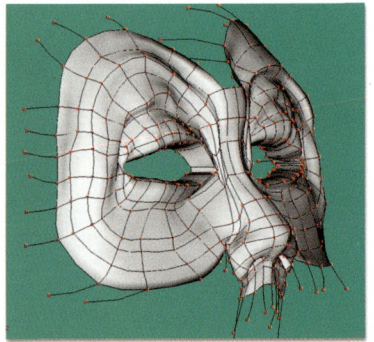

▲ Abbildung 11
Veränderter Blickwinkel auf das bisherige Modell

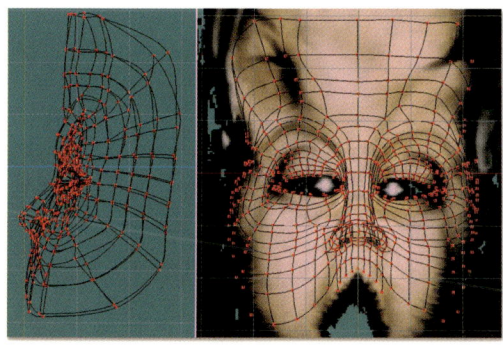

▲ Abbildung 12
Geschlossene Linienzüge bilden Stirn und Wangen

8. Stirn und Wangen

Die bisherige Struktur der Oberfläche ist somit in sich abgeschlossen und kann nun mit geschlossenen Linienzügen außen ergänzt werden. Die Kopfform zwingt dabei zu einer elliptischen Form, die seitlich stark nach hinten schwingt. Bei der Stirn sollten dabei schon einige der Vertiefungen und Beulen der Stirn umgesetzt werden (Abb. 12).

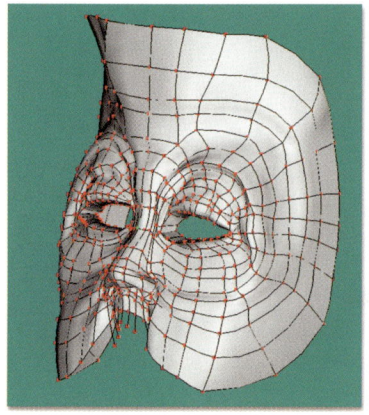

▲ Abbildung 13
Schräge Ansicht auf die zusätzlichen Verbindungen

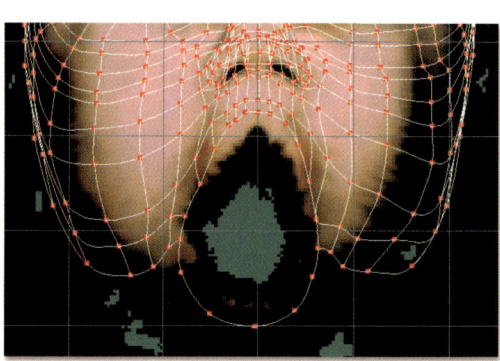

▲ Abbildung 14
Mund-Spline und angeschlossene Flächen

9. Der Mund

Die Form der Lippen sollte jetzt durch einen geschlossenen Linienzug festgehalten werden (Abb. 14). An diesen schließen Sie dann weitere Splines oder Punktreihen an, die wieder um den gesamten Gesichtsbereich herumlaufen.

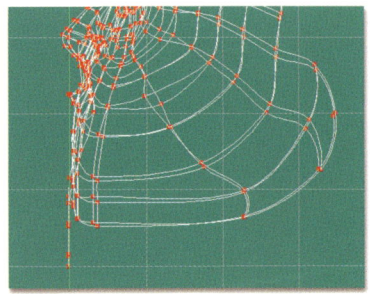

▲ Abbildung 15
Seitliche Ansicht der Mundverbindungen

10. Kinn und Hals

Aus bereits vorhandenen senkrechten Verbindungen auf den Wangen entwickeln Sie nun U-förmige Linien, die von einer Wange über das Kinn in die andere Wange münden. Die dazu passenden Querverbindungen beginnen mit dem ovalen Mund-Spline und enden vorerst am Halsansatz (Abb. 16).

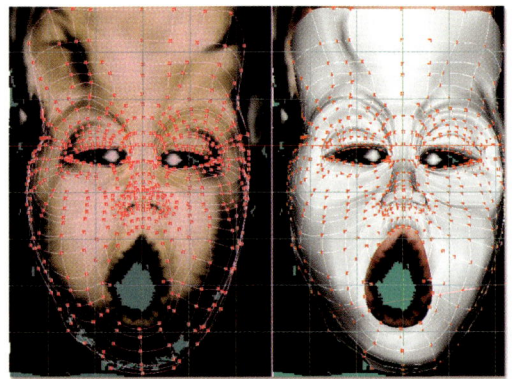

▲ Abbildung 16
Fortgeführte Linienzüge aus den Wangen bilden Kinn und Halsansatz

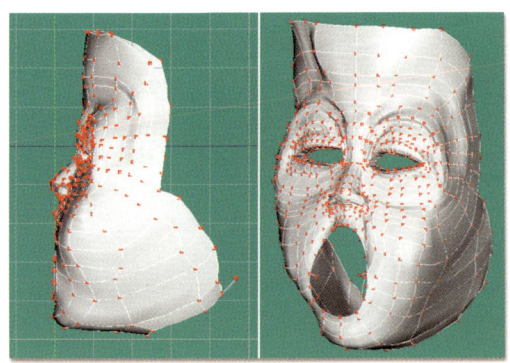

▲ Abbildung 17
Schattierte Ansicht des bisherigen Modells

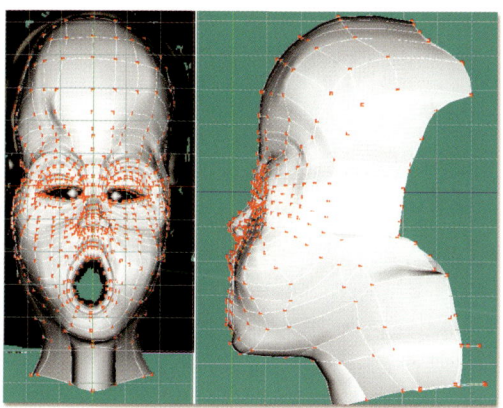

▲ Abbildung 18
Der Hals aus einer Verlängerung der Kinn- und
Wangen-Splines

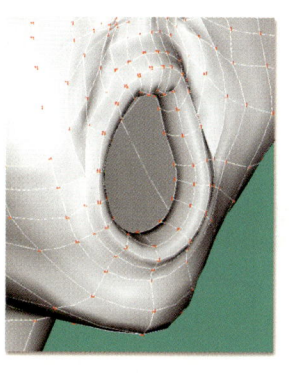

◄ Abb. 19
Extrudierte
und ver-
schobene
Kopien des
Mund-Splines

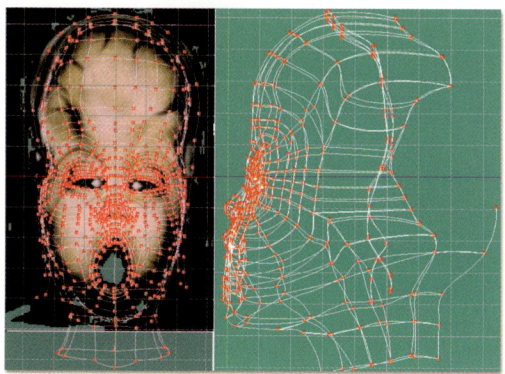

▲ Abbildung 20
Nacken und Splines für die Kopfbedeckung

11. Der Hals und die Stirn

Der Hals läßt sich nun mit wenigen Querverbindungen aus der Kinnpartie und den unteren
Wangen entwickeln. Die dabei entstehende Öffnung auf Höhe des imaginären Ohrs wird in einem späteren Schritt durch Teile der Stoffkappe
verdeckt werden (Abb. 18).

Äquivalent gehen Sie mit der Stirn und dem
oberen Teil des Schädels vor. Hier führen wenige
Querverbindungen die Oberfläche nach hinten.
Diese brauchen nicht neu gezeichnet und verbunden zu werden. Extrudieren und Verschieben der
vorhandenen Oberfläche reichen völlig aus.

12. Die Lippen

Die Lippen sind ebenfalls mit wenigen Handgriffen aus extrudierten, verschobenen und leicht
skalierten Kopien des geschlossenen Splines entwickelt, den wir ja bereits eingezeichnet hatten
(Abb. 19).

13. Der Nacken

Es ist nicht nötig, den Nacken komplett bis in den
Hinterkopf auszuformen. Da in der späteren
Szene keine Einstellungen von hinten geplant
sind, reicht hier eine einfache Schließung des Halses hinten durch wenige Splines oder Verbindungen völlig aus. Nur im unteren Bereich ist eine
Verbindung zum seitlichen Kopf nötig, da dies
Teile betrifft, die eventuell unter der Kopfbedeckung sichtbar werden (Abb. 20).

14. Die Kopfbedeckung

Die exakte Form der Kopfbedeckung sowie die Form des Kopfes hinten und an der Seite geht nicht aus der Vorlage hervor. Ich habe mir eine dünne stoffartige Umhüllung vorgestellt. Ich habe mich dabei an der frontalen Ansicht orientiert und dort zwei Linienzüge entlang der sichtbaren Kanten der Kopfbedeckung eingezeichnet. Diese habe ich dann frontal direkt miteinander verbunden und die jetzt geschlossene Struktur mehrfach nach hinten extrudiert (Abb. 21).

Kleinere Unregelmäßigkeiten machen die weichen Eigenschaften des Materials glaubwürdiger, können jedoch auch später z.B. mit dem Magnet-Tool hinzugefügt werden.

Am Hinterkopf gilt gleiches wie für den Hals. Dort muß die Kopfbedeckung nicht unbedingt geschlossen werden, da dieser Bereich weder durch Schattenwurf noch durch direkte Betrachtung Einfluß auf das berechnete Bild haben wird. Beachten Sie nur, daß Sie die Kopfbedeckung nicht mit der Kopfstruktur verbinden, sondern als neues Objekt modellieren. Nur so ist die einfache Texturierung später möglich.

15. Die Augen

Gleiches wie für die Kopfbedeckung gilt für die Augen. Sie sollten diese als eigene Objekte modellieren, um die Animation und die Texturierung zu vereinfachen.

Ich habe dazu eine Punktreihe aus dem extrudierten Bereich des Auges selektiert, die Punkte in ein neues Modell importiert und dort durch wenige Querverbindungen Flächen erzeugt. Dazu habe ich zuerst eine ovale geschlossene Form innerhalb des Auges angelegt und etwas nach vorne verschoben, um dem Auge eine Krümmung zu geben (Abb. 23). Prinzipiell ist es immer besser, Augen aus Kugeln zu bilden, um sie bei Animationen rotieren zu können.

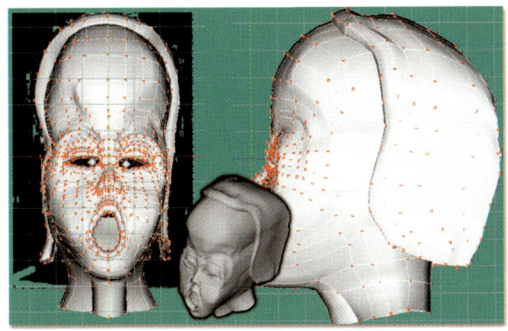

▲ **Abbildung 21**
Die fertige Kopfbedeckung

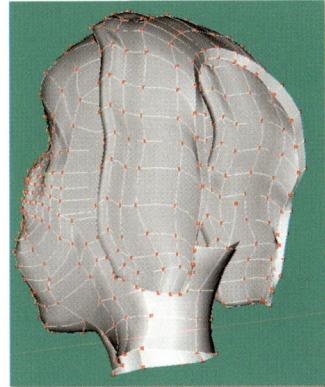

◄ **Abb. 22**
Die Kopfbedeckung – von schräg hinten betrachtet

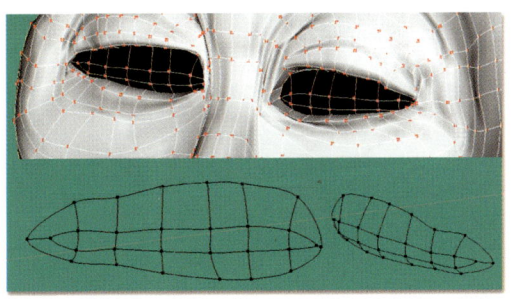

▲ **Abbildung 23**
Augenobjekte

Hier sprachen jedoch zwei Dinge dagegen: Erstens ist die Augenöffnung nicht für eine Kugelform geeignet, da das Verhältnis zwischen Breite und Höhe nicht stimmt, und zweitens haben die Alien-Augen keine Pupillen, an denen Bewegungen erkannt werden könnten. Die einheitliche Farbgebung macht eine Bewegung des Augenkörpers also unnötig.

Mit diesem Schritt haben wir das Modellieren des Kopfes abgeschlossen. Der Mundinnenraum ist nicht weiter spezifiziert. Sichtbare Zähne würden das Alien sicher auch wieder unsympathischer machen.

Um beim späteren Berechnen Einblicke durch den geöffneten Mund auf den Hinterkopf oder andere Elemente der Szene zu verhindern, setze ich in solchen Fällen oft eine zum Mund hin offene Halbkugel ein, die im Mundraum plaziert wird. Belegt man diese Halbkugel mit einem nicht reflektierenden schwarzen Material, so wird sie für den Betrachter nie sichtbar, verhindert jedoch tiefere Einblicke.

Bis zu diesem Stadium ist ungefähr ein Arbeitstag vergangen, begonnen mit der Anfertigung der zusätzlichen Skizze über die Einrichtung der Vorlagen in der Software bis zum modellierten Kopf.

Da das Alien in einer dunklen Höhle gefunden wird und der Parasit auch noch ins Bild soll, müssen zumindest noch Arme, Hände und der Oberkörper modelliert werden. Von Andreas Haun hatte ich die Information, daß das Alien weiblich sein sollte. Eine ursprüngliche Variante mit Fell als Hautbedeckung habe ich verworfen, da der Aufwand für die kurze Szene doch stark zugenommen hätte. Von den Zeiten für die Berechnung der Animation ganz zu schweigen.

In den folgenden Erläuterungen möchte ich Ihnen nun also das Modellieren des Oberkörpers vorführen. Da hierfür keine Vorgaben, außer der des weiblichen Geschlechts bestanden, haben wir weitestgehende Freiheiten. Um die Exotik des Aliens etwas zu unterstreichen, habe ich mir für die Hände eine ausgefallene Form einfallen lassen, die durchaus funktional ist. Dazu später mehr.

▶▶
Weitere
Körperteile

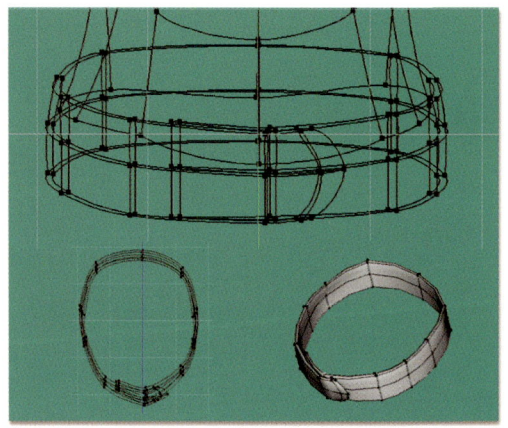

Abbildung 24 ▲
Verschluß für die Jacke

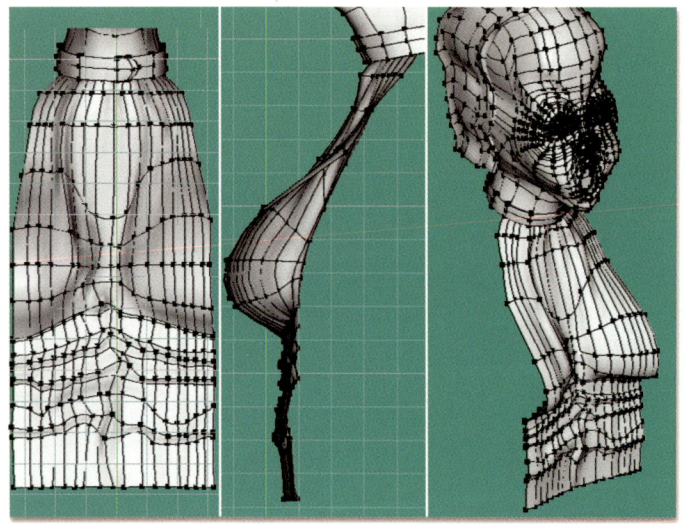

Abbildung 25 ▲
Oberkörper, aus einem Viereck geformt

Oberkörper und Bekleidung

1. Verschluß am Hals

Wir beginnen mit dem Abschluß der Bekleidung am Hals. Ich habe mir dazu eine Art Magnetverschluß überlegt, der durch bloßes Aneinanderlegen der losen Verschlussenden funktioniert. Die Form ist dabei denkbar einfach: Ich habe in der Ansicht von oben nach unten einen kreisförmigen Spline angelegt, wobei die losen Enden sich vorn am Hals überlappen (Abb. 24).

Eine verkleinerte Kopie dieses Splines wird nun mit dem ursprünglichen Spline verbunden, damit der Verschluß Tiefe bekommt. Die Struktur wird jetzt in der frontalen Ansicht nach unten extrudiert. Das vordere Ende habe ich rund verformt, damit es wie eine Lasche wirkt.

2. Der Oberkörper

Der Oberkörper besteht im Prinzip nur aus einem fein unterteilten Viereck, dessen oberer Rand zuerst unter den Verschluß am Hals geschoben wurde (Abb. 25).

Dabei muß natürlich die Form an die Krümmung des Halses angepaßt werden. Mit dem Magnet-Tool oder durch Verschieben einzelner Punkte mit der Hand werden dann die Rundungen des weiblichen Aliens herausgearbeitet, wobei später ein Großteil des Oberkörpers durch die Kleidung verdeckt sein wird. Es genügt daher, einen relativ schmalen Streifen zu formen, wie im Bild zu sehen ist.

3. Die Jacke

Die Form der Bekleidung richtet sich natürlich nach der Formgebung des Oberkörpers, liegt jedoch nicht zu eng an diesem an. Ich habe eine Art Hemd oder Jacke gewählt und seitlich bereits einen Ärmel integriert. Dieser entsteht durch ein einfaches Rotationsobjekt, das durch entsprechende Querverbindungen in die seitliche Jacke übergeht (Abb. 26).

In den Ärmel können Falten mit einmodelliert werden, die durch Verschiebung der Querschnitte entstehen. Die Jacke soll vorne durch ähnliche Verschlüsse wie schon am Hals geschlossen werden. Um eine Zugbelastung der Jacke durch die Verschlüsse zu visualisieren, habe ich die vordere Kante der Jacke an den Stellen, wo später die Verschlüsse sitzen sollen, nach innen ausgebeult.

4. Die Jacke vervollständigen

Da es zwischen der linken und rechten Jackenhälfte keine sichtbaren Verbindungsstellen gibt, können wir die vorhandene Hälfte einfach auf die gegenüberliegende Seite spiegeln (Abb. 28).

Im nächsten Arbeitsschritt habe ich jeweils den Spline entlang der mittigen Öffnung der Jacke ausgewählt, kopiert und daraus ein Volumen über mehrfaches Extrudieren modelliert. Dieses wirkt wie ein Saum und gibt der Jacke somit eine dickere Konsistenz. Sie wirkt nun nicht mehr so dünn und scharfkantig.

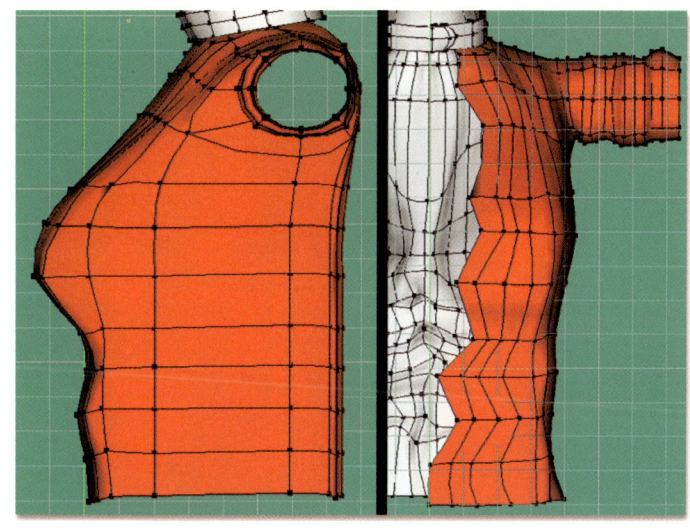

▲ **Abbildung 26**
Die Jacke

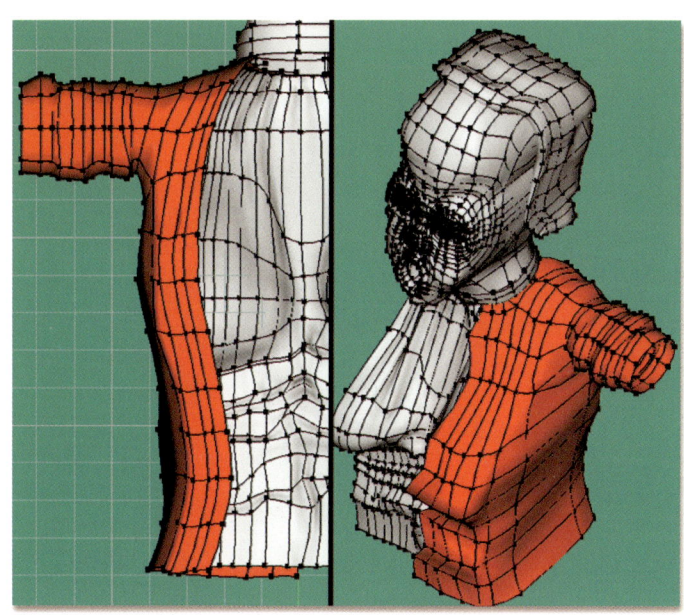

▲ **Abbildung 27**
Die Jacke – von hinten und schräg von vorne gesehen

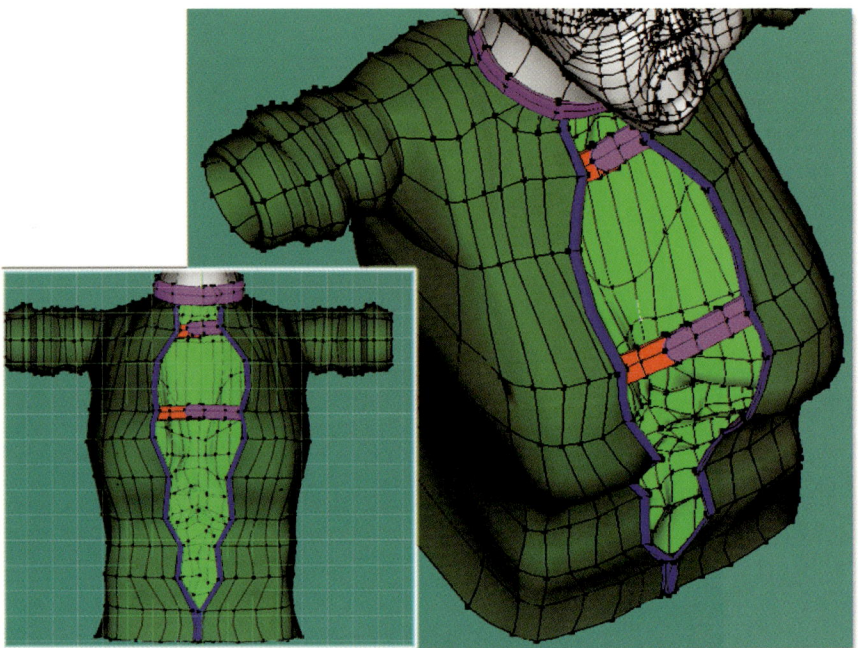

◄ Abbildung 28
Gespiegelte Jacke mit Saum
und Verschlüssen

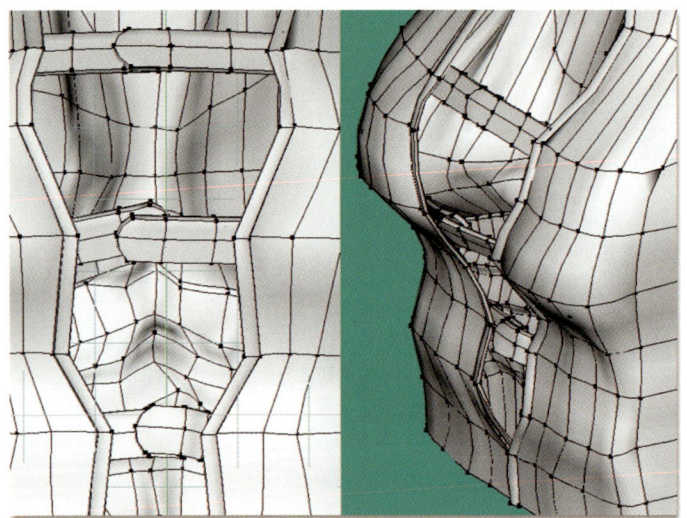

Abbildung 29 ▲
Alle Verschlüsse vervollständigt

5. Zusätzliche Verschlüsse

Die beiden Jackenhälften sind ja bereits durch die
Ausbeulungen entsprechend für die zusätzlichen
Verschlüsse vorbereitet. Eventuell können diese
»Beulen« etwas asymmetrisch gestaltet werden,
um die Jacke nicht zu künstlich erscheinen zu las-
sen.

Die Verschlüsse selbst haben die gleiche Form
wie am Hals, nur daß sie diesmal nicht komplett
um den Körper herum reichen, sondern es werden nur die beiden Laschen sichtbar. Die Enden
dieser Laschen reichen bis unter den Saum und
den Raum zwischen Oberkörper und Jacke
(Abb. 29).

Hier sollte in mehreren Perspektiven die Lage
überprüft werden, damit weder die Enden der
Verschlüsse in einer bestimmten Kameraperspektive sichtbar werden, noch daß es zu Durchdringungen der Laschen mit der Jacke kommt.

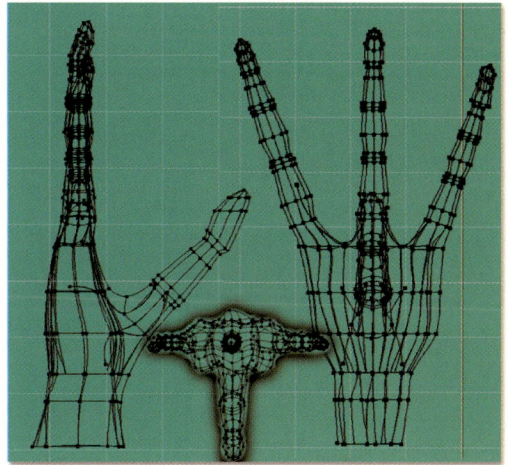

▲ Abbildung 30
Die Hand in drei Ansichten

1. Formgebung

*Natürlich hat man bei der Modellierung eines au-
ßerirdischen Wesens, das noch kein Mensch gesehen hat, jede nur denkbare Freiheit, was Form,
Farbe und Verhalten in der Animation angeht.*

*Soll das Alien jedoch »lebensfähig« sein, also
sollte es biologisch denkbar und somit für den
Betrachter durchaus realistisch wirken, so sind einige Spielregeln zu beachten. Hier bei der Hand
begegnen wir wieder so einer goldenen Regel. Es
sind sicherlich die verschiedensten Formen der
Finger denkbar, z. B. mit Häuten dazwischen oder
scharfen Krallen und Hornfortsätzen, sie muß
aber dennoch als Hand funktionieren.*

*Eine Hand, bei deren Benutzung sich das Lebe-
wesen selbst verletzt oder mit der es Gegenstände nicht greifen kann, wird in der Natur, die
ja schließlich jedes Leben – egal wo – hervor-
bringt, nie zulassen. Ordnet man also zweckmäßig die Finger am Ende der Hand an, so muß an
der gegenüberliegenden Seite ebenfalls ein Finger, ein Horn oder irgendein anderes Körperteil
liegen, das ein Herausrutschen der Gegenstände
aus der Hand beim Zugreifen verhindert. Beim
Menschen erledigt dies der Daumen. Bei meinem
Alien erfüllt diese Aufgabe ein mittiger Finger,
der sich den anderen Fingern entgegenkrümmt.*

*Es entsteht somit ein definierter Bereich, aus
dem der gegriffene Gegenstand nicht entweichen
kann (Abb. 30).*

2. Die Finger

Hat man erst einmal den grundsätzlichen Aufbau der Hand festgelegt, so ist diese relativ schnell zu modellieren. Die Finger bestehen grundsätzlich aus Rotationskörpern, die am vorderen Ende geschlossen sind. Ich habe mich für runde Fingerkuppen und schlanke Finger entschieden, um dem Gesamtkonzept der Figur zu entsprechen.

Wir erinnern uns: Das Alien ist zierlich und soll in keiner Weise Aggressivität ausstrahlen.

Die Handfläche selbst trägt der gewählten Anzahl von drei Fingern Rechnung, da sie schmal und relativ klein ist. Im Bereich des Daumenansatzes muß sie jedoch verdickt werden, damit die zur Bewegung nötigen Knochen und Muskeln für den mittleren Finger und den direkt darunterliegenden Daumen genügend Platz haben (Abb. 31).

Denken Sie an eine leichte Spreizung der Finger, damit die Bones später besser eingestellt werden können.

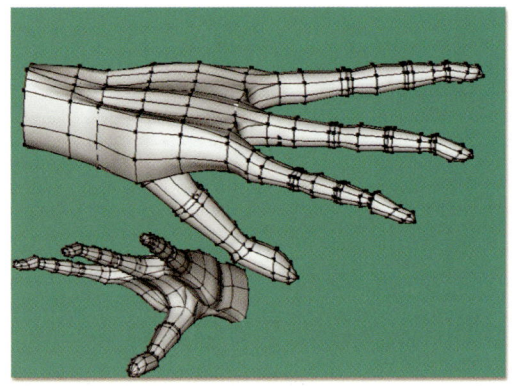

▲ Abbildung 31
Die schattierte Hand

3. Der Arm

Der Arm selbst ist ein Rotationskörper, der an den gewünschten Gelenken leicht eingeschnürt ist. Der Oberarm ist etwas dicker als der Unterarm, der wiederum in die Hand übergeht (Abb. 32). Es sollte auf eine erhöhte Polygondichte in den Gelenken geachtet werden, damit bei starken Dehnungen oder Streckungen in diesen Bereichen keine größeren Flächen mit scharfen Kanten entstehen können.

Gruppieren und verbinden Sie Hand und Arm und spiegeln Sie eine Kopie dieser Gruppe auf die gegenüberliegende Seite.

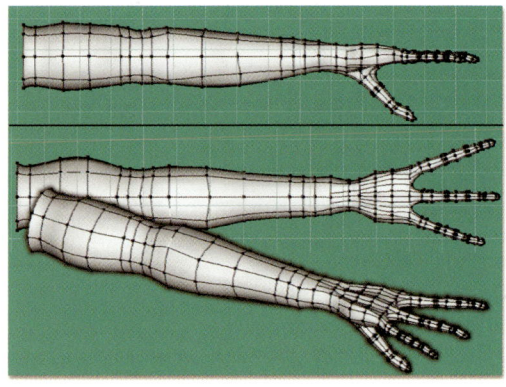

▲ Abbildung 32
Arm und Hand in mehreren Ansichten

Der Parasit

1. Die Beine

Das Konzept sieht vor, einen halb lebenden, halb mechanischen Parasiten auf den Arm zu modellieren, der durch Kombinationen von Gewebeteilen des Wirts u. a. Medikamente herstellen kann. Dazu muß der nützliche Parasit Zugang zum Gewebe des Wirts erhalten. Zudem benutzt er den Wirt als Energiequelle für sich selbst. Da es sich hierbei um eine harmonische Beziehung handelt – der Wirt versorgt den Parasiten, der Parasit behandelt den Wirt und andere Wesen –, ist ein zu aggressives Äußeres nicht sinnvoll. Es erscheint jedoch zweckmäßig, daß sich der Parasit fest im Wirt verankern kann und einen eigenen Zugang zum Blut und zum Gewebe des Wirts bekommt.

Herr Haun dachte an eine Art Nabelschnur, mit welcher der Parasit Verbindung zum Wirt hält. Beginnen wir jedoch mit den Beinen, die wie die Arme zuvor aus einfachen Rotationsobjekten bestehen, wie das Bild (Abb. 33) zeigt. Die Enden laufen spitz zu, damit sich der Parasit direkt im Gewebe verankern kann.

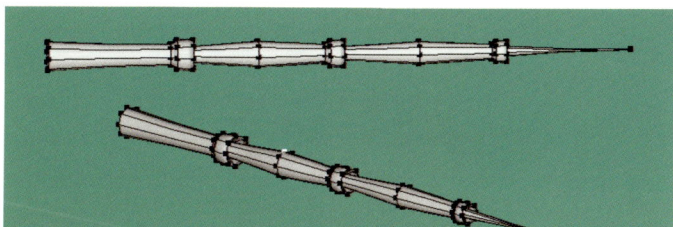

▲ Abbildung 33
Ein Bein des Parasiten

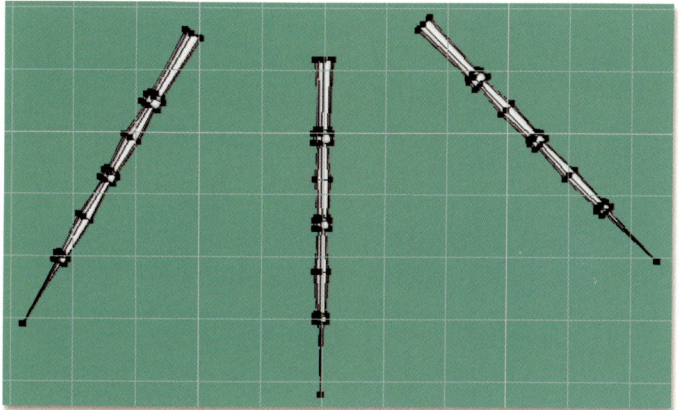

▲ Abbildung 34
Die drei plazierten Beine

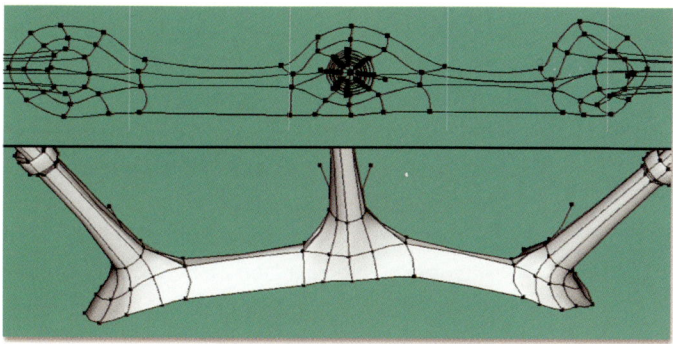

▲ Abbildung 35
Verbindungsstelle der Beine

119

2. Der mechanische Teil

Mein Konzept sieht vor, daß sowohl die Beine als auch die Nabelschnur zumindest teilweise mechanischer Natur sind. Dies sind die Teile, die den Parasiten auch bei widrigen äußeren Umständen an seinem Platz halten und sein Überleben sichern. Diese Teile sollten also robust und unempfindlich wirken.

Ich habe drei Beine pro Seite eingeplant und diese dann durch eine halbkreisförmige Schale miteinander verbunden (Abb. 35). Diese Gruppe wird dann kopiert und im gewünschten Abstand gespiegelt.

Die Nabelschnur ist bei meinem Modell zu einer mechanischen Leitung geworden, die durch kleine Gelenke beweglich ist. Dieser »Schwanz« besteht aus einem mehrfach unterteilten Quader, dessen Segmente in immer gleichem Abstand skaliert wurden. Gegen Ende des Schwanzes verjüngen sich die Elemente, um leichter ins Gewebe eindringen zu können. Die beiden Beinhälften werden dann durch einige Verbindungen mit dem Schwanz kombiniert (Abb. 37).

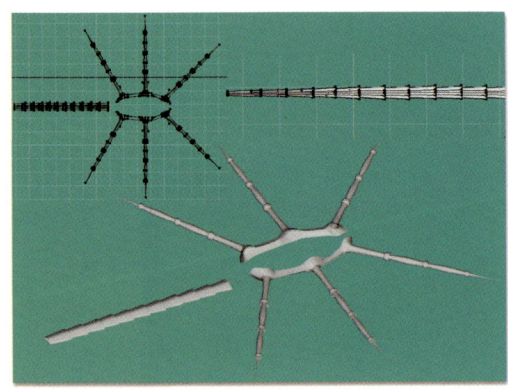

▲ Abbildung 36
Gespiegelte Beine und Schwanz

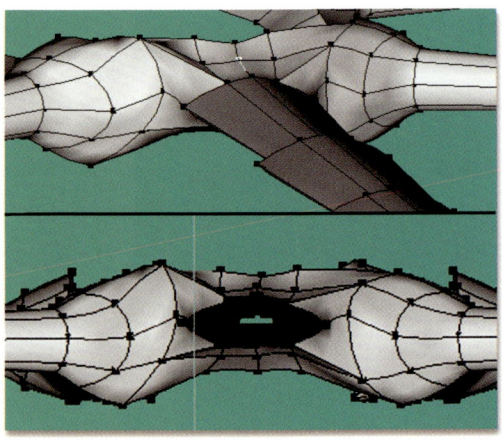

▲ Abbildung 37
Verbindungsstelle zum Schwanz

3. Der organische Teil

Der Parasit selbst wird nun in der Öffnung zwischen den Beinhälften sichtbar. Um ihn besser texturieren zu können, lege ich ihn als neues Objekt an. Die Form ist dabei eher unspektakulär geworden. Eine Kugel mit oberer Einkerbung erfüllt den Zweck gut. Die Textur wird später ein übriges tun (Abb. 38).

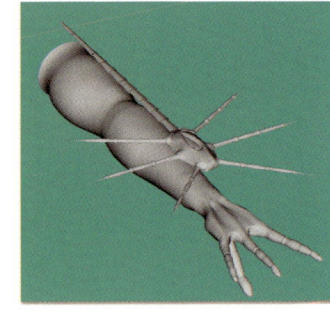

◄ Abb. 38
Der komplette Parasit mit dem Arm

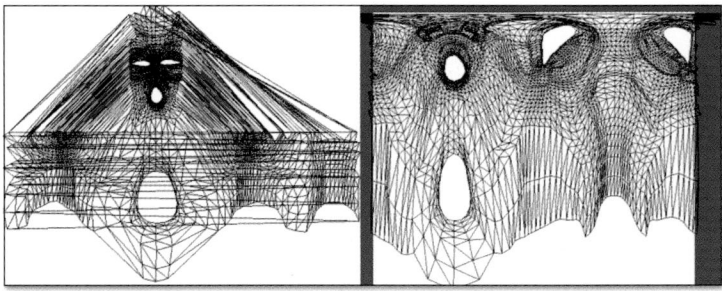

▲ Abbildung 39
Quader- und Kugel-Mapping

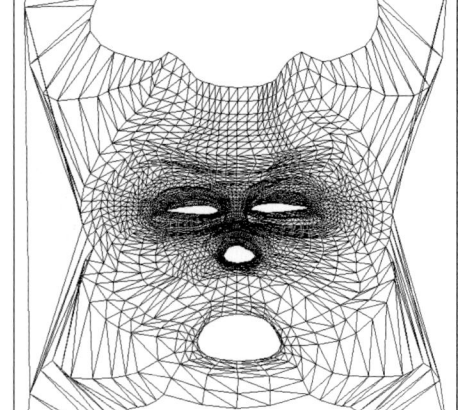

Abbildung 40 ►
Kugel-Mapping aus einer
anderen Richtung bringt
bessere Möglichkeiten

Der nächste größere Arbeitsschritt betrifft die Art der Texturierung. In jeder Software stehen dazu die gängigen Quader-, Kugel- oder Zylinder-Mappings zur Verfügung. Welche Methode für welches Modell Sinn hat, läßt sich nicht immer sofort aus der Geometrie des Objekts schließen.

Eine große Hilfe sind hierbei sogenannte *3D-Painter*, die eine Abwicklung der Objektdaten auf eine Ebene erlauben (Abb. 39). Anhand der dabei auftretenden Verzerrungen kann dann schon eine Auswahl getroffen werden, ob z.B. das Kugel-Mapping dem Zylinder-Mapping vorzuziehen ist. Auch die betrachtete Richtung des Mappings spielt eine große Rolle, wie die Bilder zeigen. Ein Kugel-Mapping aus der falschen Richtung macht die Texturierung nahezu unmöglich, während eine um 90° gedrehte Richtung perfekt ist (Abb. 40).

Hier zeigt sich auch wieder, wie positiv sich eine möglichst feine Unterteilung des Modells in separate Objekte auszahlen kann. Die Freiheiten bei der Texturierung erhöhen sich sehr stark.

Hat man sich für eine Mapping-Methode entschieden, kann die Textur direkt auf das abgewickelte Mesh gemalt oder durch Collagen zusammengestellt werden.

Im nächsten Schritt habe ich einige Morph-Targets für den Kopf generiert, also mögliche Gesichtsausdrücke während der Animation (Abb. 41). Dabei werden Kopien des Kopfes z.B. mit Bones oder dem Magnet-Tool beliebig verzerrt und als Target definiert. Die Software ist dann in der Lage, zwischen den Gesichtsausdrücken zu interpolieren und fließende Übergänge von einem Target zum nächsten zu generieren.

Da das Alien keine Rede halten oder mit dem Menschen viele Worte wechseln soll, beschränke ich mich vorerst auf einige Grundposen, wie z.B. geschlossene Augen und andere Mundformen (Abb. 42). Diese lassen später das Gesicht weniger maskenhaft und statisch wirken.

◄
Die
Texturierung

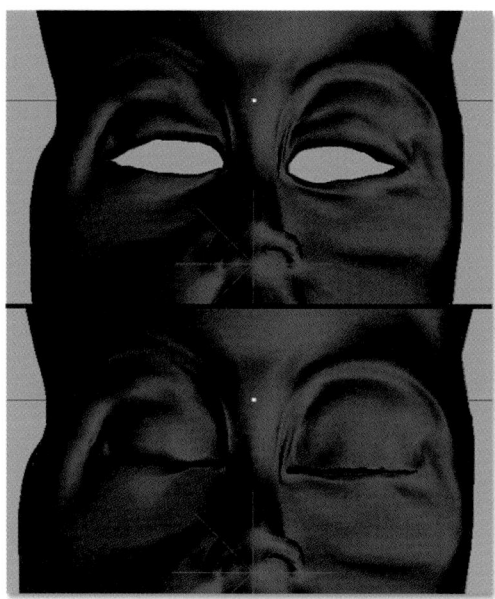

◀ Abbildung 41
Morph-Targets der Augen

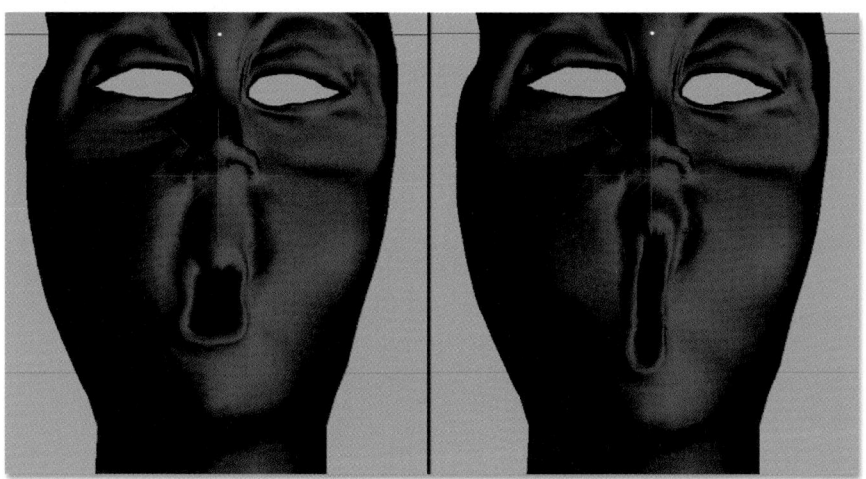

▲ Abbildung 42
Morph-Targets des Munds

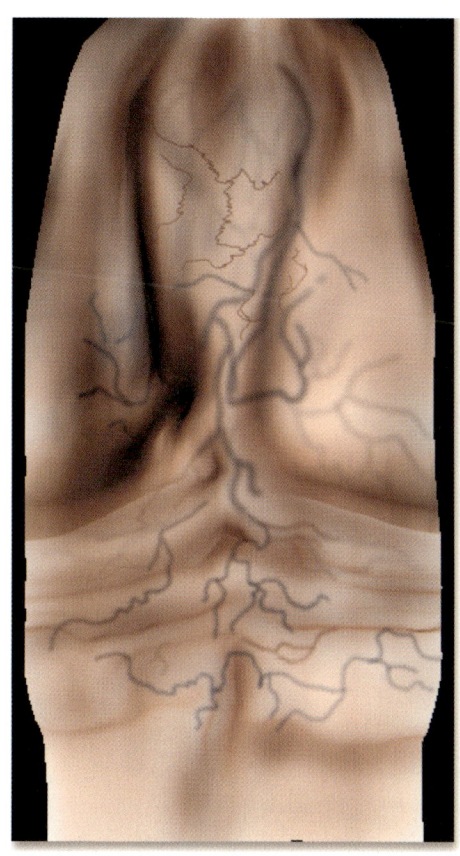

▲ Abbildung 44
Oberkörper-Map

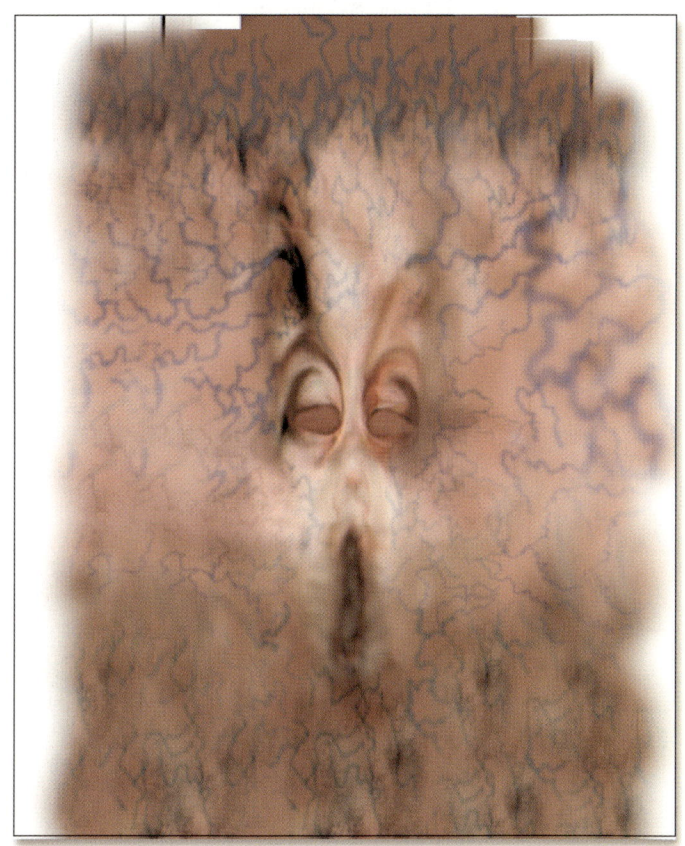

▲ Abbildung 43
Gesichts-Map

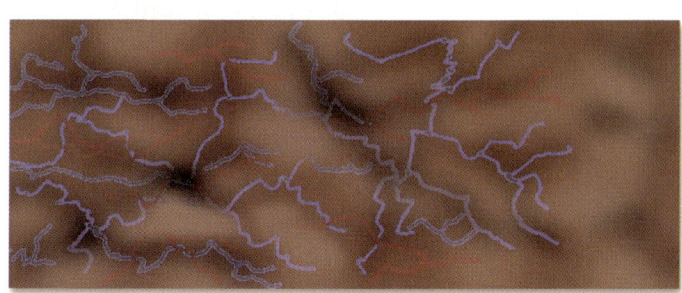

◄ Abbildung 45
Arm-Map

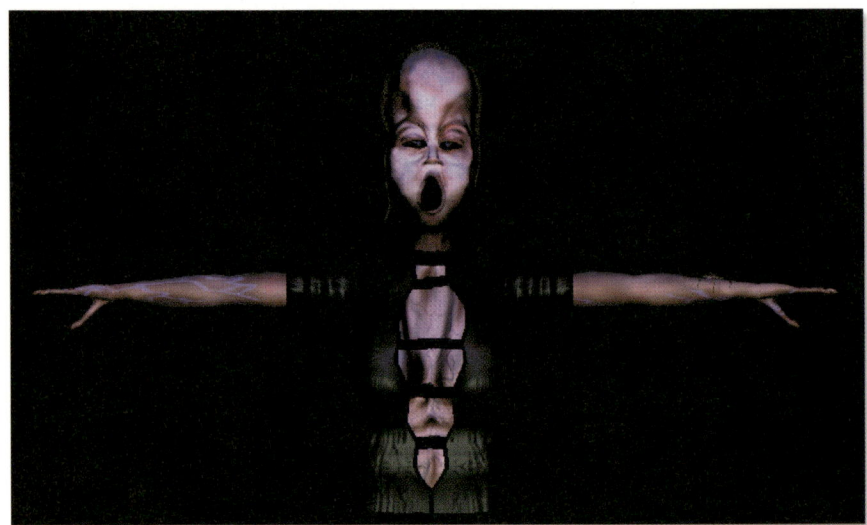

▲ Abbildung 46
Fertig texturiertes Alien mit farbiger Beleuchtung

Sind alle Texturen auf die Körperteile aufge-
bracht (Abb. 46), sollten sie unbedingt durch
Vergabe von u-v-Koordinaten mit der Modell-
geometrie verbunden werden. Die u-v-Koordinaten verhindern eine Verschiebung oder ein
Verrutschen der Textur bei Verformung des Objekts.

Besondere Sorgfalt ist nun auf die Bones und
die Inverse Kinematik des Skeletts zu legen. Die
Inverse Kinematik verhindert dabei unrealisti-

sche Verrenkungen der Figur und vereinfacht
die Animation sehr.

Diese Hilfe sollte unbedingt in Anspruch genommen werden, auch wenn die richtigen Einstellungen der IK-Parameter einiges an Zeit
kosten. Dafür lassen sich dann die Animationen
weitestgehend automatisieren.

Ich beginne mit dem Parasiten.

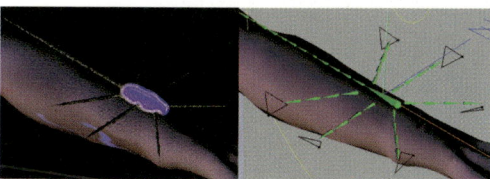

▲ Abbildung 47
Bones im Parasiten (rechts grün markiert)

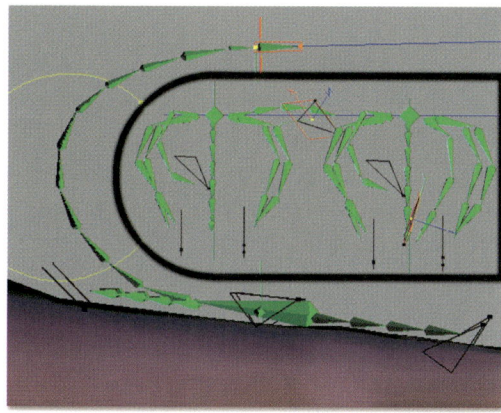

▲ Abbildung 48
Beispiele für IK-Bewegungen

1. Der Parasit

Die Lage und Größe der jeweiligen Bones sollte sich unmittelbar an der zu deformierenden Geometrie orientieren. Dort, wo zwei Bones aneinander stoßen, entsteht ein Gelenk. Die Lage dieser Gelenke ist exakt dort zu plazieren, wo die Geometrie ebenfalls gelenkig sein soll. Bones sind immer hierarchisch sortiert. Diese Hierarchie sollte ebenfalls aus dem Mesh übernommen werden.

In unserem Fall ist daher der Parasit selbst der Hauptkörper, und die Beine und der Schwanz sind Unterobjekte des Parasiten. Dies sorgt später dafür, daß eine Verschiebung des Parasiten dessen Beine und Schwanz mit bewegt (Abb. 47).

2. Inverse Kinematik

Besonders bei Hierarchien mit vielen Unterobjekten ist es von besonderer Wichtigkeit, sich genügend Zeit für die Vergabe der IK-Parameter zu nehmen. Diese beschränken die Bewegungsfreiheit in den Gelenken der Bones und haben somit direkten Einfluß auf die Bewegungsmöglichkeiten des gesamten Objekts.

Zusätzlich sorgen IK-Werkzeuge dafür, daß Manipulationen eines Unterobjekts Wirkung auf übergeordnete Objekte haben. Um ein Beispiel zu nennen, kann also einen Fuß-Bone bewegt werden, und der Unterschenkel und der Oberschenkel folgen dieser Bewegung anatomisch richtig. Sicherlich erkennen Sie nun, wie wertvoll dieses Werkzeug sein kann.

Da die Software wissen muß, bis zu welchem übergeordneten Element die Bewegung zurückverfolgt werden soll, müssen sogenannte Anker- oder Wurzelobjekte definiert werden. Bei unserem Parasiten ist dies der erste Bone, der den Hauptkörper steuert.

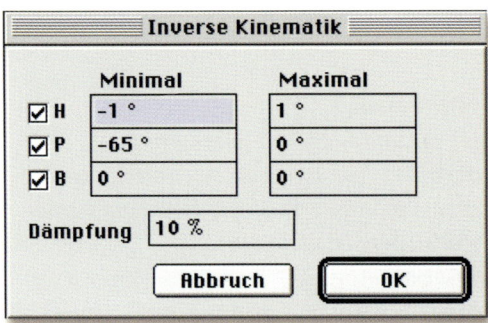

▲ Abbildung 49
Typischer IK-Dialog mit Beschränkungen für die Bewegungsfreiheit im Gelenk

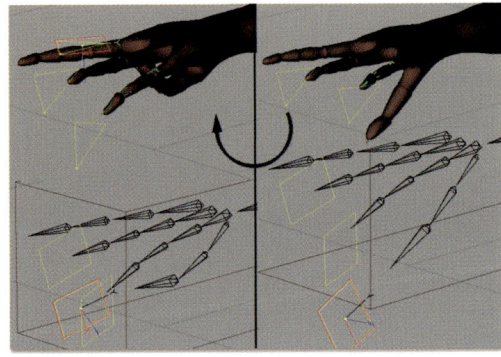

▲ Abbildung 50
Die Bewegung eines Elements bewirkt die Krümmung des Daumens.

Wie im Bild zu sehen, hat die Bewegung des Endglieds des Schwanzes eine Kettenreaktion neuer Bewegungen verursacht (Abb. 48). Der gesamte Schwanz beginnt sich zu krümmen und nicht nur das bewegte Element, so wie wir es von »normalen« Objekten gewohnt sind. Allein diese Bewegung durch bloße Manipulation jedes einzelnen Schwanzelements zu realisieren, dürfte ein sehr langwieriges und frustrierendes Unterfangen sein.

► **Dummies**

Wenn Sie zudem leere Objekte, sogenannte »Dummies«, an den Enden der IK-Ketten plazieren, haben Sie die volle Kontrolle über die gesamte übergeordnete Hierarchie. Bei direkter Manipulation des letzten IK-Glieds haben Sie sonst keine Kontrolle über die Ausrichtung des bewegten Objekts, da dieses direkt »angefaßt« wurde.

Das Bild zeigt diese Vorgehensweise in der Einblendung. Dort habe ich Dummies hierarchisch unter den letzten Beinsegmenten angelegt und über IK-Werkzeuge bewegt. Die Kontrolle ist somit über das gesamte Bein perfekt gegeben. Zudem lassen sich die Dummies mit größeren Spline-Objekten füllen, die das optische Wiederauffinden der »Anfasser« erhöhen

und ein »danebern Klicken« unwahrscheinlicher machen. Da Splines im Raytracer nicht berechnet werden, brauchen wir uns um das gerenderte Ergebnis auch keine Gedanken zu machen.

Das gleiche System läßt sich ebenso auf die benötigten Bones im Alien selbst anwenden. Die optimalen Begrenzungswerte lassen sich sehr einfach durch Rotation der Bones in Maximalpositionen ermitteln. In entsprechenden Info-Boxen können dann die aktuellen Parameter abgerufen und in den IK-Dialog als Eckwerte übertragen werden (Abb. 49).

Wie in den Bildern zu erkennen, lassen sich durch Bewegung einzelner Objekte komplexe Bewegungen realisieren, die aus mehreren Einzelbewegungen bestehen. Durch die Beschränkungen der IK sind bei richtigen Einstellungen automatisch nur anatomisch gewollte Bewegungen möglich (Abb. 50).

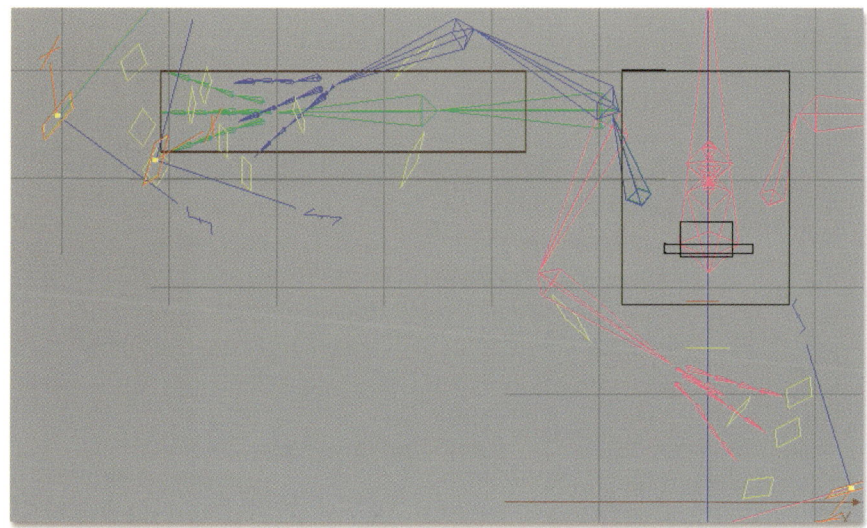

▲ Abbildung 51
Kontrolle des gesamten Arms durch nur ein Element

Was Sie nun mit der Figur in der Animation vorhaben, ist Ihnen überlassen. Alle nötigen Einstellungen sind vorgenommen.

Ich habe zusätzlich die Hilfe einiger Plug-ins in Anspruch genommen, welche die zeitweise Ankopplung separater Hierarchien aneinander erlauben. Ich habe damit den Parasiten an den Unterarm-Bone gekoppelt, damit dieser automatisch mit dem Arm bewegt wird. Sollte er im Laufe der Animation vom Alien getrennt werden müssen, so wird dies problemlos möglich.

Im Bild (Abb. 52) noch einige Eindrücke aus einer Sequenz, wo das Alien von einer Taschenlampe geblendet wird.

▲ Abbildung 52
Bildsequenz aus der Animation

3D-Pioniere

Tips und Tricks von 3D-Künstlern aus aller Welt

Wie in jedem Beruf gibt es Menschen, die durch ihre Ideen und ihr Talent die Entwicklung voran bringen oder einfach nur andere mitreißen. Dies muß für einen Außenstehenden nicht immer sofort sichtbar sein. Ein paar dieser Pioniere möchte ich hier gerne vorstellen.

▶ Ein Kapitel für die stillen Stars

URSPRÜNGLICH HATTE ICH DIESES KAPITEL mit eindrucksvollen Bildern kommerzieller Projekte aus Film und Fernsehen als reine Galerie geplant, die wahrscheinlich jeder in einem solchen Buch erwartet hätte.

Bei meinen Recherchen für diesen Titel bin ich jedoch auf Menschen und Künstler gestoßen, die oft weitab von einer größeren Öffentlichkeit Außerordentliches leisten. Jeder kennt »Toy Story« und »Star Wars«, aber wer sind die Leute dahinter? Die Künstler, die oft im stillen Kämmerlein solche genialen Geschöpfe erstmals erfanden?

All diesen *3D-Künstlern*, egal ob Laien oder Profis, ist das folgende Kapitel gewidmet. Sofern möglich, lasse ich die Künstler über ihre Arbeiten berichten und bilde dazu viele noch nie veröffentlichte Grafiken ab.

So ist z. B. der Trailer zum neuen 3D-Adventure »Meltdown« von Marco Patrito exklusiv nur auf der CD-ROM zu diesem Buch zu finden.

Ich hoffe, Sie finden die hier gezeigten Menschen und ihre Arbeiten ebenso interessant und inspirierend wie ich.

Ken'ichi Obanake

Beginnen möchte ich mit einem kurzen Blick auf die Arbeiten von Ken'ichi Obanake aus Japan. Er war so freundlich, mir die hier abgedruckten Bilder zur Verfügung zu stellen. Es sind vorwiegend Arbeiten, die mit der Software CINEMA 4D XL entstanden sind.

Vorwiegend zur Eigenwerbung ist zur Zeit auch eine größere Animation in Planung. Erste Bilder aus dieser Animation finden Sie u. a. auf seiner Homepage http://www.alpha-net.ne.jp/users2/obanake/english/.

Kontakt zu ihm können Sie über die E-Mail obanake@mail6.alpha-net.ne.jp aufnehmen.

▲ Abbildung 1
Tokyo Girls

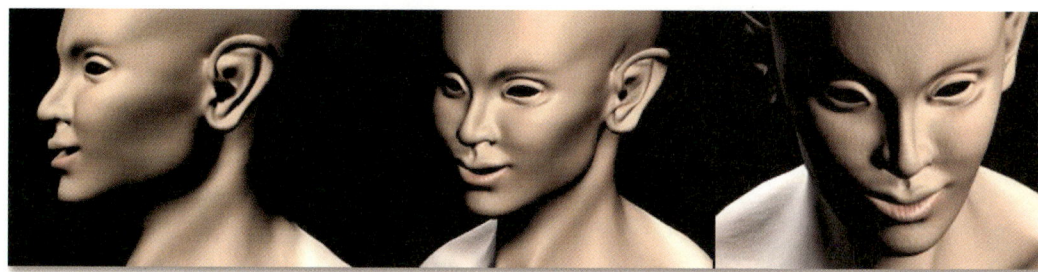

▲ Abbildung 2
Eine Studie

▲ Abbildung 3
Old Man

▲ Abbildung 4
Standbild aus einer Animation

▲ Abbildung 5
Standbild aus einer Animation

▲ Abbildung 6
Takuya Imamura

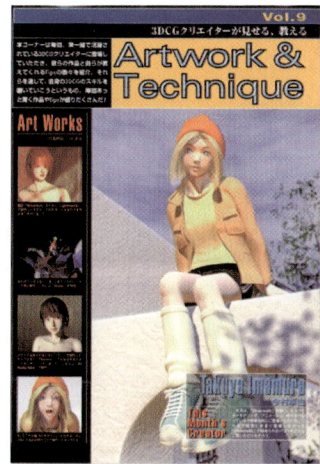

◀ **Abbildung 7**
Titelbild der japanischen
Workshop-Zeitschrift
»Artwork & Technique«.
Das Cover gestaltete Takuya
Imamura.

Takuya Imamura

Ebenfalls aus Japan kommt der folgende Künstler, der hier bereits in Insiderkreisen durch seine detaillierten Figuren und aufwendigen Animationen bekannt wurde.

Ich spreche dabei von Takuya Imamura. Auf seiner Homepage http://www.3dcg.ne.jp/ ~lovelips/ findet man laufend aktualisierte Bilder, die er oft thematisch zusammenfaßt.

Herr Imamura war so freundlich, mir einige seiner Bilder zur Verfügung zu stellen und einen Blick hinter die Kulissen zu gestatten. Er schickte mir den nachfolgenden kleinen Workshop zum Thema Inverse Kinematik. Bitte entschuldigen Sie die Bildqualität. Ich mußte die Bilder aus einer Vorlage ziemlich stark vergrößern, damit im Druck auch alle wichtigen Details erkennbar sind.

Sein kleines Geheimnis einer exakt manipulierbaren Hierarchie sind Nullobjekte, also Objekte ohne Inhalt, und Bones mit fixierter Lage. Solche Bones werden erzeugt durch eine Einschränkung der Bewegungsmöglichkeiten per Inverse Kinematik und zusätzlicher Vergabe von 100 % Dämpfung.7

Das Bone wird somit zu einer starren Fortsetzung des hierarchisch übergeordneten Objekts. Es behält dabei jedoch die verformenden Eigenschaften eines Bones.

Diese Bones sind immer an den Enden eines Abschnitts plaziert, der separat bewegt werden soll. Ein Beispiel ist da der Ellenbogen oder das Handgelenk.

Außerhalb dieser starren Bones sind Nullobjekte mit diesen hierarchisch verknüpft. Über eine Bewegung dieser Nullobjekte läßt sich schließlich das Modell steuern.

Über die Vergabe mehrerer Wurzel- bzw. Ankerobjekte kann die daraus folgende Bewegung der Inversen Kinematik kontrolliert auf bestimmte Abschnitte begrenzt werden. Eine Bewegung des Arms endet somit automatisch z. B. an der Schulter.

◀◀
Kurz-
Workshop

◀◀
Nullobjekte
und Bones

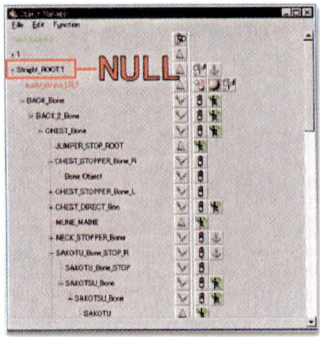

▲ Abbildung 8
Hierarchie einer Figur (© by Takuya Imamura)

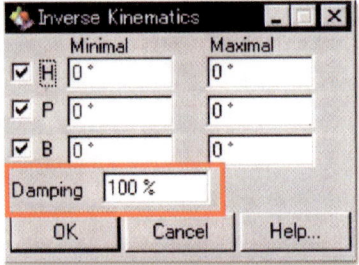

▲ Abbildung 10
Einstellungen der Inversen Kinematik für die starren
Bones (© by Takuya Imamura)

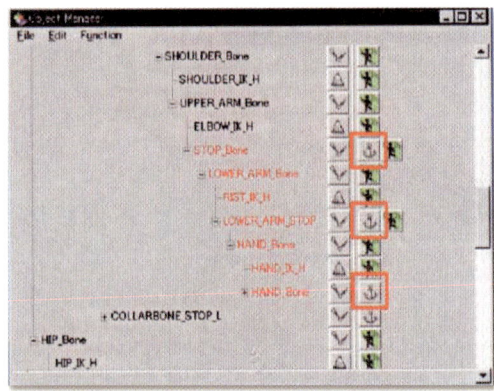

▲ Abbildung 12
Ankerobjekte in der Hierarchie (© by Takuya Imamura)

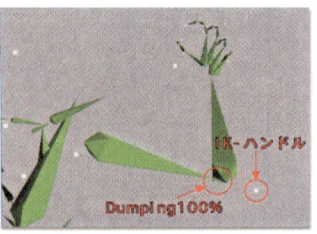

▲ Abbildung 9
Bone mit 100% Dämpfung und außenliegendes
Nullobjekt, das mit diesem Bone verknüpft ist
(© by Takuya Imamura)

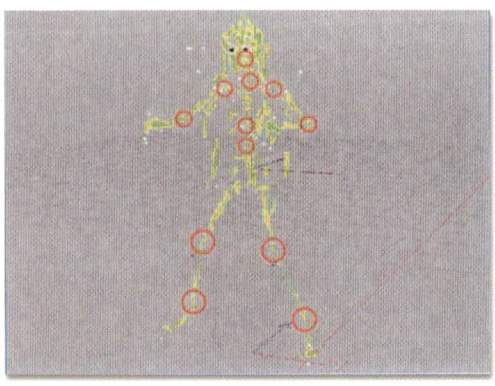

▲ Abbildung 11
Lage der starren Bones in der kompletten Figur
(© by Takuya Imamura)

▲ Abbildung 13
Ausgangsstellung des Characters (© by Takuya Imamura)

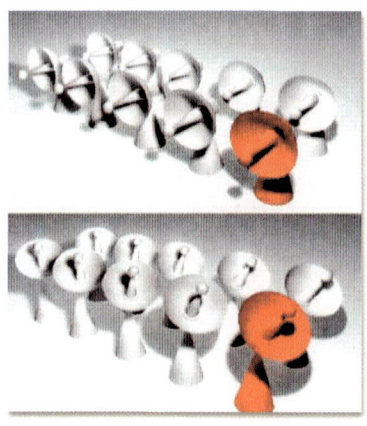

◄ **Abbildung 14**
Beispiele für eine Expression-
Verknüpfung
(© by Takuya Imamura)

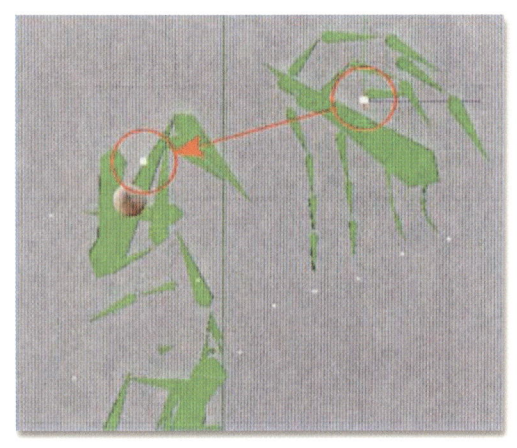

Abbildung 15 ►
Verknüpfung von Haar-Bones
und Figur-Bones
(© by Takuya Imamura)

Zuerst werden also nach dieser Technik die Augen mit einem leeren Objekt im Bones-Gesicht über Expressions verknüpft (Abb. 16). Die Bewegungen der Bones können so die Augen nicht verzerren, führen sie jedoch bei einer Bewegung mit.

Ganz ähnlich verfährt man mit den Bones für die Haare. Diese Bones werden zuerst in das Haarmodell eingesetzt. Dann wird diese Haargruppe mit einem leeren Objekt am Kopf der Figur über Expressions verbunden und folgt somit fortan den Bewegungen des Bone-Kopfes (Abb. 15).

Expressions

Ein großes Problem stellt bekanntlich immer die Begrenzung von Bone-Wirkradien dar. Die Bones des Oberarms verzerren bei einer Abwärtsbewegung oft auch z. B. den Rücken oder die Schulter.

Um dies für die Kleidung und die Haare des Characters auszuschließen, wurden separate Bones-Hierarchien angelegt, die in den separaten Kleidungs- und Haarobjekten fixiert wurden.

Damit sich dennoch alle Teile wie ein zusammenhängendes Modell bewegen lassen und z. B. die Haare nicht laufend den Kopfbewegungen manuell nachgeführt werden müssen, bedient sich der Künstler sogenannter *Expressions*.

Diese können Bewegungen eines Objekts auf ein anderes Objekt übertragen, ohne daß beide Objekte in einer hierarchischen Beziehung zueinander stehen müssen. Das Beispiel mit den Radaranlagen zeigt dies recht deutlich (Abb. 14). Die Bewegung der roten Radaranlage steuert alle anderen Schüsseln. Wird das rote Modell geschwenkt, so richten sich auch alle anderen damit verknüpften Modelle neu aus.

In diesem Beispiel wirkt es noch wie der bekannte Befehl »Ausrichten auf«. Bei einer Rotation mag dies auch der Fall sein. Wenn es jedoch um das Mitbewegen separater Objekte geht, muß mit Expressions gearbeitet werden.

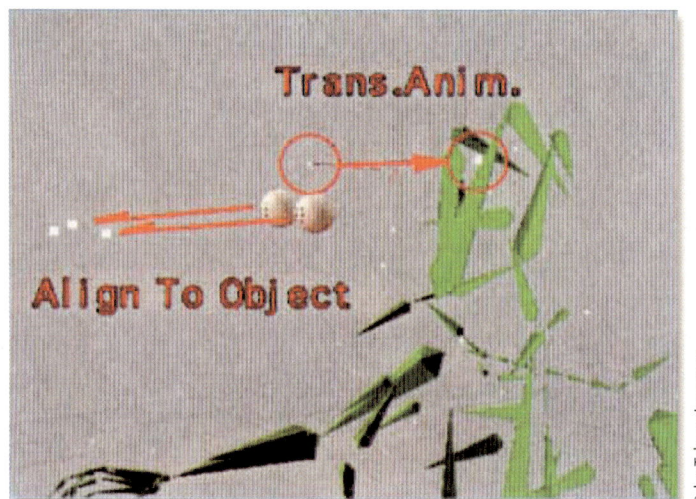

◄ **Abbildung 16**
Verbindung der Augen zum
Körper und gleichzeitige
Ausrichtung auf externe
Objekte

◄ **Abbildung 17**
Character von Takuya
Imamura

◄ **Abbildung 18**
Zwei Characters

◄ **Abbildung 19**
Zwei Characters

▲ Abbildung 20
Character von Takuya Imamura

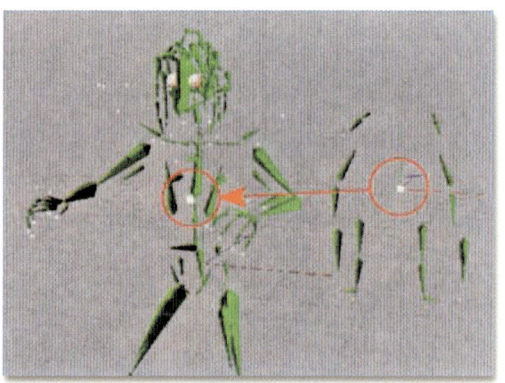

▲ Abbildung 21
Bones der Kleidung mit Körper-Bones verbinden
(© by Takuya Imamura)

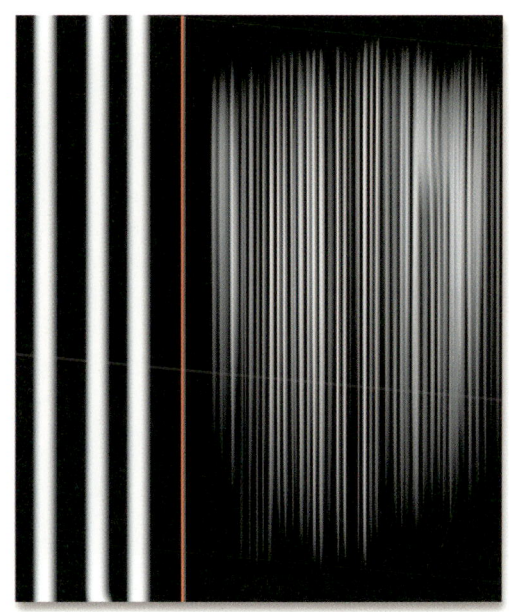

Die Bones für die bei dieser Figur benötigte Jacke werden ebenfalls so mit der Hauptfigur verbunden (Abb. 21).

Das Resultat ist eine Figur aus mehreren getrennten Objekten, die sich getrennt verzerren lassen, ohne die anderen Geometrien ungewollt zu beeinflussen.

Besonders die detaillierten Haare der Modelle von Takuya Imamura hatten es mir angetan, weshalb ich noch einmal gezielt bei ihm anfragte. Er schickte mir daraufhin die im Bild gezeigte Szene eines Kopfes. Mehr oder weniger deutlich ist zu erkennen, wie viele separate NURBS-Objekte tatsächlich für die Haare benutzt wurden (Abb. 23).

War ich ursprünglich noch von einer einfacheren Lösung ausgegangen, so mußte ich auch hier wieder erkennen, daß professionelle Ergebnisse nur ganz selten mit wenigen Mausklicks zu erzielen sind.

Jedes dieser schlauchförmigen Haarobjekte wurde mit der ebenfalls im Bild gezeigten Textur belegt. Dabei ist die linke Textur für den Displacement-Kanal und die rechte für den Genlock-Kanal gedacht.

Das Displacement sorgt für eine wellige Strähne, wogegen das Genlocking die in der Textur schwarzen Bereiche aus dem Modell ausstanzt (Abb. 22). Hier kann man also später durch das Objekt hindurchsehen.

Diese Kombination läßt das Haar so natürlich wirken. Sicherlich interessant für jeden, der sich einmal an einem natürlichen Character versuchen möchte.

◄◄
Haare
modellieren

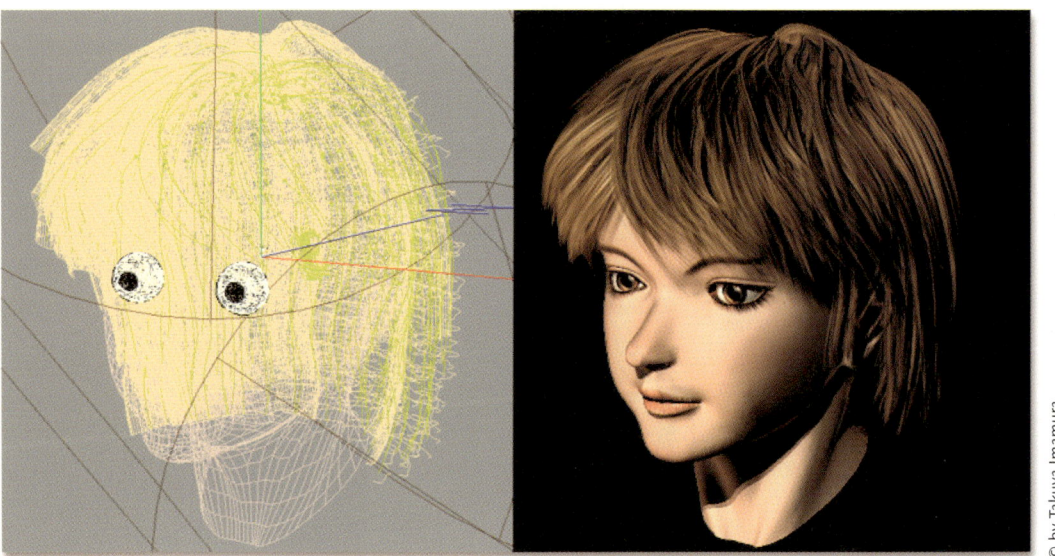

▲ Abbildung 23
Haare aus schlauchförmigen NURBS-Objekten

◄ Abbildung 24
Cover für das Magazin
»Interzone« 1998. Tangent
Award 1999 für das beste
internationale Magazin-Cover
(© by Maurizio Manzieri)

Abbildung 25 ▶
Cover für »Il Gioco degli
Immortali« (Das Spiel der
Unsterblichen), 1999
(© by Maurizio Manzieri)

Maurizio Manzieri

Wir wechseln nun den Kontinent und werfen einen Blick auf Italien. Auch dort sind sehr interessante Künstler und Projekte zu finden, die eine breitere Öffentlichkeit verdienen.

Zuerst möchte ich Maurizio Manzieri nennen, der als einer der führenden Künstler auf dem Gebiet der Science-fiction- und Fantasy-Illustration in Europa gilt.

Er arbeitet ausschließlich auf Apple Macintosh und nutzt dabei alle Möglichkeiten moderner 2D- und *3D-Software* aus.

Seine Arbeiten erschienen auf verschiedenen professionellen Magazinen, einschließlich dem Magazin »Interzone«, einem englischen Magazin, das 1995 den Hugo Award gewonnen hat. In Italien arbeitet er mit Mondadori zusammen, einem der größten Verleger dort. Er erstellt Cover für bekannte Autoren auf dem Gebiet der Science-fiction.

Seine Grafiken wurden auf den verschiedensten Veranstaltungen ausgestellt. Im Jahre 2001 ist er auf der AltroCon 2001, einer großen italienischen Science-fiction-Veranstaltung, als Ehrengast geladen.

Sein letztes Cover für »Interzone« ist in das Buch »The Best in Contemporary Fantastic Art«, erschienen bei Underwood Books (USA), aufgenommen worden.

Maurizio Manzieri ist kein reiner *3D-Künstler*, sondern bedient sich immer der Technologien, die ihn an das gewünschte Ziel bringen. Er arbeitet sehr viel ausschließlich mit Photoshop, greift aber auch auf *3D-Tools* – wie z. B. **Bryce** – zurück.

Aufmerksam auf Maurizio Manzieri wurde ich durch die interessanten Verbindungen von typischen *3D-Elementen*, wie z. B. Roboter, mit weichen, zumeist weiblichen Formen. Sicherlich paßt er nicht auf den ersten Blick in ein Buch über Character Design. Er gibt jedoch sicherlich dem einen oder anderen Leser eine Inspiration, wie sich Characters, die mit verschiedenen Techniken gestaltet wurden, verbinden und zu etwas Neuem formen lassen.

◄◄
Kombinierte
2D-/3D-
Arbeiten

▲ Abbildung 26
Cover für das Magazin »Interzone«, 1995

◄ **Abbildung 27**
Cover für das Magazin
»Interzone«, 1996

Abbildung 28 ►
Cover für das Buch
»Saluti dal lago di Mandelbrot«
(Grüße vom Mandelbrot-See), 1999

▲ Abbildung 29
Cover für das Magazin »Interzone«, 1995

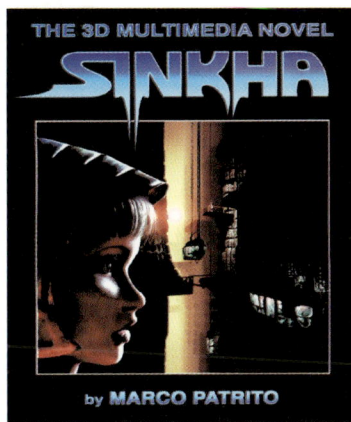

◄ **Abbildung 30**
Cover der Sinkha-CD-ROM
(© by Virtual Views und
Marco Patrito)

Sie können Kontakt zu Maurizio Manzieri über E-Mail aufnehmen: manzieri@fantascienza.com.

Über seine zukünftigen Projekte können Sie sich über einen E-Mail-Newsdienst informieren. Schicken Sie dafür eine leere E-Mail an: newsletter@spaceart.com. Auf der Seite www.fantascienzy.net/sfpeople/maurizio.manzieri erfahren Sie noch mehr über ihn.

Marco Patrito und Sinkha

In direkter Verbindung zu Manzieri steht Marco Patrito. Er hat zusammen mit einem kleinen Team ein eigenes *3D-Universum* erschaffen, das Sinkha-Universum.

Aus dieser Idee entstanden Comics, eine Multimedia-Novelle, ein Computerspiel und schließlich ist noch ein Kinofilm geplant. Doch zuerst mehr über Marco Patrito und sein Team.

Marco Patrito, geboren 1952 in Turin, Ausbildung an der Kunsthochschule, Abschluß als Architekt.

Marco Patrito ist ein Science-fiction-Illustrator. Nach einigen Erfahrungen als Zeichner, Fotograf und in der Werbebranche begann er als Autor von Bildgeschichten zu arbeiten.

Einige seiner Werke wurden in Frankreich, Deutschland, Schweden und Italien veröffentlicht. Gleichzeitig begann er, Cover für Science-fiction-Bücher zu gestalten.

Seine Aktivitäten als Cover-Zeichner verdichteten sich 1991, und er trat in eine Zusammenarbeit mit Mondadori, eine, bekannten italienischen Verlag. In nur wenigen Jahren entstanden Hunderte von Covers.

Ebenfalls 1991 entdeckte er sein Interesse an Computern und speziell an *3D-Grafiken*. Sinkha, das Projekt, über das wir später mehr erfahren, wurde in diesem Jahr geboren. Die Idee entstand, ein Buch ausschließlich mit Computergrafiken zu füllen.

Ab 1993 schließlich benutzte er ausschließlich den Computer für seine Arbeiten. Heute ist er laut eigener Angabe sogar noch mehr mit dem virtuellen Universum verflochten, das er selbst mit seinem Computer erschaffen hat.

Ich möchte in der gleichen Weise noch einige andere Künstler vorstellen, die mit Marco Patrito schließlich das Sinkha-Universum zum Leben erweckt haben.

◄◄
Das Team um
Marco Patrito

▲ Abbildung 31
Studie zu Hyleyn

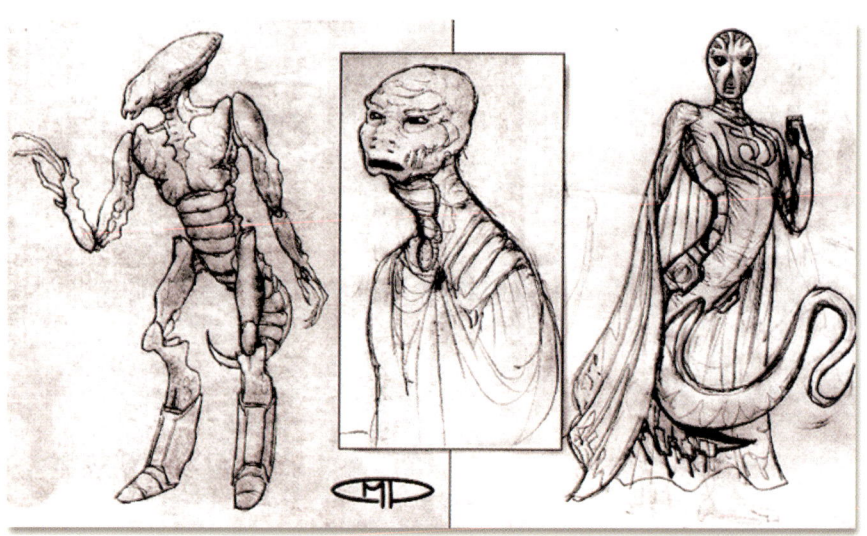

▲ Abbildung 32
Studien für einen Sinkha-Character

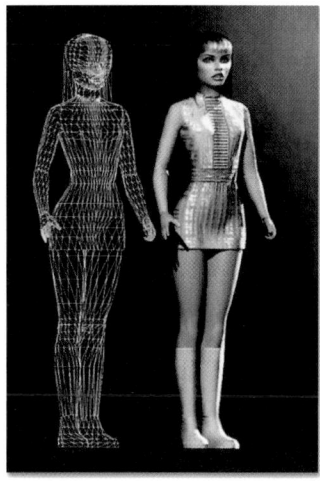

▲ Abbildung 33
Der in horizontalen Schichten modellierte Character
Hyleyn (© by Virtual Views und Marco Patrito)

◄ Abbildung 34
Fertiges Modell eines Sinkha.
Das Aussehen wurde später
nochmals grundlegend
überarbeitet (© by Virtual
Views und Marco Patrito)

Fabio Patrito, geboren 1957 in Turin, Ausbildung an einer technischen Hochschule und Besuch einer Universität für Elektrotechnik.

Fabio Patrito, der schon immer gerne mit Computern gearbeitet hatte, erstellte 1990 einen Kurzfilm aus *3D-Animationen* für eine Science-fiction-Veranstaltung. Sein Computer arbeitete drei Monate ununterbrochen, um alle Animationen zu berechnen.

Heute könnte die gleiche Arbeit sicher an zwei Tagen in besserer Qualität erstellt werden, aber diese Arbeit eröffnete damals die Vision für Marco Patrito und sein Team, diesen Weg weiter zu beschreiten.

Tullio Rolandi, geboren 1938 in Turin, Ausbildung als Architekt.

Als großer Fan von Comics und Science-fiction entwickelte er sich von seinem ursprünglichen Beruf als Designer weg zu einem Illustrator, Grafiker und Fotografen. 1973 veröffentlichte er seine erste Science-fiction-Geschichte.

Seine Leidenschaft zu Reisen, besonders in den Orient und nach Nord-Afrika und sein Interesse an Geschichte und Fotografie verhalfen ihm zu einem riesigen Bildarchiv über die schönsten und ausgefallensten Bauwerke, die man sich nur vorstellen kann. All diese Eindrücke spiegeln sich in seinen Entwürfen und Illustrationen wider.

Fragen Sie ihn also nicht, wo die Linie zwischen purer Phantasie und Erinnerungen an etwas tatsächlich Gesehenes zu ziehen ist. Er weiß es vermutlich selbst nicht.

Francesco Chirico, geboren 1964 in Turin, Ausbildung als Nuklearwissenschaftler.

Seine Leidenschaft für Computerwissenschaften zeigte sich schon während seiner Schulzeit. Seine Virtuosität erlaubte es ihm, alle gängigen Computerplattformen bedienen zu können. Seine Erfahrungen als Programmierer machten ihn schließlich bei der multimedialen Umsetzung von Sinkha sehr wertvoll.

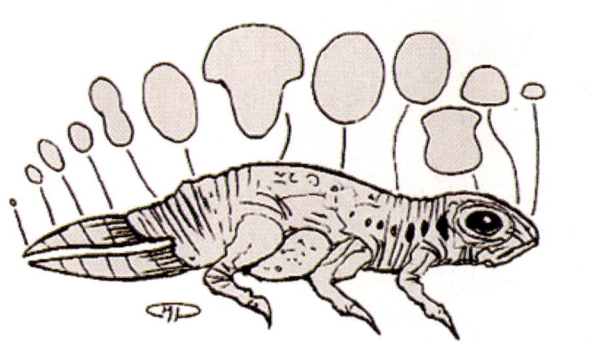

▲ Abbildung 35
Alle Characters wurden nach dem Schichtenprinzip modelliert. Hier eine
Studie mit eingezeichneten Querschnitten

Abbildung 36 ▲
Hyleyn

▲ Abbildung 37
Alter Mann

Abbildung 38 ▶
Hyleyn

Alle Abbildung auf dieser Seite aus der Sinkha-CD-ROM

▲ Abbildung 39
Elfenartiges Wesen

▲ Abbildung 40
Hyleyn und Elfe

Alle Abbildung auf dieser Seite aus der Sinkha-CD-ROM

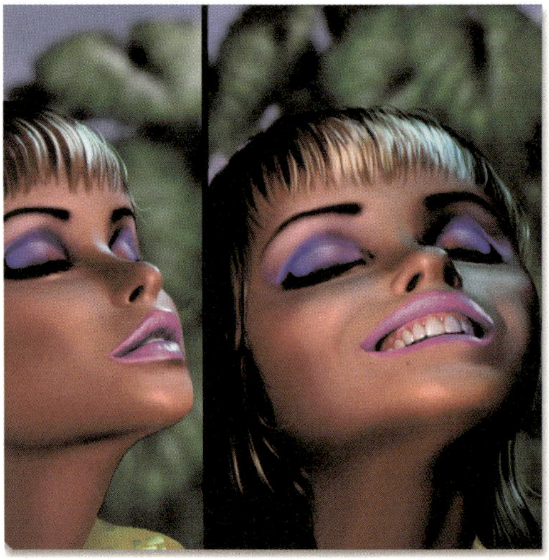

© by Virtual Views und Marco Patrito

◀ **Abbildung 41**
Hyleyn

© by Virtual Views und Marco Patrito

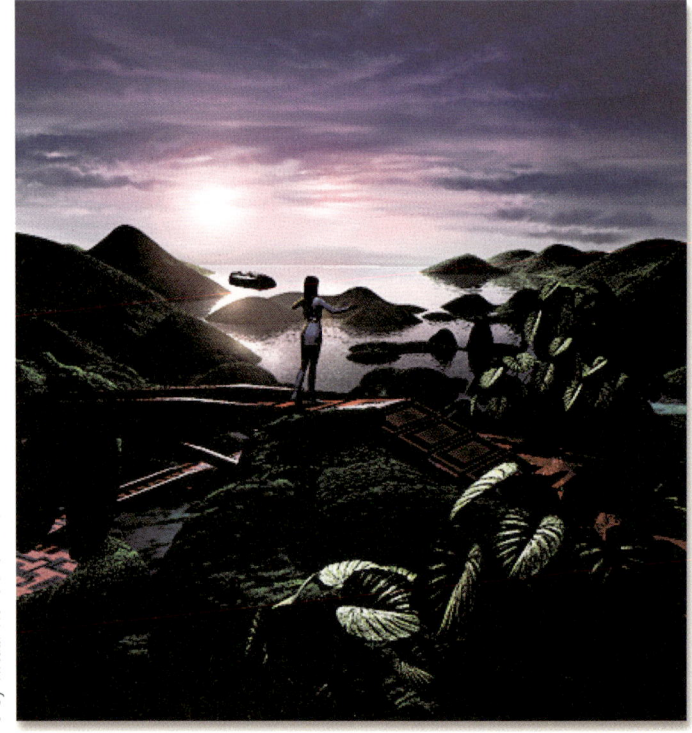

◀ **Abbildung 42**
Hyleyn in der virtuellen Realität der Sinkhas

Alle Abbildung auf dieser Seite aus der Sinkha-CD-ROM

Flavio Chirico, geboren 1971 in Turin, Ausbildung an der Kunstschule, studiert derzeit noch Architektur.

Er wuchs mit einer guten Mischung aus Zuneigung für die traditionelle Zeichnung wie auch für Computergrafiken auf. An der Hochschule belegte er Kurse über Videoproduktion. Während er weiter sein Wissen über die Computergrafik erweiterte, konnte er Verbindungen zu der Arbeit in der Videoproduktion ziehen. Diese Erfahrungen wurden schließlich sehr wertvoll bei der Arbeit an Sinkha.

Ich habe deshalb so ausführlich über das Team von Marco Patrito berichtet, da nun die Fortsetzung dieser CD-ROM in den Handel kommen wird. Diesmal birgt die CD zusätzlich zu berauschenden *3D-Animationen* und Bildern auch Spielsequenzen in der Manier von »Riven«. Zudem läuft die Produktion eines Kinofilms, basierend auf der Geschichte von Marco Patrito.

Dies ist ein gutes Beispiel, wie aus einer kleinen Idee und einem Kreis von engagierten und begeisterungsfähigen Menschen plötzlich etwas entstehen kann, das Maßstäbe setzt. Ich kann jedenfalls von mir behaupten, daß mich sowohl die Idee einer *3D-Geschichte* auf einer CD-ROM sowie die Qualität der Bilder und Animationen von Sinkha damals sehr motiviert haben, selbst in diesem Bereich aktiv zu werden. Ich kann die CD also nur jedem empfehlen, der sich für *3D-Grafiken* und *3D-Character* begeistern kann.

Ich freue mich daher auch sehr darüber, daß mir Marco Patrito exklusiv für mein Buch den Trailer für den zweiten Teil zu Sinkha zur Verfügung gestellt hat. Herzlichen Dank dafür auch an dieser Stelle nochmals an Maurizio Manzieri, der für mich den Kontakt zu Marco Patrito hergestellt hat.

Wenn Sie Informationen zu Sinkha und Meltdown suchen, finden Sie diese im Internet unter: http://www.sinkha.com/Main_Nov_E.htm.

Wenn Sie Interesse an der Sinkha-CD-ROM haben, finden Sie auf meiner Internet-Seite Bezugsadressen. Leider war die CD eine Weile nicht mehr im deutschsprachigen Raum zu bekommen. Mittlerweile gibt es jedoch wieder entsprechende Distributoren.

Das Sinkha-Universum

Nun haben wir schon so viel über die Menschen hinter diesem Projekt gehört, daß nun natürlich ein Blick auf die Ergebnisse geworfen werden muß.

1991 begann Marco Patrito seine Arbeit an dem Projekt mit zwei grundlegenden Ideen im Hinterkopf. Die eine Idee zur Geschichte betraf ein junges Mädchen, das auf einem kargen Planeten gefangen ist. Sie versucht mit Hilfe der Sinkha, einer mysteriösen und unsterblichen Rasse, von dem Planeten zu fliehen.

Die zweite Idee für dieses Projekt sah vor, die gesamte Geschichte mit *3D-Grafiken* umzusetzen. Damals war noch von einem Buch die Rede. Patrito begann zeitgleich an der Geschichte und an den Modellen der Characters, der Planeten und der Raumschiffe zu arbeiten.

An dieser Stelle wurde es nötig, den zentralen Character, das Mädchen Hyleyn, zum Leben zu erwecken. Nur wenn es gelingt, einen realistischen menschlichen *3D-Character* zu erschaffen, würde das Projekt eine Chance haben. Für Marco Patrito war es von Anfang an klar, daß er nicht mit 3D-Scannern arbeiten wollte. Der Character sollte nicht kalt und mechanisch wirken.

Versetzt man sich zurück in das Jahr 1991, so kann man gut nachvollziehen, wie schwierig es war, mit den damals aktuellen Programmen organische Objekte zu formen. Marco Patrito begann mit verschiedenen Profil- und Konzeptzeichnungen, die er dann – durch sein Wissen über die Anatomie – »scheibchenweise« modellierte.

Mit dieser Technik (ganz ähnlich der von mir im zweiten Kapitel vorgeführten Technik) entstanden schließlich alle nötigen Characters. Nach dem Einsatz von hochauflösenden Texturen wurde besonders der Ausleuchtung viel Beachtung geschenkt. Die Modelle sollten wie auf einer Bühne aussehen, ohne hyperrealistisch zu wirken.

Da die Arbeit für eine Person nicht mehr zu bewältigen war, unterstützte Tullio Rolandi Marco Patrito besonders bei der Modellierung der Umgebung.

1992 erblickten die ersten fertigen Bilder das Licht der Welt. Gerade als alles gut zu laufen schien, wurde das Projekt beinahe beendet. Marco Patritos Arbeit als Cover-Zeichner wurde immer zeitaufwendiger, und Tullio Rolandi fand auch immer weniger Zeit aufgrund seiner Arbeit als Architekt.

Ab dem Zeitpunkt wurde das Projekt nur noch in der raren Freizeit fortgeführt. Hinzu kam die bittere Erkenntnis, daß die ursprünglich revolutionäre Idee eines *3D-Comics* viel von ihrer Faszination verloren hatte.

Ende 1994 schließlich kam Marco Patrito die rettende Idee, zusätzlich zu dem Buch eine multimediale CD-ROM zu veröffentlichen. Diese Idee gab erneut Motivation und Begeisterung auch an andere weiter, die das Team um Marco Patrito ergänzten (s.o.).

Die Firma Virtual Views wurde gegründet, und 1995 schließlich wurde Sinkha veröffentlicht (Abb. 30). 1996 erhielt die CD-ROM den begehrten Newmedia Invision-Award in der Kategorie »Best Electronic Book«.

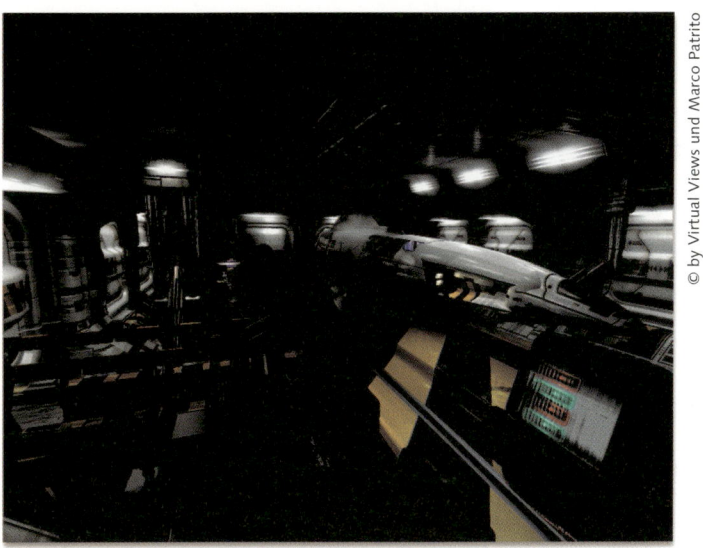

◀ **Abbildung 43**
Das Logo von Meltdown

Abbildung 44 ▶
Hangar aus dem Spiel
»Meltdown«

Meltdown

Nachfolgend finden Sie exklusive Bilder aus
dem kommenden CD-ROM-Spiel »Meltdown«
von den Machern von Sinkha. Ein langer, welt-
exklusiver Trailer ist auf der CD-ROM zu diesem Buch in zwei Auflösungen zu finden.

◀◀
Exklusive
Bilder

▲ Abbildung 45
Zimmer auf der Weltraumstation

▲ Abbildung 46
Bild aus dem Meltdown-Trailer

▲ Abbildung 47
Raumschiff

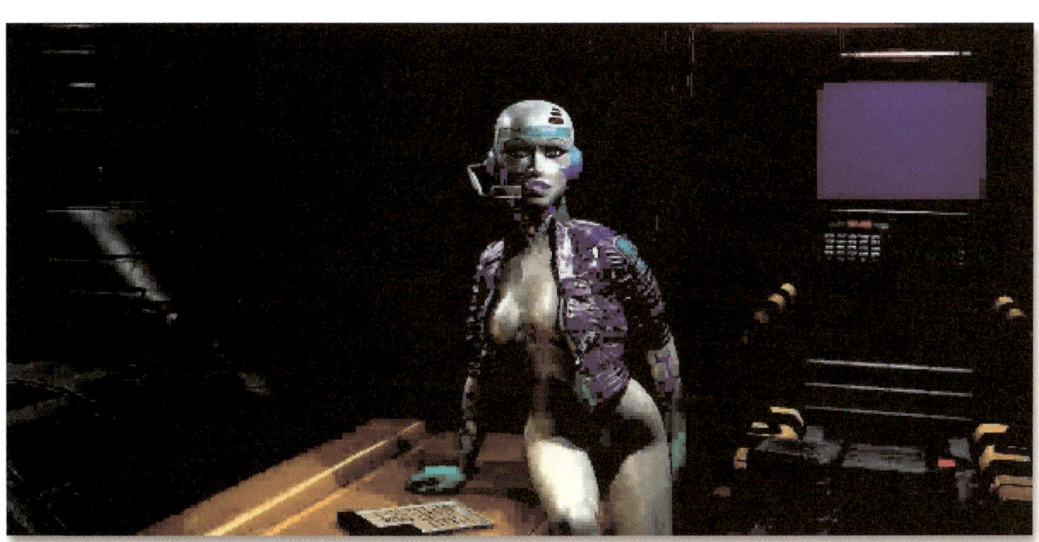

▲ Abbildung 48
Halb Mensch, halb Maschine

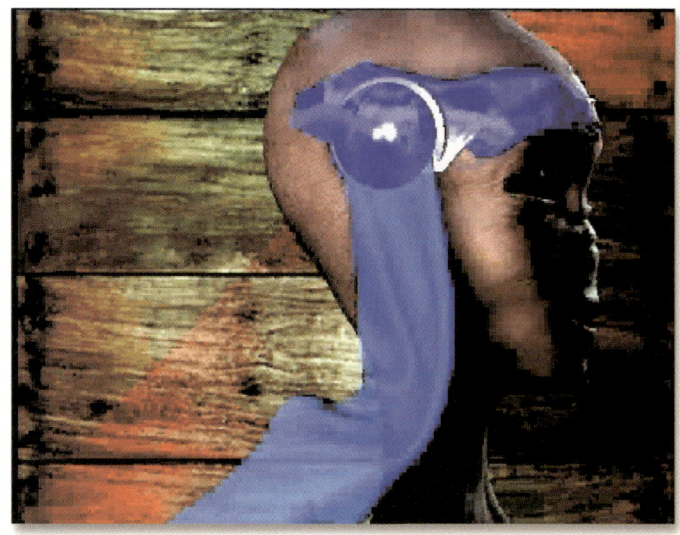

▲ Abbildung 49
Ein Alien aus dem Meltdown-Trailer

▲ Abbildung 50
Szene aus dem Meltdown-Trailer

Steph Greenberg: »The Physics of Cartoons«

Wir wechseln nun abermals sowohl das Genre als auch den Kontinent und besuchen Steph Greenberg und sein Team in den USA. Nach langem Hin und Her konnte ich ein Interview mit ihm bekommen.

Ich möchte ihn daher hier erstmals in einem deutschen Buch selbst zu Wort kommen lassen. Er wird uns über ein sehr interessantes Projekt berichten, bei dem es um die Umsetzung klassischer Cartoon-Techniken mit den Mitteln moderner 3D-Software geht.

Das Projekt, über das wir nun hören werden, hat sich unter dem Titel »The Physics of Cartoons« einen Namen gemacht. Ausschnitte aus diesem Film finden Sie – wieder erstmals in einem deutschen Buch – auf der CD-ROM.

Interview mit Steph Greenberg

Ich bekam meinen ersten Job in der Character Animation 1991, als ich an einigen Fernseh-Pilotfilmen für Mr. Film arbeitete. Die Arbeit war hart. Wir arbeiteten teilweise 135 Stunden in der Woche, machten nur kurze Pausen auf dem Sofa oder setzten uns auf den Flur. Oft kamen wir mehrere Tage lang gar nicht nach Hause. Höchstens mal zum Duschen.

Die Pilotfilme konnten nicht verkauft werden und verschwanden als Mittelmaß in der Computergeschichte. Der Musik-Clip mit dem Namen »Scratch«, den wir mit Ice T realisiert hatten, wurde jedoch auf mehreren Animations-Festivals und auf der renommierten Siggraph Film- und Video-Show gezeigt.

Ich kündigte und begann für Homer and Associates zu arbeiten, eine kleine Firma, die sich bei der Character Animation in Filmen wie »Der Rasenmäher-Mann« und in Musikvideos wie dem Titel »Steam« von Peter Gabriel einen Namen gemacht hatten. Ich arbeitete dort für ein Jahr. Das einzige größere Projekt während dieser Zeit war das Musikvideo zum Titel »Sisters of Pain« von Vince Neil.

Von dort ging ich zu Walt Disney in das Imagineering Virtual Reality Studio (Eine Entwicklungsabteilung für die Attraktionen in Walt Disney-Freizeitparks; Anmerkung des Autors).

Ich arbeitete dort an Characters für Projekte über Virtuelle Realitäten. Ich habe an drei Versionen zu »Aladdin's Flying Carpet Ride« gearbeitet. Wir dachten zudem über eine spektakuläre Attraktion mit Virtueller Realität nach. Etwas, was bislang nur als Technologiemodell oder bei den Militärs existierte.

»Aladdin's Flying Carpet Ride« ist derzeit eine Attraktion in Disney's neuen »Disneyquest«-Unterhaltungszentren in Orlando, Florida, und Chicago, Illinois. Die Besucher nutzen dort Virtual Reality-Brillen und werden ein Teil der animierten Welt in dem Aladdin-Kinofilm von Disney mit all seinen verschiedenen Characters. Die Besucher sitzen dabei auf einem Gerät, das wie ein Motorrad aussieht, und steuern damit durch die virtuelle Welt von Aladdin.

Ich war an anderen Projekten für das VR Studio (Virtuelle Realität-Studio; Anmerkung des Autors) beschäftigt, wollte aber schon immer einmal an einem Cartoon-Kurzfilm arbeiten. Auf einer Party erwähnte ich diesen Wunsch, mit einigen Freunden solch einen Kurzfilm zu realisieren. Eine interessierte Gruppe von Partygästen wurde kurzerhand zu mir nach Hause eingeladen, wo wir sofort begannen, eine Geschichte zu erfinden.

◄◄
Über Steph Greenberg

Wir alle arbeiteten mit oder kannten Programmierer, die der Meinung waren, daß – wenn man nur die Gesetzmäßigkeiten und Prinzipien kennen würde – sich eine Software entwickeln ließe, mit der man automatisch Cartoons herstellen könne ohne einen einzigen Animateur daran arbeiten zu lassen.

Wir entschieden uns also, eben diese Leute etwas auf den Arm zu nehmen und einen 3D-Cartoon zu realisieren, der aussieht wie ein normaler Cartoon und der die vielbeschworenen »Physics of Cartoons« vorführt.

Wir erdachten eine große Anzahl an physikalischen Gesetzmäßigkeiten für Cartoon-Figuren, die ein Cartoon-Gag einfach braucht, brachten diese in eine zusammenhängende Geschichte und hatten schließlich noch einige »Gesetzmäßigkeiten« übrig.

Wir entschieden uns, den Film »The Physics of Cartoons, Part I« zu nennen, weil wir die Leute mit der Idee an eine Fortsetzung ködern wollten.

Ich wurde als Regisseur bestimmt, weil ich der einzige war, der sich bereit erklärte, den Film auf Gedeih und Verderb bis zur letzten Szene durchzuziehen.

Meine Frau, Sandra Frame, hatte einige Entwürfe für ein anderes Character-Projekt, ich faßte alle Ideen zu der Geschichte in Schriftform zusammen, und sie zeichnete die Storyboards nach meiner Vorstellung. Die Storyboards waren so gestaltet, daß sie auch als Vorlage für die Ebenen des gezeichneten 2D-Hintergrunds dienen konnten. Die Characters sollten ausschließlich dreidimensional gestaltet werden. Dies war die komplette Umkehr der üblichen Technik, 3D im Hintergrund und gezeichnete 2D-Characters im Vordergrund zu verwenden.

Zu dieser Zeit stieß Kellie Bea Rainey (heute Kellie Bea Cooper) als Produzentin zu uns und widmete sich der finanziellen Planung des gesamten Projekts. Sie brachte zudem Doug Cooper, den technischen Direktor, und Christopher Janney als Organisator von Szenen zum Team.

Es zeigte sich schnell, daß einige des Originalteams ausschieden, da sie sich terminlich mit ihren anderen Jobs nicht mehr arrangieren konnten, um an der Produktion weiter mitzuwirken.

Neben Sandra Frame war Mike Gasaway das einzige Mitglied der Originalgruppe, das bis zum Ende mit dabei war. John Goodman blieb lange genug in der Produktion, um noch an den Characters mitzuwirken. Gasaway und Goodman hatten bereits fünf Monate vor dem eigentlichen Start des Projekts mit der Arbeit begonnen.

Wir wurden von Gary Eggleston als Art Director unterstützt, der seine ganze Erfahrung von Walt Disney Television Animation, Nikkelodeon, Saban, Marvel, Film Roman, Bluth und Bakshi einbrachte, um den Physics of Cartoons einen einmaligen Look zu geben, der noch nie zuvor in einer Computeranimation zu sehen war.

Gary Eggleston begleitete zudem die Arbeit von Briar Lee Mitchell und Becca Ramos von der Abteilung für Fernsehanimationen, beide von Warner Bros.

Dies war eine geniale Gruppe, um einen Film zu drehen. Sandra Frame arbeitete als Storyboard-Zeichnerin z. B. für die Serie »Die Simpsons« und »The Critic« von Film Roman, außerdem für »Der Pinky und der Brain« und die »Animaniacs« von Warner Bros.

▲ Abbildung 51–58
Bilder aus dem Kurzfilm »The Physics of Cartoons, Part I«
(© by Steph Greenberg and his team)

Ich arbeitete mit Gasaway im Walt Disney Imagineering zusammen, und er teilte meine Leidenschaft für alte Cartoon-Kurzfilme. Zudem hatte er enormes Talent und Durchhaltevermögen, zwei Dinge, die zwingend nötig waren, um den Kurzfilm beenden zu können.

Doug Cooper arbeitete für Amblimation von Steven Spielberg an »Balto« und »We're Back«. Seitdem arbeitete er als technischer Direktor an dem »Prinz von Ägypten« für die Firma Dreamworks.

Die Produktion sah so aus, daß Rainey und Cooper die Storyboards scannten und ich mit Gasaway die panischen Geräusche der beiden Character Slim und Tubbs im Wohnzimmer aufnahmen. Das war nicht so einfach, wie es sich anhört. Die heimlichen Geräusche des nahen Flughafens und ein freundlicher Nachbar mit einer Kettensäge im Garten komplizierten die Sache etwas. Rainey war zudem gleichzeitig für die Organisation von adäquater Hard- und Software zuständig.

Während die Storyboards gescannt wurden, schnitt ich einen Soundtrack aus copyrightfreien Musikstücken und Geräuschen zusammen. Ich schloß meine Augen und betrachtete den Film vor meinem geistigen Auge. Mit einer Stoppuhr bearbeitete ich dann die Geräusche und Musiktitel, um sie zu dem Film in meinem Kopf passend zu schneiden. Dann nahm ich die Storyboard-Daten und glich diese in Adobe Premiere mit den Tonspuren ab. Dort konnte man das Timing abschätzen und sehen, ob Sounds und Story zueinander paßten oder verändert werden mußten. Als ich fertig damit war, hatten wir ein komplettes Demo-Reel. Wir verwendeten dies als Grundlage für die Animationen und schnitten die fertigen Sequenzen in das Band hinein.

▲ Abbildung 59–61
Bilder aus dem Kurzfilm »The Physics of Cartoons, Part I«
(© by Steph Greenberg and his team)

Insgesamt hatte Rainey sieben Rechner mit installiertem Softimage aufgetrieben, vier davon mit Möglichkeiten zum Sound-Editing.

Gasaway und ich modellierten die grobe Form der Characters und bereiteten sie für die Animation vor. John Goodman modellierte die Gesichter und den Torso für Tubbs, den dicklichen Character.

▶ Die Modelle wurden mt NURBS modelliert. Wir verwendeten keine Blends oder Trims (berechnete Übergänge zwischen Objekten oder Flächen; Anmerkung des Autors). Die Köpfe bestehen aus einfachen Kugeln, deren Pole im Bereich des Mundes liegen. Wir wählten einen stilisierten Look der Characters mit separaten Köpfen, Händen und Füßen.

▶ Gasaway und ich bereiteten die Characters so vor, daß sie leicht gedehnt und gestreckt werden konnten, so wie in den klassischen Filmen der Warner Brothers. Wir erreichten dies durch Nullobjekte in verschiedenen Hierarchien, die über das ganze Modell verstreut lagen. In Softimage wurden die Nullobjekte dann als globale Umhüllung dekalriert (Ganz ähnlich arbeiten FFD's; Anmerkung des Autors).

▶ Inverse Kinematik wurde aktiviert, um die Arme und Beine bewegen zu können. Duplikate von Nullobjekten in Schlüsselpositionen der globalen Umhüllung wurden an die entsprechenden Bones im Character geknüpft. Zusätzlich wurden die originalen Nullobjekte dann über Expressions bezüglich Ausrichtung und Position wieder an die Duplikate der Nullobjekte geknüpft.

▶ Dann wurden Nullobjekte als Bezugsobjekte in einer Hierarchie zusammengefaßt. Die Hände, Ellenbogen, Füße und Knie waren außerhalb der Hierarchie des Körpers. Damit trotzdem alle Extremitäten mit dem Körper zusammen bewegt werden konnten, wurden alle Objekte in einem weiteren Nullobjekt zusammengefaßt. Auch jeder Hand- und Ellenbogenanfasser war einem Schulternullobjekt untergeordnet. Dieses war wiederum einem an gleicher Stelle liegenden Nullobjekt untergeordnet, das unter dem oberen Rükken lag. Diese Hierarchie übertrug die Bewegung des Arms auf eine Bewegung des Torsos.

▶ Die Torsobewegung selbst wurde durch eine kleine Hierarchie von vier Nullobjekten gesteuert, die von der Hüfte bis zum Nacken reichte. Bei dem Character »Tubbs« kontrollierte eine zusätzliche Kopie dieser Nullobjekte das Fett vor seinem Bauch. Oberhalb dieser Hierarchie waren noch drei bis vier zusätzliche Nullobjekte, mit dem Kopf an oberster Stelle.

▶ Die Hände wurden an den Handgelenken durch Expressions gedreht. Rotierte man das entsprechende Nullobjekt um die y-Achse, so drehte sich auch die Hand um diese Achse. Gleiches gilt für Rotationen um die anderen Achsen. Diese Rotationen waren jedoch nicht absolut, sondern addieren sich zu den Bewegungen, die der Unterarm ausführte.

▶ Ein etwas anderes System wurde bei den Füßen eingesetzt. Dort wurden die Nullobjekte, welche die Form des Fußes kontrollieren, direkt von den Nullobjekten aus der umgebenden Hierarchie gesteuert. Egal, was man mit dem Körper anstellte, die Füße blieben starr auf dem Boden stehen. Die Füße waren da-

◀◀
Die technische Seite

bei Zielobjekte für die Beine. Wenn man jedoch den Körper über die Inverse Kinematik-Limits hinaus bewegte, dehnte sich die Oberfläche der Figur, oder der Fuß trennte sich vom Bein.

Als die Arbeiten an den Characters erledigt waren, konnte es endlich losgehen.

Wir hatten mehrere Treffen, um die Animationen zu planen, wobei kurzfristig kleine Netzwerke aufgebaut wurden, in denen jeder einen eigenen Rechner hatte. Patrick Lowery und Josh Scherr stießen zu uns Animateuren und Rachel (Dombrowski) Levine unterstützte uns bei der Erstellung von Modell-Targets für die Gesichter. Danach arbeitete jeder bei sich zu Hause weiter, weil wir dadurch die Zeit für den Transport der Rechner sparten und die Leute nicht für längere Zeit von ihren Familien trennten.

Außerdem empfanden es alle als produktiver, in der eigenen vertrauten Umgebung zu arbeiten.

Doug Cooper führte dann eine neue Render-Technik ein, die den Characters ein gezeichnetes Aussehen verlieh, ohne die sonst übliche schwarze Umrandung an den Konturen. Wir nannten dies »Toon-D«. Cooper arbeitete pausenlos daran, die Einzelteile der Animation, der gezeichneten Hintergründe und der Computerdaten zusammenzufügen sowie teilweise die Verknüpfungen von Vorder- und Hintergrund wieder aufzuheben, um das Gefühl von dreidimensionalen Kamerafahrten zu erzeugen. Zusätzlich verbesserte er einige Szenen durch eine Nachbearbeitung der Kameraperspektive und der Farbeinstellungen. Er war wirklich ein kompletter technischer Direktor, der alle technischen Aspekte der Produktion und Postproduktion leitete und uns allen tiefe Einblicke in die kreativen Abläufe eines Produktionsprozesses gab.

Er wurde unterstützt von Christopher Janney, der unter seiner Anleitung die finalen Szenen mit all ihren Elementen zusammenfügte. Beide hatten zudem die Doppelbelastung der Betreuung der Netzwerke für das Rendering und die Produktion.

(Übersetzt aus dem Amerikanischen, Anm. des Autors.

Vielen Dank nochmals an Steph Greenberg und seine Frau Sandra für diesen ausführlichen Bericht. Sie finden Ausschnitte aus dem Kurzfilm auf der CD-ROM.

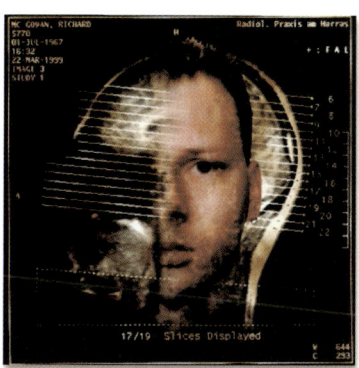

▲ Abbildung 62
Richard McGowan in einer selbsterstellten Collage
(© by Richard McGowan)

▲ Abbildung 63
Szene aus CLONE BREED (© by Richard McGowan)

Richard McGowan

Ich schließe dieses Kapitel wiederum mit einem thematischen Sprung zurück in deutsche Gefilde. Auf die Arbeiten von Richard McGowan bin ich in verschiedenen Online-Galerien gestoßen. Mich haben dort die liebevoll gestalteten Texturen und futuristischen Räume sofort angesprochen.

Interview mit Richard McGowan

Wie bei allen Filmen und Animationen war erst die Idee da, dann die Frage, wie kann ich sie anders umsetzen als andere *3D-Künstler*, um meine Arbeiten von ihnen zu unterscheiden.

Ich entschloß mich, von Anfang an mit so wenig Licht wie möglich auszukommen. Ich habe so viele 3D-Animationen wie nur möglich angeschaut und festgestellt, daß ein Großteil einfach zu »sauber« wirkte. Bei einigen Themen mag dies beabsichtigt und richtig sein, aber die Geschichte, die ich mit CLONE BREED erzählen will, ist eine düstere und traurige Geschichte. Zuviel Licht würde dem Thema nicht gerecht werden.

Hinter diesen Bildern steckt ein viel größeres Projekt, nämlich ein ca. 20 Minuten langer Animationsfilm mit dem Titel CLONE BREED, für den Richard McGowan sogar die Musik selbst komponiert und eingespielt hat.

Ich habe ihn nach seiner Arbeitsweise befragt und möchte mit seinem kurzen Interview dieses Kapitel beschließen, bevor wir uns wieder in die Praxis stürzen.

Meine Arbeitsweise? Nun, ich würde sagen, daß ich mir anfangs manchmal selbst im Wege stand. Ich habe einfach drauflos modelliert und dadurch viel Zeit verschwendet. Ich habe ziellos hier und da etwas ergänzt und so nie erreicht, was mir vorher vorschwebte.

◄
Arbeitsweise

Irgendwann habe ich dann meinen inneren Schweinehund überwältigt und ein Storyboard gezeichnet. Danach habe ich dann Skizzen für die 3D-Modelle angefertigt.

Bei der Modellierung der Objekte bin ich nicht streng chronologisch vorgegangen, sondern habe mich von Tag zu Tag entschieden, was nun modelliert wird, ganz nach meiner eigenen Stimmung und Motivation.

Für die Objekte lege ich in Freehand Splines an und importiere diese dann in CINEMA 4D, um sie weiter zu bearbeiten. Der Vorteil dieser Vorgehensweise liegt darin, daß ich die Splines in Freehand gleich für die Texturerstellung in Photoshop nutzen kann. Dort skaliere ich die Spline-Vektoren auf die gewünschte Größe und nutze sie als Vorlagen für Bumpmaps und andere Oberflächen-Maps. Diese passen dann später exakt auf die Modelle.

Tatsächlich verbringe ich wohl die Hälfte der Zeit damit, gute Texturen zu erstellen, denn die machen später die Szene erst richtig interessant.

Meine 3D-Objekte werden zu 90% aus NURBS modelliert, was natürlich auch einen großen Teil meiner Zeit in Anspruch nimmt. Aus meiner Sicht ist jedoch nur das Modellieren mit NURBS »richtiges« Modellieren.

Dabei gehe ich so vor, daß ich die Splines aus Freehand oder Illustrator in meine CINEMA 4D-Szene lade. Wenn mehrere Objekte in der Szene vorhanden sind, öffne ich ein zweites Dokument mit dem Namen »Edit« und verschiebe den neuen Spline in dieses Dokument. Dort erstelle ich dann das komplette Modell.

Wenn ich mit dem Ergebnis zufrieden bin, verschiebe ich das fertige Objekt wieder in die finale Szene. Dies hat den Vorteil, daß sich die Arbeitsgeschwindigkeit bei komplexen Szenen erhöht und ich nicht extra immer alle anderen Objekte unsichtbar machen muß, wenn nur ein bestimmtes Modell bearbeitet werden soll. Ich brauche nur das fertige Modell entsprechend zu skalieren und zu plazieren.

Danach setze ich die Lichter und korrigiere den Schattenwurf eventuell durch Verschieben der Lampen oder Objekte. Bin ich mit der Ausleuchtung zufrieden, kopiere ich das komplette »Licht-Set« in mein Edit-Dokument.

In dieses verschiebe ich nun alle Objekte, um dort die Texturen anzupassen. Dies macht zwar etwas Arbeit, bringt mir jedoch den Vorteil, daß ich die Oberflächen ohne eventuell störende Schattenwürfe anderer Objekte beurteilen kann.

Danach wird das Objekt wieder in die finale Szene eingesetzt. Ist die Szene perfekt, beginne ich die Objekte zu animieren. Die berechnete Animation lege ich in Einzelbildern ab, damit ich sie später in Adobe Premiere zusammenfügen und leichter bearbeiten kann.

Die Musik von CLONE BREED wird auch von mir eingespielt. Ich habe früher einmal in einer Band gespielt und habe aus diesen Zeiten noch ein kleines Musikstudio zur Verfügung. Ich lasse mich dabei oft von klassischen Titeln inspirieren. Der Klangteppich soll später so ähnlich wie in »Alien« wirken.

Ich hoffe, daß die fertige Animation später den Leuten genauso viel Spaß macht, wie mir die Erstellung Freude bereitet hat.

(Ende des Interviews)

Kontakt zu Richard McGowan können Sie aufnehmen über E-Mail:

Richard.McGowan@munich.netsurf.de. Die URL zur CLONE BREED-Seite im Internet finden Sie auf meiner Internet-Seite.

Abb. 64 ▶
Szene aus
CLONE BREED

Abb. 65 ▶
Szene aus
CLONE BREED

Richard McGowan   **163**

Abb. 68 ▶
Szene aus
CLONE BREED

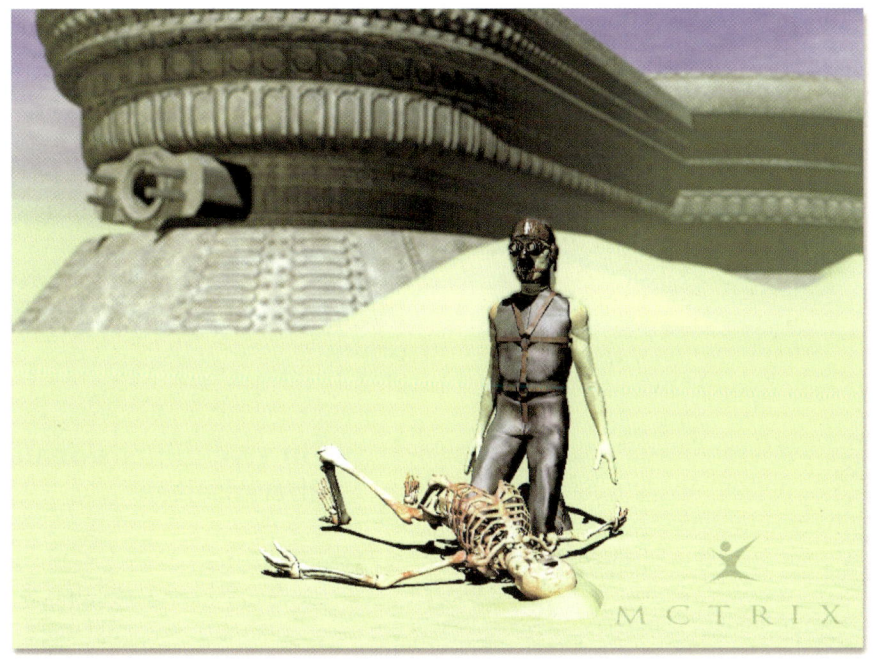

Abb. 69 ▶
Szene aus
CLONE BREED

Characters als Werbeträger

2D in 3D wandeln

Das Logo oder der Schriftzug einer Firma verraten schon viel über die Zielgruppe im Markt und über das Produkt selbst, das sich zumeist in einem Emblem wiederfindet. Über das Logo wird Markenbewußtsein geschaffen. Auch hier lassen sich Characters einsetzen.

DER ALTE SPRUCH »DAS AUGE ISST MIT« gilt nicht nur für Speisen, sondern auch für Logos, Maskottchen und andere Symbole, die mit Produkten oder der Firma selbst in Verbindung gebracht werden. Die Baumarktkette OBI z. B. setzt auf den Biber, und das »Reifenmännchen« von Michelin ist wohl jedermann bekannt.

Neuausrichtungen der Produkte und veränderte Märkte werden oft zuerst in einer Überarbeitung der Logos oder Verpackungen sichtbar. Ein einfaches »Neu«, eingerahmt durch einen roten Blitz, wie immer noch oft auf Waschmittelpackungen oder heruntergesetzten CDs zu finden, reißt jedoch kaum noch jemanden vom Hocker.

Ein dynamischer Character, der vielleicht ein altes, bereits eingeführtes zweidimensionales Firmenlogo wieder aufgreift, ist da schon eher ein Eye-Catcher. Er vermittelt gleichzeitig eine innovative Ausrichtung des Unternehmens und spricht besonders jüngere Kunden an, ohne vorhandene Traditionen außer acht zu lassen.

Wie sich ein zweidimensionales Logo entsprechend aufbereiten läßt, möchte ich hier exemplarisch vorführen.

▶▶ Ein Logo gewinnt Tiefe

▶▶ Vorbereitungen

Ein zweidimensionales Logo überarbeiten

Status quo ist ein zweidimensionales Emblem, das einen Fisch zeigt (Abb. 1). Ein solches Logo könnte z. B. einer Tierhandlung oder einem Anglerbedarf zugeordnet sein.

Zuerst sollte man sich sinnvolle Ansichten des gewünschten Objekts zusammenstellen. Bei einem Fisch reicht dabei in der Regel eine Ansicht von oben, um die Dicke des Tiers zu definieren und die Ausmaße eventuell abstehender Flossen festzulegen (Abb. 2).

▲ Abbildung 1
Vorhandenes Logo

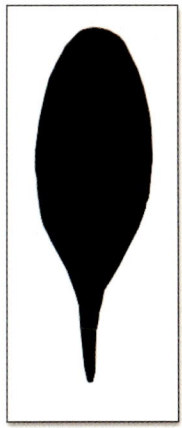

◄ Abbildung 2
Handskizze der
gewünschten
Tiefe des
Fisches

Abbildung 3 ►
Vorlagen
eingeblendet
im Modeler

Sind diese Vorarbeiten erledigt, sollten die Vorlagen in den Modeler geladen und in den entsprechenden Ansichten plaziert werden. Besonders auf die aufeinander abgestimmte Größe der Vorlagen sollte dabei geachtet werden (Abb. 3).

Im nächsten Schritt sollte man sich Gedanken über die Art der Modellierung machen. Grundsätzlich läßt sich diese Form mit allen nur denkbaren Methoden konstruieren.

Der Fisch kann komplett als Polygonmodell erstellt, mit Splines oder NURBS modelliert, oder sogar nur durch geschicktes Displacement-Mapping auf einem Viereck zum dreidimensionalen Leben erweckt werden.

Die Methoden haben unterschiedliche Vor- und Nachteile. Ein Polygonmodell ist auch mit einer günstigen Software machbar, führt jedoch oft zu langen Arbeitszeiten an dem Modell. Zudem bleiben prinzipiell harte Kanten im Profil sichtbar, die bei Großaufnahmen oder hoch aufgelösten Bildern für den Druck störend sein können.

Mit Splines oder NURBS gefertigte Modelle kennen diese Probleme nicht. Dafür muß es zu Schwierigkeiten kommen, wenn Figuren verzweigte Oberflächen aufweisen. Bei unserem Modell ist dies an den Flossen der Fall, obwohl diese hier noch relativ unkritisch aus der Masse des Körpers entwickelt werden können.

Dazu gibt es mehrere Möglichkeiten, von denen ich einige exemplarisch anreißen möchte. Die erste Methode benutzt **Coon-Surfaces**. Das sind mathematisch errechnete Flächen, die von vier Kurven begrenzt werden.

◄
Alternativen
beim Modeling

Modellieren mit Coon-Surfaces

1. Begrenzende Kurven planen

*Da der Coon-Algorithmus zwingend vier Kurven-
züge benötigt, die zum einen jeweils einen Punkt
gemeinsam haben und zum anderen eine viereckige Fläche begrenzen, sollte man sich zuerst
Gedanken über die sinnvolle Lage dieser Kurven
machen. Am sinnvollsten bei unserem Modell ist
wohl die Anordnung zweier Kurven senkrecht
über dem Körper und jeweils einer Kurve über
den unteren und oberen Rand der Form.*

2. Erste Kurve

*Ich beginne die erste Kurve unten am Bauch und
führe sie bis zum oberen Rücken fort. In der Ansicht von oben muß der Verlauf schließlich so korrigiert werden, daß die Dicke des Fisches berücksichtigt wird. Der mittlere Punkt der Kurve muß
also auf der z-Achse verschoben werden (Abb. 4).*

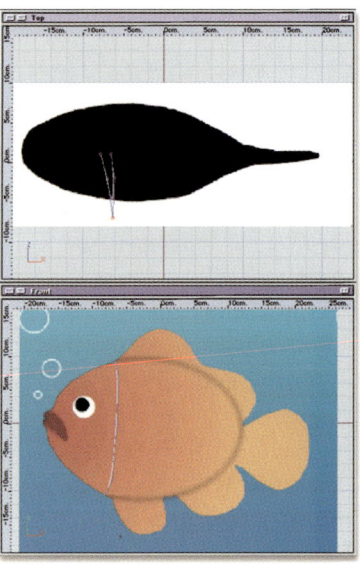

▲ Abbildung 4
Erster Spline in zwei Ansichten

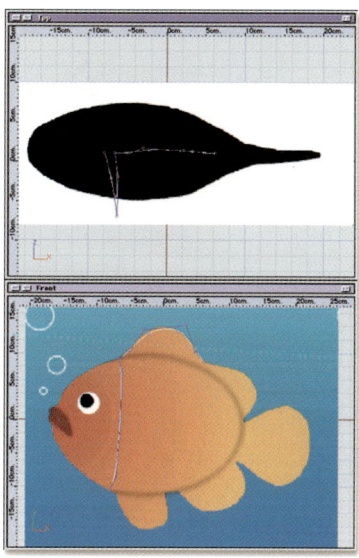

▲ Abbildung 5
Zweiter Spline in zwei Ansichten

3. Zweite Kurve

Mit aktiviertem Snapping, also der automatischen Lagekorrektur von geklickten Punkten der Kurve zu benachbarten Punkten anderer Kurven, beginnen wir einen neuen Kurvenzug. Er fängt dort an, wo die erste Kurve endete, und verläuft über die obere Flosse hinweg (Abb. 5). Direkt hinter ihr endet der Spline. Es müssen hier so kleine Abschnitte gewählt werden, da ansonsten die schließlich zu berechnende Fläche in die Stellen zwischen den Flossen hineinragen würde.

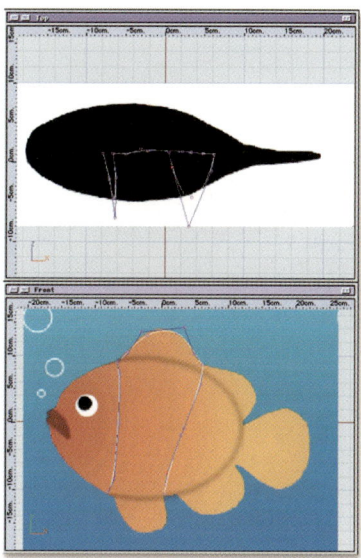

▲ Abbildung 6
Dritter Spline in zwei Ansichten

4. Die dritte Kurve

Die dritte Kurve verläuft wieder über den Bauch des Fisches nach unten (Abb. 6). Wurde das Snapping auch hier aktiviert, kann man sicher sein, daß der erste Punkt dieser Kurve dem letzten Punkt der zweiten Kurve entspricht.

Auch hier ist eine Korrektur in der Ansicht von oben nötig, um die Dicke des Fisches zu berücksichtigen.

5. Die vierte Kurve

Die letzte Kurve schließt nun die noch offene Kante des Vierecks über den Verlauf der unteren Flosse (Abb. 7).

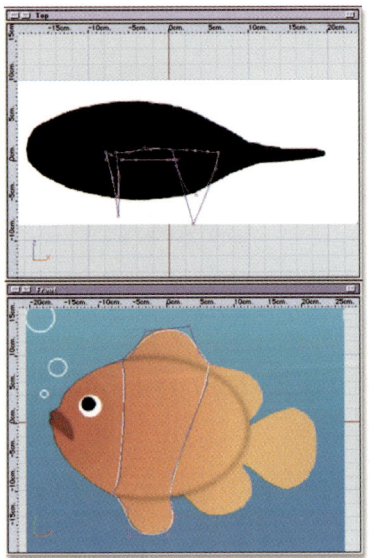

▲ Abbildung 7
Vierter und letzter Spline in zwei Ansichten

Es kann nun eine Fläche zwischen den Kurven erstellt werden (Abb. 8). Wie auf dem Bild zu sehen, folgt diese den vorgegebenen Kurven. Korrekturen in der Oberfläche können nun mit NURBS-Werkzeugen – oder später nach der Umwandlung in eine Polygonfläche – mit beliebigen Polygonwerkzeugen erfolgen.

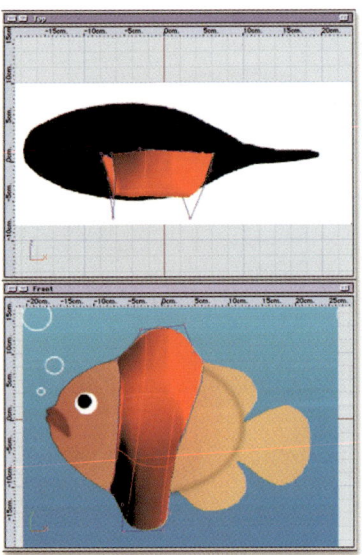

▲ Abbildung 8
Fertige Coon-Fläche zwischen den vier Kurven

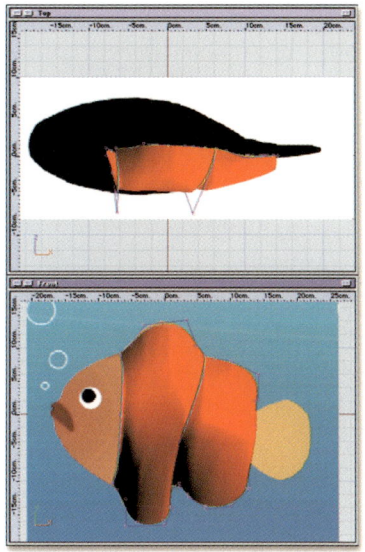

▲ Abbildung 9
Zweite Coon-Fläche

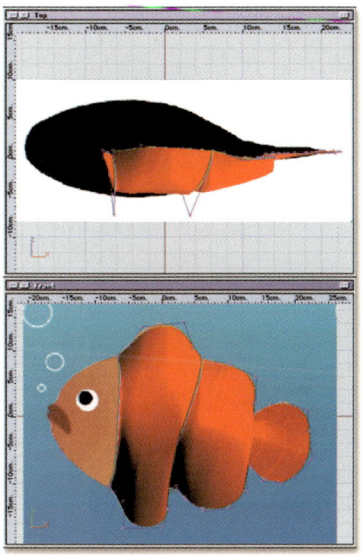

▲ Abbildung 10
Dritte Coon-Fläche

▲ Abbildung 11
Zusammengefügte Flächen mit
unterschiedlichen Kanten

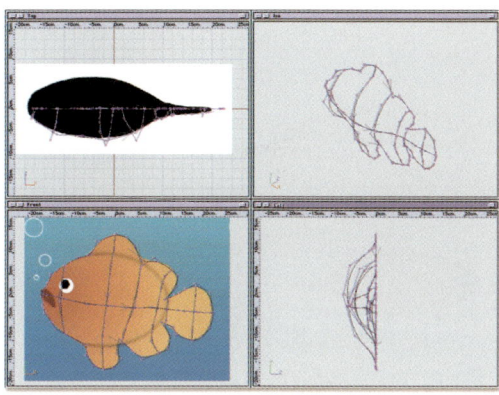

▲ Abbildung 12
Kurvengeflecht über dem Fisch

Nach diesem System kann der gesamte Fisch
mit NURBS-Flächen belegt werden (Abb. 9
und 10). Da der Coon-Algorithmus auf einen
organischen Verlauf der jeweiligen Fläche ach-
tet, kann es an den Kanten aneinanderstoßen-
der Coon-Flächen zu unterschiedlich gekrümmten Flächen kommen (Abb. 11).

Um diese zu bearbeiten, müssen zuerst die   ◄
Coon-Flächen in ein einziges Objekt umgewan-   Stitching
delt werden. Dazu benutzt man das Stitching.
Mit diesem Werkzeug werden beliebige Ob-
jektkanten, die exakt identisch sein müssen,
zusammengeführt.

Dies hat zwar noch keinen unmittelbaren
Einfluß auf die Form der neuen Oberfläche,
bringt jedoch bei der Umwandlung der Fläche
in Polygone Vorteile, da alle Polygone gleich
ausgerichtet werden und es zu keinen doppelten Kanten an den Grenzen der ehemaligen
Einzelflächen kommt.

Mit dem Magnet-Tool muß jetzt die störende Krümmung in den Randgebieten überarbeitet werden. Alles in allem sehr viel Arbeit für ein nur mäßiges Ergebnis. Hier hätte reines Polygon-Modeling wohl bessere Ergebnisse gebracht.

Besser sind da schon die Werkzeuge, die Flächen aus einem Geflecht von Kurven aufbauen können (Abb. 12). Einzige Bedingung dabei ist nur, daß diese Kurven rechtwinklig zueinander stehen müssen.

Der Fisch wird also einmal in horizontaler und einmal in vertikaler Richtung mit Kurven überzogen, die dann als Gerüst für eine NURBS-Haut dienen. Leider läßt sich auch hierbei keine Verzweigung der Oberfläche erreichen.

Eine weitere Möglichkeit besteht in dem Überziehen der Form mit Querschnitten, so wie ich es im nächsten Kapitel beschreibe.

Die mit Abstand besten und schnellsten Ergebnisse werden sich jedoch mit **Über-NURBS** erzielen lassen, die ich daher hier etwas ausführlicher beschreiben möchte.

Arbeiten mit Über-NURBS

Modellieren mit Über-NURBS

▶

Die Grundform

1. Startquader plazieren

Wie bei Über-NURBS gewohnt, starte ich mit einem Quader, den ich schon einmal auf entsprechende Abmessungen gebracht habe. Die Form orientiert sich vorerst an der Hauptmasse des Fisches. Schattierte Ansichten des Über-NURBS erleichtern die Formung (Abb. 13).

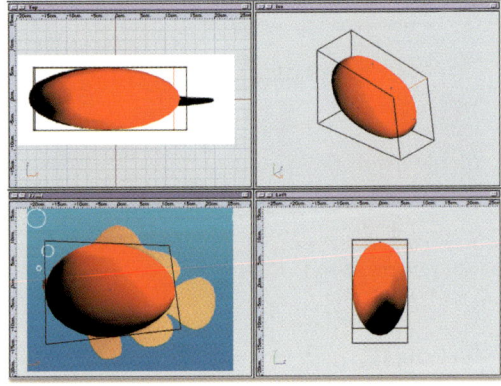

▲ Abbildung 13
Quader mit Über-NURBS

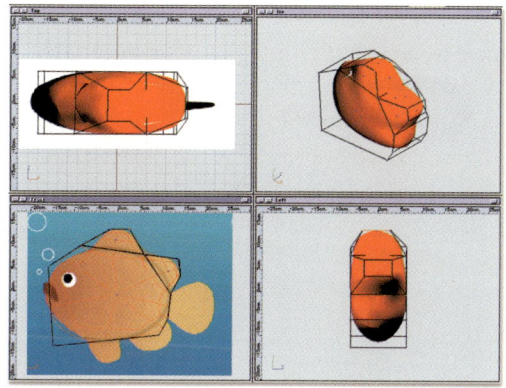

▲ Abbildung 14
Zwei Ausstülpungen formen Flossen

2. Flossen formen

Die obere Fläche des Quaders wird nun zweimal unterteilt: eine Unterteilung direkt vor und eine direkt nach der ersten Flosse auf dem Rücken. Die neu entstandenen viereckigen Flächen habe ich dann nach oben extrudiert. Das Über-NURBS folgt dieser Verformung nach und bildet die beiden oberen Flossen. Über die Dicke brauchen wir uns noch keine Gedanken zu machen (Abb. 14).

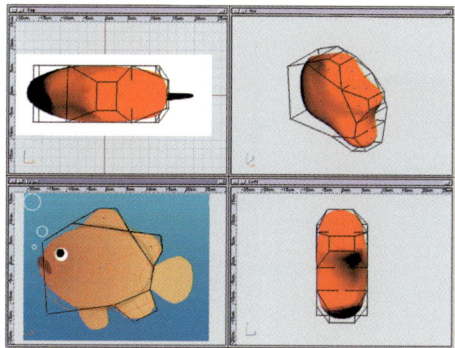

▲ Abbildung 15
Flosse hinten unten

3. Flossen unten formen

Nach dem gleichen System wird die untere Seite des Quaders unterteilt. Extrudierte Flächen sorgen auch hier für die Ausstülpungen der Flossen (Abb. 15 und 16).

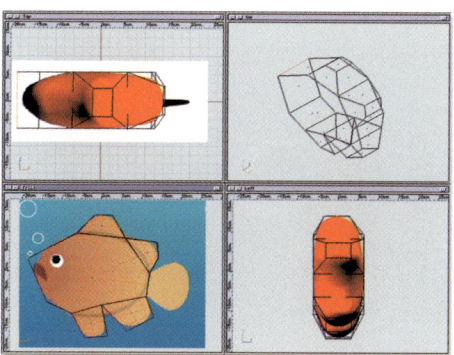

▲ Abbildung 16
Zweite Flosse unten

4. Schwanzflosse

Die Schwanzflosse beginnt mit einer verjüngten Stelle und verbreitert sich erst danach. Hier muß also mit mehreren Unterteilungen gearbeitet werden, die das Über-NURBS erst einschnüren und dann ausweiten (Abb. 17).

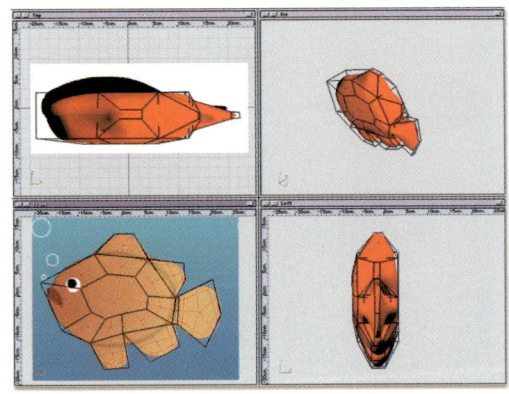

▲ Abbildung 17
Die Schwanzflosse und die neuen Seitenteile

5. Seitenteile

Um mehr Kontrolle über die Dicke der Flossen zu bekommen und trotzdem die jetzige Dicke des Fisches beibehalten zu können, müssen die Seitenflächen jeweils einmal in sich selbst extrudiert werden. Die neuen Flächen verbleiben also an der z-Koordinate der ursprünglichen seitlichen Begrenzungen und werden nur etwas verkleinert. Die ursprünglichen seitlichen Begrenzungen werden jetzt selektiert und näher an die Symmetrieachse des Fisches verschoben (Abb. 18).

Dadurch verschlanken sich die Flossen insgesamt, ohne die Form des Fisches zu verändern.

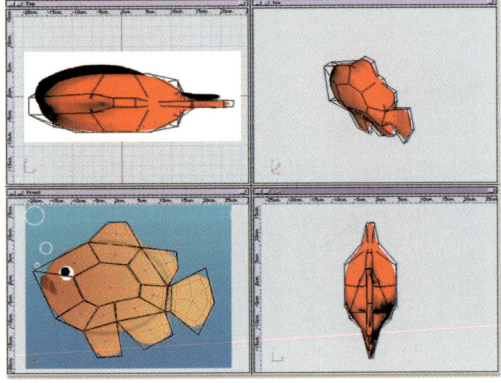

▲ Abbildung 18
Skalierung der alten Seitenteile

6. Augen

Damit später eingesetzte Augen nicht wie aufgesetzt erscheinen, sollten Vertiefungen im Kopf geschaffen werden. Die entstehen durch nach innen extrudierte Flächen (Abb. 19). Eine in sich extrudierte Fläche außerhalb der Augenhöhle sollte leicht nach außen verschoben werden, so daß das Über-NURBS nicht trichterförmig in den Kopf hineinschwingt, sondern damit ein kleiner Wulst um das Auge herum entsteht.

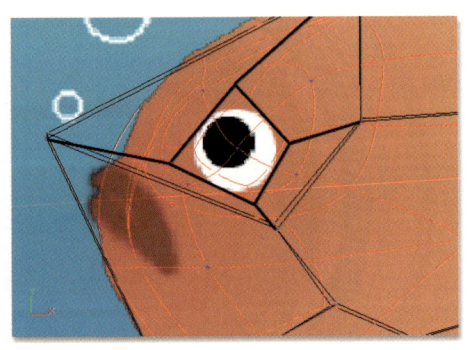

▲ Abbildung 19
Neue Unterteilung für das Auge (hervorgehoben)

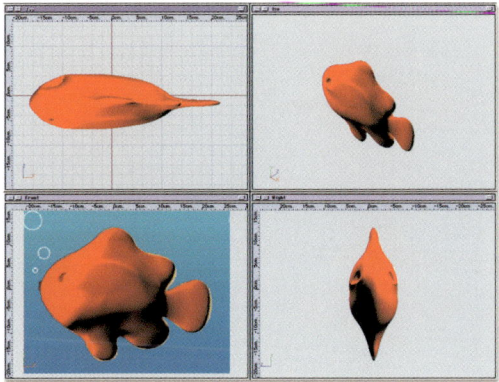

▲ Abbildung 20
Über-NURBS-Form des Fisches

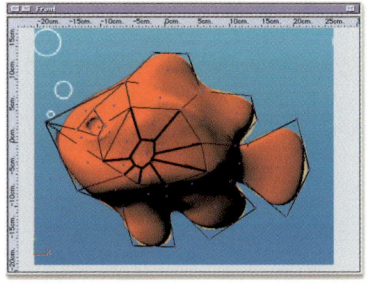

▲ Abbildung 21
Hervorgehobene neue seitliche Unterteilung

7. Seitliche Flossen

Damit der Fisch noch mehr an Tiefe gewinnt, möchte ich zusätzliche seitliche Flossen anbringen. Diese forme ich aus zweimal in sich selbst extrudierten Flächen innerhalb der neuen seitlichen Begrenzungen (Abb. 21). Die innere der beiden neuen Flächen wird dann nach außen verschoben und entlang der y-Achse skaliert. Eventuell muß die Form entlang der x-Achse ebenfalls korrigiert werden, damit die Flosse nicht zu dick wirkt.

◄
Oberfläche
verzweigen

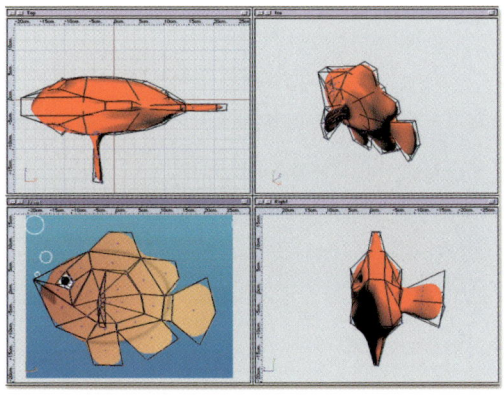

▲ Abbildung 22
Extrusion formt seitliche Flosse.

8. Andere Seite ergänzen

Falls Ihre Software nicht das automatische Spiegeln von Manipulationen auf eine beliebige Seite erlaubt, müssen Sie die gleichen Veränderungen an dem Auge und der neuen Flosse auf der anderen Seite wiederholen (Abb. 23).

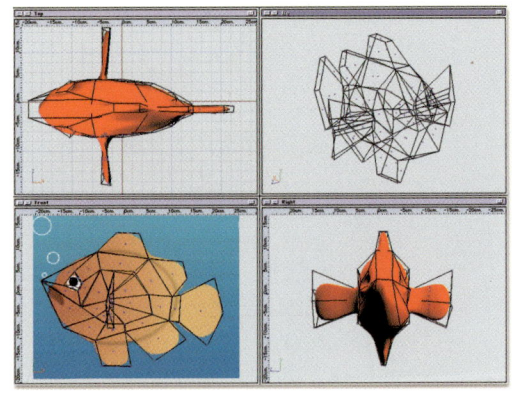

▲ Abbildung 23
Symmetrische Ergänzung der Form

9. Teilen einer Flosse

Die untere Flosse möchte ich nun teilen, so wie es bei lebenden Fischen vorkommt. Dazu wird entlang der Symmetrieachse eine zusätzliche Kante eingezogen, die schließlich zum Bauch hin verschoben wird. Die Form ähnelt dann einem umgedrehten »V« (Abb. 25).

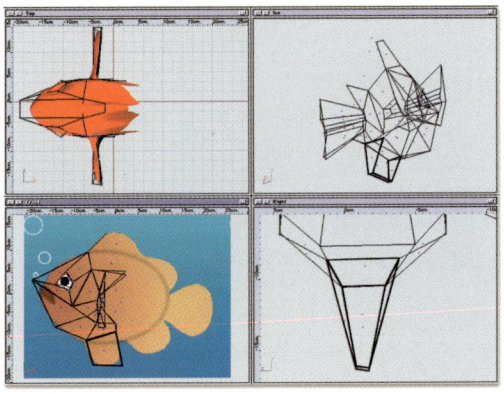

▲ Abbildung 24
Hervorgehobene mittige Flosse unten

Das Über-NURBS teilt sich dadurch ebenfalls entsprechend und kann durch Auseinanderziehen der unteren Flossenbegrenzungen weiter verformt werden (Abb. 26).

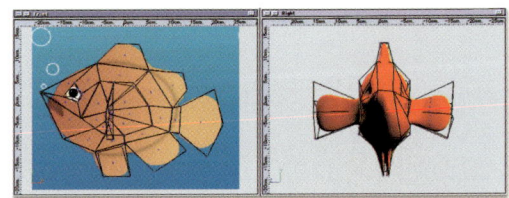

▲ Abbildung 25
Vollzogene Teilung der unteren Flosse

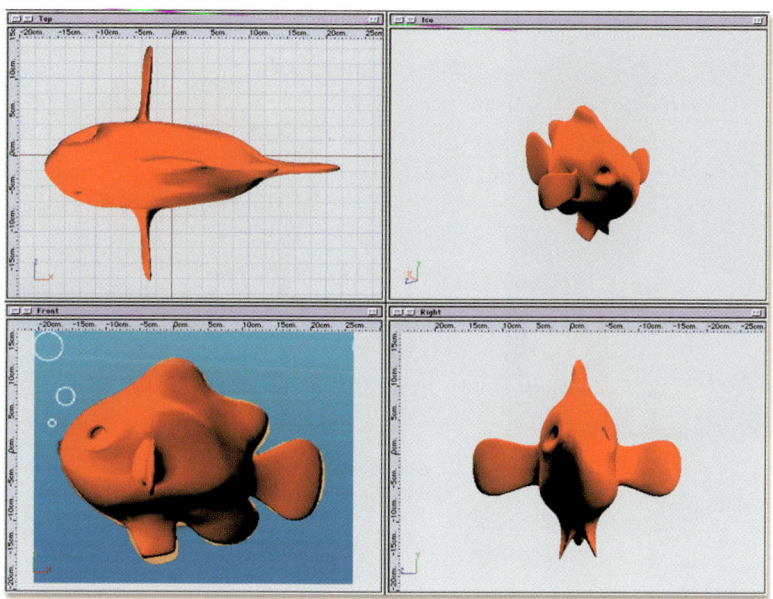

▲ Abbildung 26
Formung der unteren Flossen und kompletter Fisch

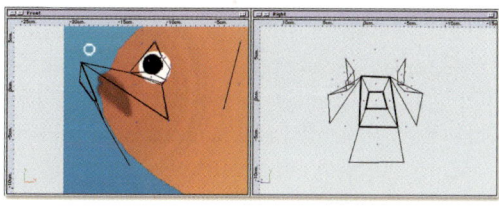

▲ Abbildung 27
Unterteilung für das Maul

10. Das Maul

Damit der Fisch überleben kann, braucht er natürlich ein Maul. Dieses entsteht ähnlich wie die Augenhöhle zuvor. Eine geeignete Fläche wird unterteilt (Abb. 27) und nach innen extrudiert (Abb. 28).

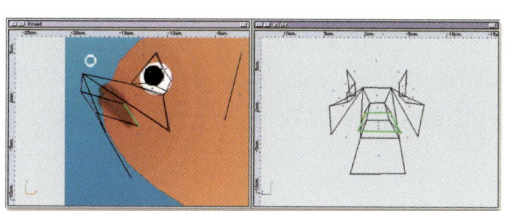

▲ Abbildung 28
Nach innen extrudierte Fläche (grün markiert)

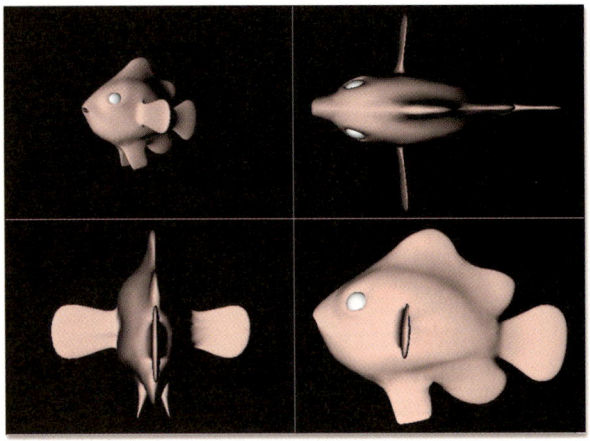

▲ **Abbildung 29**
Fertiger Fisch mit eingesetzten Kugeln als Augen

▲ **Abbildung 30**
Morph-Target mit geschlossenem Maul

▶
Morphing

▶
Metaobjekte

▶▶
Texturierung

Soll der Fisch animiert werden, so können wir nun mit wenigen Handgriffen z.B. das Maul schließen und das Modell dann als entsprechendes Morph-Target verwenden (Abb. 30).

Wir sind nun soweit, daß der Fisch texturiert und in eine passende Umgebung gestellt werden kann. Um die Vorgabe der aufsteigenden Luftblasen aufzugreifen, benutze ich Metaobjekte, um diese zu formen.

Durch die Vergabe negativer Werte können auch abstoßende Wirkungen zwischen Metaobjekten erzeugt werden, die dann zu eingedrückten oder ganz gelöschten Bereichen führen (Abb. 31).

Ein solches negatives Objekt ist im Bild blau dargestellt. Beachten Sie auch, daß dieser Körper zwar Einfluß auf die Form der umliegenden Objekte hat, jedoch selbst auf dem fertigen Bild nicht sichtbar wird. Man kann sich so ein Objekt als unsichtbares Magnetfeld vorstellen.

Kombiniert mit einer reflektierenden und transparenten Textur wird die Luftblase dann glaubhaft (Abb. 32).

Um die Texturen an die Form des Fisches anpassen zu können, sollten z.B. Screenshots von der Seite und der Front des Fisches gemacht werden. Diese können dann in einer Bildbearbeitung als Hintergrundebene geladen und als Referenz für neue Texturen genutzt werden (Abb. 33).

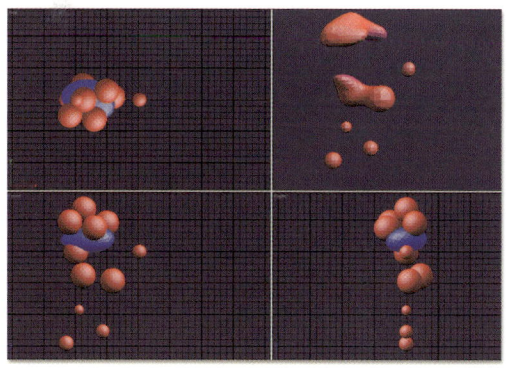

◄ **Abb.** 31
Metaobjekte
mit blau einge-
färbtem
»Negativ-
objekt«

Abb. 32 ►
Texturierte
Blasen

Da ich die seitlichen Flossen etwas anders als den Rest des Körpers texturieren möchte, belege ich diese später separat. Ich beginne zuerst mit einer seitlich aufgebrachten Textur, die zudem Informationen über Transparenzen enthält. Die hellen Bereiche im entsprechenden Texturkanal werden dabei transparent berücksichtigt. Die Flossen oben und unten werden so dünner und glaubhafter erscheinen.

Durch eine zusätzliche Textur von vorn können nun die seitlichen Flossen perfekt mit Bilddaten belegt werden. Eine zusätzliche ausstanzende Maske in dieser Textur sorgt dafür, daß keine Teile des Fischkörpers mit dieser Textur belegt werden (Abb. 34).

Damit bei späteren Bewegungen des Fisches keine der beiden Texturen den Halt zu der Oberfläche verliert, müssen unbedingt u-v-Koordinaten vergeben werden. Dabei werden Texturkoordinaten und Objektkoordinaten miteinander verbunden, so daß keine Verschiebungen auftreten können.

Um den Fisch, den wir ja als Single-Mesh modelliert haben, bewegen zu können, müssen wir mit Bones arbeiten. Da ein Großteil der möglichen Bewegungen die Schwanzflosse und die seitlichen Flossen betreffen, müssen diese mit separaten Bones ausgerüstet werden, deren Gelenke an den Verbindungsstellen zum Körper liegen.

Zusätzliche Bones entlang der seitlichen Oberfläche verhindern Verformungen des Körpers bei Bewegung der Flossen (Abb. 36).

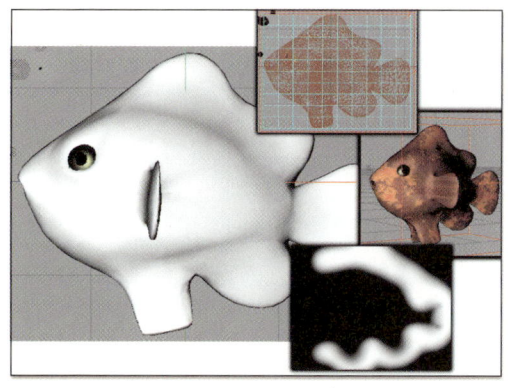

◄◄
Bones

▲ **Abbildung 33**
Seitliches Textur-Template mit den verschiedenen Kanälen

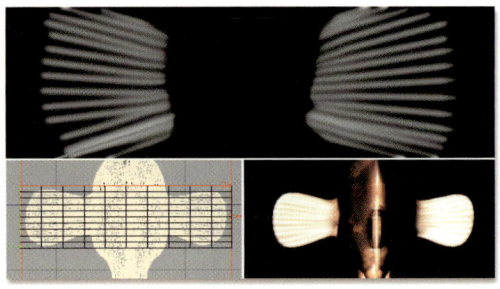

▲ Abbildung 34
Textur für die seitlichen Flossen

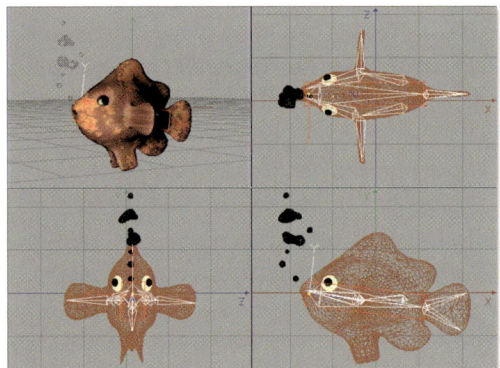

▲ Abbildung 36
Bones im Fisch (weiß hervorgehoben)

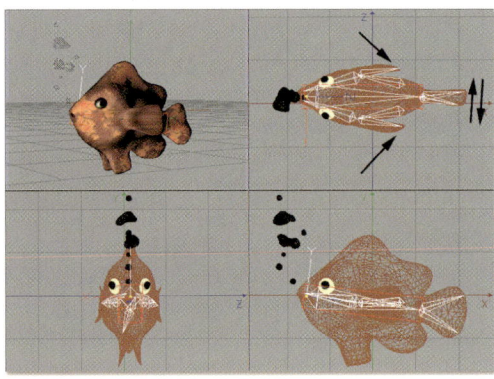

▲ Abbildung 37
Angelegte Flossen

Durch einfaches Umklappen der seitlichen Bones können die Flossen bewegt werden. Die Schwanzflosse ist durch zwei getrennte Bones zudem gezielter steuerbar und läßt somit auch auf Teilbereiche beschränkte Bewegungen zu (Abb. 37).

Wie das gerenderte Bild zeigt, bringen sowohl die Bones als auch die transparenten Bereiche des Fisches mehr Dynamik in das Modell (Abb. 38).

Ergänzt man die Szene zudem mit einem einfachen Volumenlicht und einer bläulichen ambienten Lichtquelle, können sehr stimmungsvolle Aufnahmen entstehen (Abb. 39).

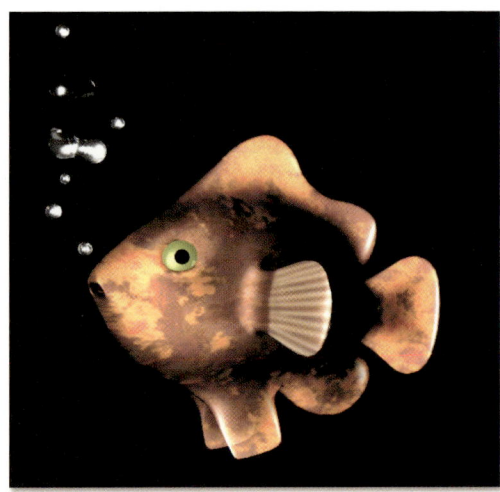

▲ Abbildung 35
Fisch mit aufgebrachten Texturen

▲ Abbildung 38
Gerenderter Fisch mit angelegten Flossen und
leicht veränderter Schwanzflosse

▲ Abbildung 39
Unveränderte Szene mit zusätzlicher Beleuchtung

Ein Maskottchen aus Polygonen

Nicht in jeder Software stehen derart mächtige Tools zur Verfügung. Ich möchte deshalb an dieser Stelle demonstrieren, daß auch professionelle Ergebnisse mit reinem Polygon-Modeling erzielt werden können.

Julien Dehos hat mir zu diesem Thema einen seiner Workshops zur Verfügung gestellt. Sie

►►
Das Hemd

können ihn unter gdehos@club-internet.fr kontaktieren (auf englisch oder französisch).

Der Workshop ist von mir aus dem Englischen übersetzt und mit der Software **Amapi** durchgeführt worden. Die Vorgehensweise ist jedoch völlig programmunabhängig.

Wir beginnen mit einem simplen Würfel.

 Polygon-Modeling

1. Einen Grundkörper als Basis wählen
Aufgerufen wird ein Würfel als Basismodell für die folgenden Manipulationen. Die Abmessungen sind willkürlich gewählt (Abb. 40).

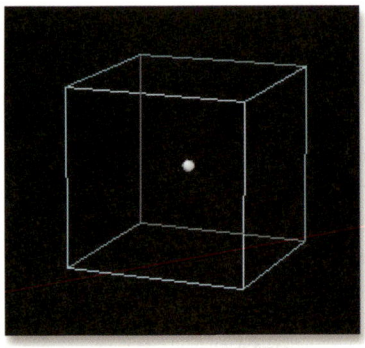

▲ Abbildung 40
Ein Würfel aus sechs Polygonen

2. Den Würfel unterteilen
In den nächsten Schritten werden die Vertices des oberen Polygons, also die Eckpunkte des Würfeldeckels ausgewählt (Abb. 41).

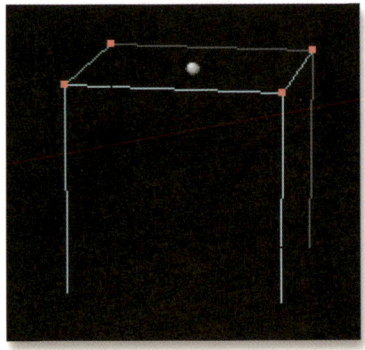

▲ Abbildung 41
Selektieren der oberen Eckpunkte

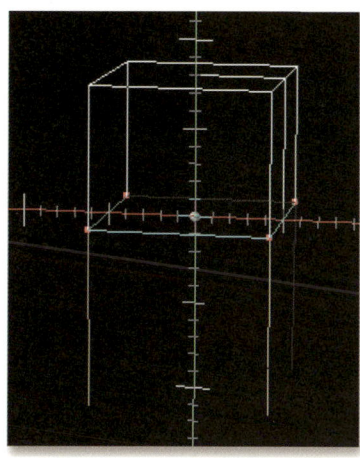

▲ Abbildung 42
Extrudieren der Deckfläche

Diese Eckpunkte werden nun mehrfach senk-recht nach oben extrudiert. Das Ergebnis ist ein Modell aus drei aufeinander stehenden Würfeln (Abb. 42). Einziger Unterschied zu einem simplen Stapeln von Objekten ist, daß es sich hierbei um einen einzigen Körper handelt und daß keine Kanten doppelt vorkommen. Wir haben also ei-nen Quader mit Unterteilungen modelliert.

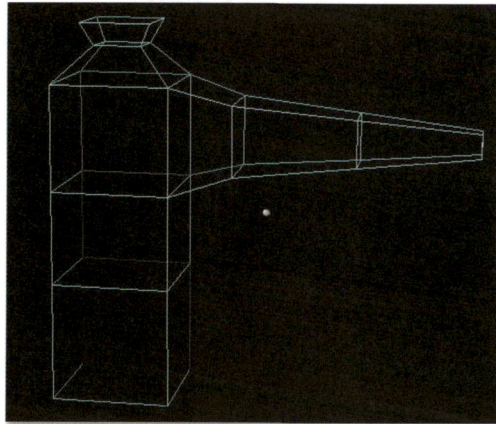

▲ Abbildung 43
Zusätzliche extrudierte Flächen bilden Arm und Hals

3. Arm und Hals modellieren

Wir sind nicht gezwungen, die extrudierten Pro-file unskaliert zu übernehmen. Daher können nach dem gleichen Prinzip sich verjüngende For-men seitlich einen Arm formen. Oben schnürt sich die Form am Hals zusammen (Abb. 43).

4. Die Form öffnen

Da die Form später als Hemd benutzt werden soll, müssen sowohl der Ärmel als auch der Hals und der untere Rand des Hemdes geöffnet werden. Dies geschieht durch einfaches Selektieren und Löschen der unerwünschten Flächen (Abb. 44).

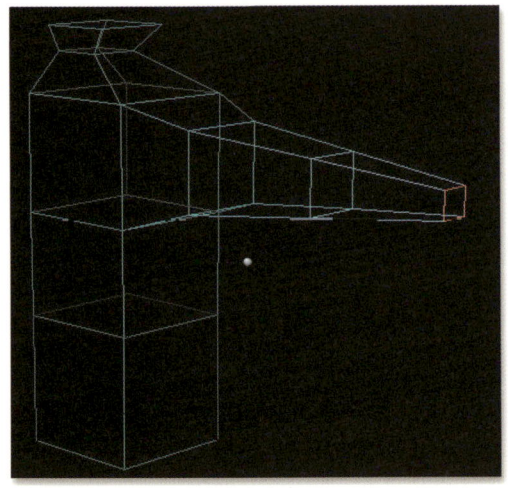

▲ Abbildung 44
Beispielhaft ausgewähltes Polygon, das gelöscht werden soll

5. Das halbe Hemd

Im folgenden Schritt wird das Hemd entweder durch ein Knife-Tool oder durch Löschen und Verschieben unerwünschter Kanten in die gewünschte Form gebracht (Abb. 45).

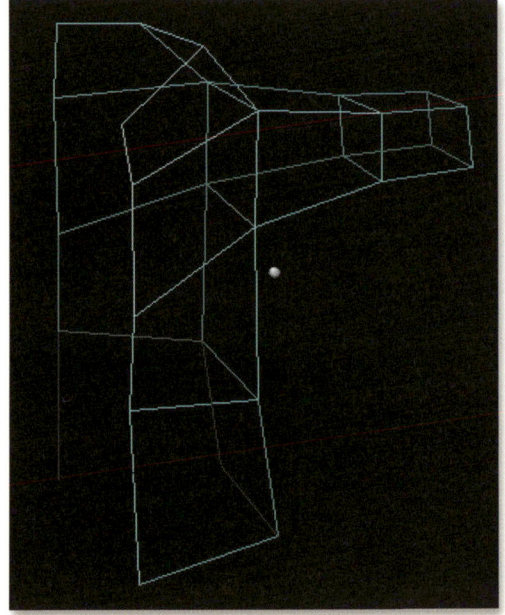

▲ Abbildung 45
Abtrennen unerwünschter Kanten und Formen zu der gewünschten Geometrie

Schließlich komplettiert eine duplizierte und gespiegelte Variante des Modells das Hemd. Nach dem Addieren der Hälften fallen alle doppelten Kanten in der Symmetrieebene weg, und es liegt nur noch ein einziges Objekt vor (Abb. 46).

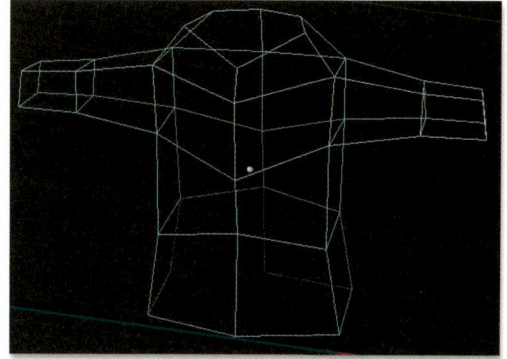

◄ Abb. 46
Gespiegelte und zusammengefügte Hälften

6. Glätten der Form

Da diese Form noch recht grob aussieht, wird sie mit dem Smooth-Tool beliebig fein unterteilt und dabei geglättet. Es werden also nicht nur die vorhandenen Polygone unterteilt, sondern die neuen Flächen liegen auf interpolierten Kurven durch die alten Eckpunkte (Abb. 47).

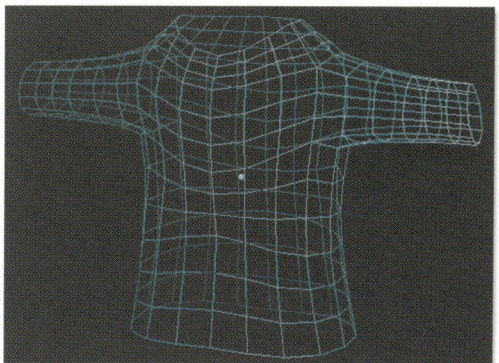

◄ Abb. 47
Geglättetes Hemd

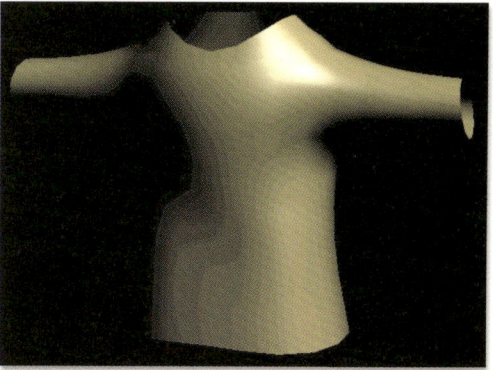

◄ Abb. 48
Fertiges Hemd, gerendert dargestellt

7. Die Hose

Die Hose für die Figur entsteht nach dem gleichen Prinzip (Abb. 49).

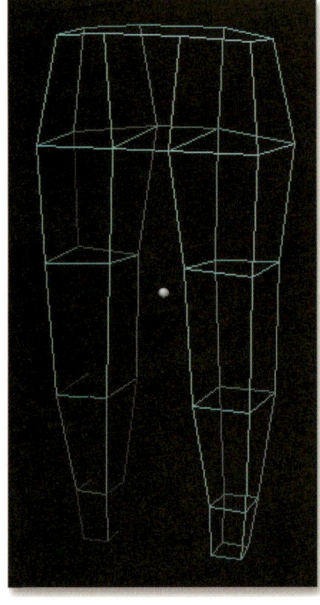

◀ Abb. 49
Die
Polygonhose

Auch hier entwickelt sich die Form aus einem Würfel. Störende Flächen werden gelöscht und die fehlende Seite durch Spiegeln ergänzt. Eine Glättung der Form führt auch hier zu einem guten Ergebnis (Abb. 50).

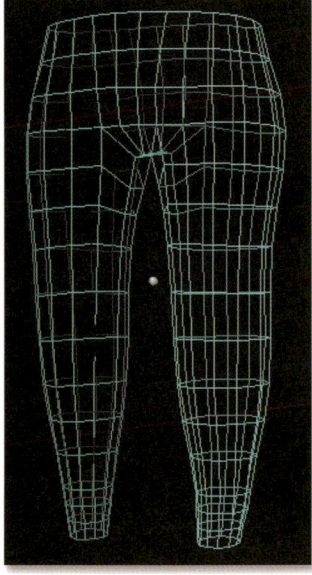

◀ Abb. 50
Die geglättete
Hose

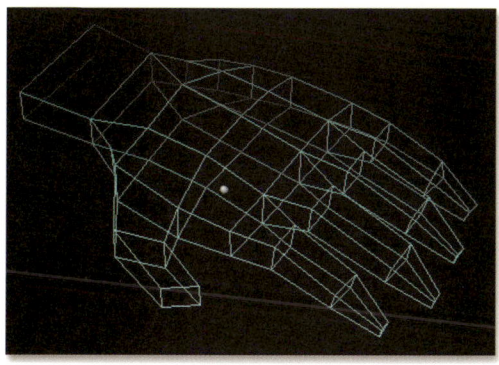

▲ Abbildung 51
Die Hand

8. Die Hand

Die Hand entsteht ebenfalls nach dieser simplen und daher so mächtigen Methode der extrudierten Flächen. Bei dieser Form ist besonders auf eine starke Verschlankung an den Enden der Finger zu achten, da das Smoothing die Fingerspitzen sonst zu ausladend rund gestalten würde (Abb. 51).

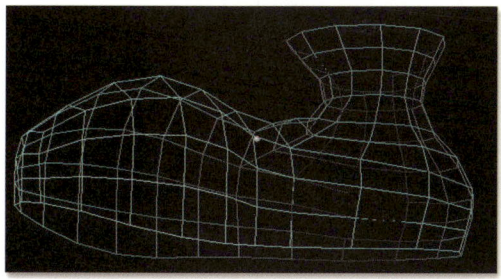

▲ Abbildung 52
Der Schuh

9. Der Schuh

Der Schuh entsteht aus einem Quader nach der nun bekannten Technik. Die Flächen, welche die Sohle bilden, werden ebenso gelöscht wie die Flächen auf dem Schaft des Schuhs. Erst dann wird die Form wie bekannt geglättet (Abb. 52).

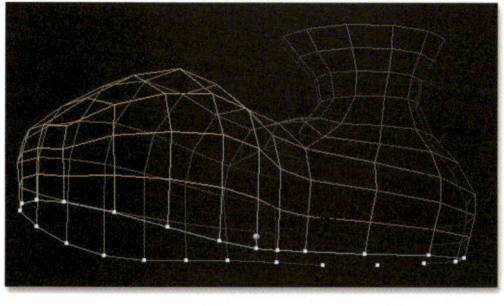

▲ Abbildung 53
Der neue Spline entlang der unteren Öffnung

Um nun eine Sohle vor den Schuh zu modellieren, werden zuerst die Punkte selektiert, die auf dem Rand der unteren Öffnung liegen (Abb. 53).

Diese Punkte werden zu einem neuen Spline zusammengefaßt, der dann durch mehrmaliges Extrudieren zu einem kleinen Wulst wird (Abb. 54).

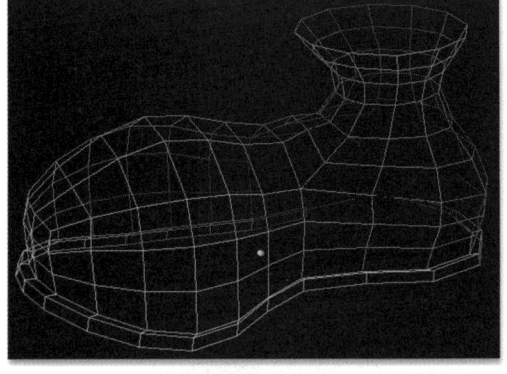

▲ Abbildung 54
Der mehrfach extrudierte Spline

Manuelles Schließen der innen liegenden Punkte formt schließlich eine durchgehende Sohle (Abb. 55) und stellt den Schuh fertig (Abb. 56).

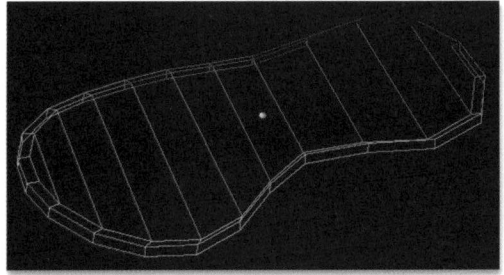

▲ Abbildung 55
Die Sohle (hier blau)

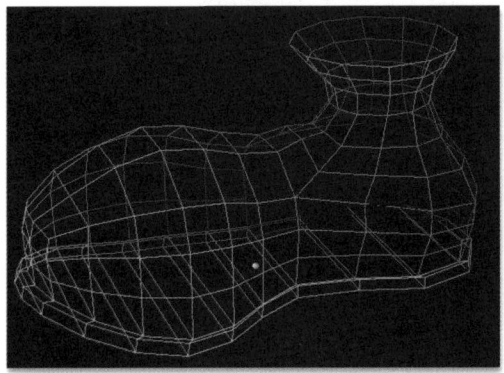

▲ Abbildung 56
Der komplette Schuh

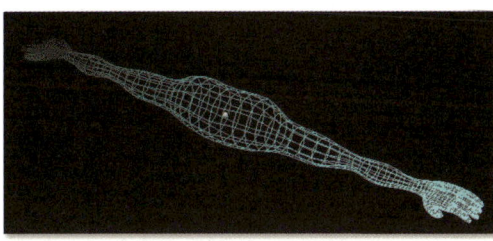

▲ Abbildung 57
Arme und Hände aus einem Stück

10. Die Arme

Die Arme entstehen schließlich aus einem Würfel, der über wenige Extrusionen mit den Händen verbunden wird. Die drei Teile werden fest miteinander verbunden und schließlich geglättet (Abb. 57).

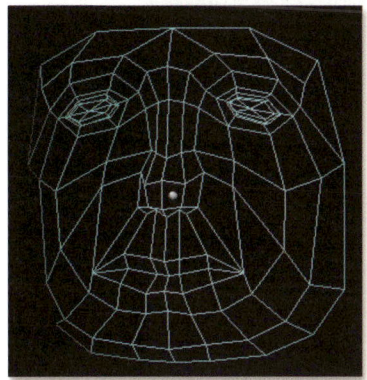

▲ Abbildung 58
Das Gesicht

11. Der Kopf: Punkt, Punkt, Komma, Strich ...

Das Gesicht ist ebenfalls sehr schnell modelliert (Abb. 58). Zuerst beginnt man damit, die markanten Teile mit Splines zum umranden. Hier sind vor allem das seitliche Profil des Gesichts, die Umrandung der Augen und des Mundes zu nennen.

Die Augenumrandungen werden zuerst ein wenig nach außen und dann nach innen extrudiert, so wie wir es bei den Über-NURBS schon gelernt haben. Manuell werden Verbindungen zwischen den abgegrenzten Teilen geschlossen, die schließlich eine Fläche bilden. Details sollten zuerst nicht so sehr berücksichtigt werden. Diese lassen sich später besser z.B. mit dem Magnet-Tool an dem geglätteten Objekt verwirklichen. Es sollte nur die grobe Form erkennbar werden.

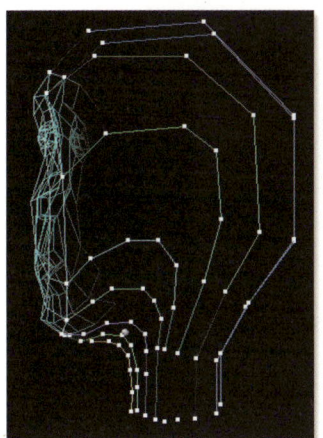

▲ Abbildung 59
Spline-Kurven begrenzen den Kopf

Es sollte nur möglichst immer die gleiche Anzahl an Punkten für jeden Spline verwendet werden, damit sich diese im nächsten Arbeitsschritt unkompliziert untereinander verbinden lassen (Abb. 59).

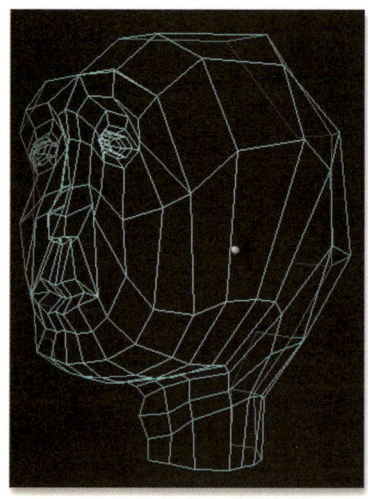

▲ Abbildung 60
Die untereinander und mit dem Gesicht verbundenen Splines

12. Der Hals

Damit der Hals vollständig unter dem Hemd verschwindet, wird am unteren Ende noch eine verbreiterte Form angebracht, die wiederum aus extrudierten Flächen des Halses besteht (Abb. 61).

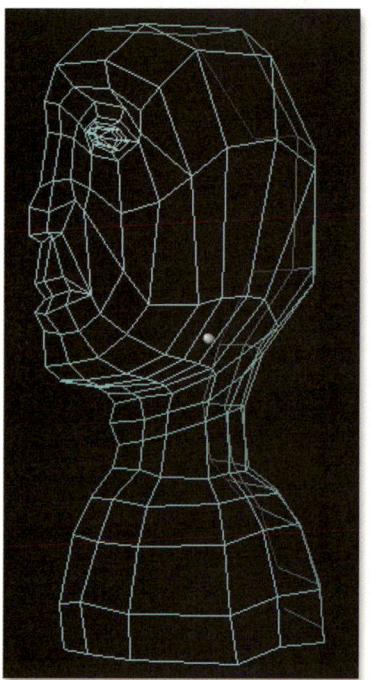

▲ Abbildung 61
Die Verlängerung des Halses

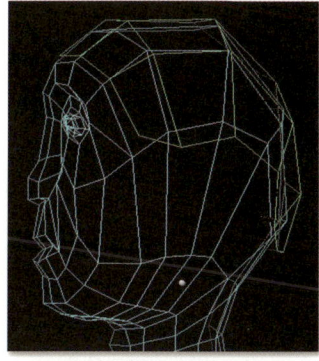

Abb. 62 ▶
Verdoppelte
und
verschobene
Kopfflächen

13. Die Haare

Das Haar besteht schließlich aus selektierten, duplizierten und etwas nach oben verschobenen Flächen des Kopfes. Durch Vergabe einer »Dicke« für diese Form entsteht daraus ein Volumenkörper, der exakt der Kopfform folgt (Abb. 62).

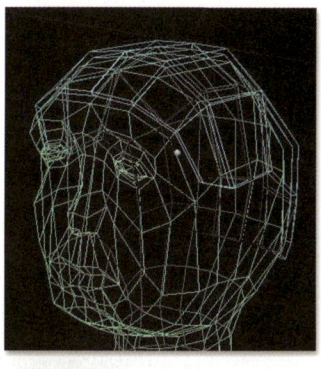

Abb. 63 ▶
Zugewiesene
»Dicke« für das
Haarobjekt

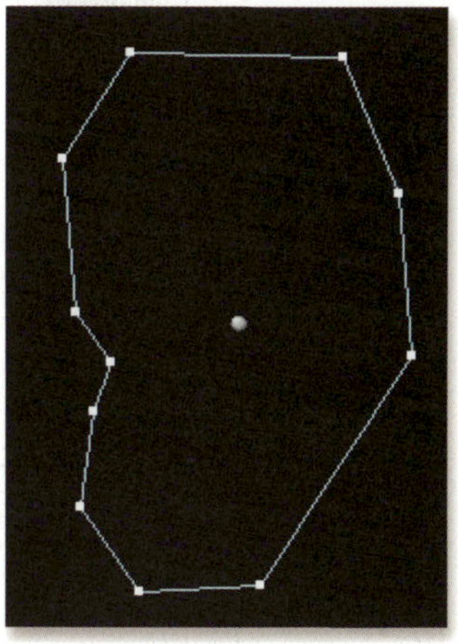

Abb. 64 ▶
Der »Ohr-
Spline«

14. Das Ohr

Das Ohr entsteht aus einem Spline, welcher der gewünschten äußeren Form folgt (Abb. 64).

Mehrfaches Extrudieren und Skalieren nach innen und außen formt die Ohröffnung und den Übergang zum Kopf (Abb. 65).

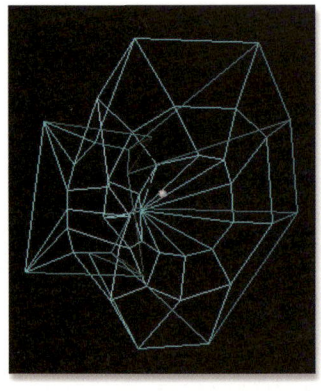

◄ Abb. 65
Mehrfach
extrudierter
»Ohr-Spline«

15. ... und fertig ist das Mondgesicht

Alle Elemente sind nun vorhanden und müssen nur noch richtig skaliert und gruppiert werden. Die Ohren und der Kopf können fest miteinander verbunden und dann geglättet werden. Das Haar sollte als separates Objekt geglättet werden, damit eine einfachere Texturierung möglich ist (Abb. 66).

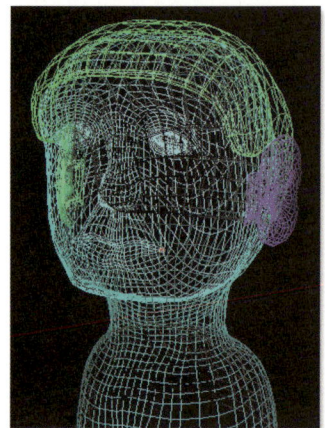

◄ Abb. 66
Geglättete
Einzelteile

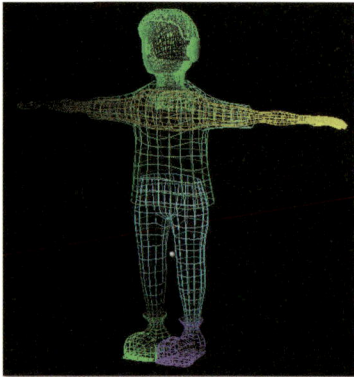

▲ Abbildung 67
Alle Teile richtig plaziert

▲ Abbildung 68
Ein Rendering der nur mit Farbwerten belegten Teile

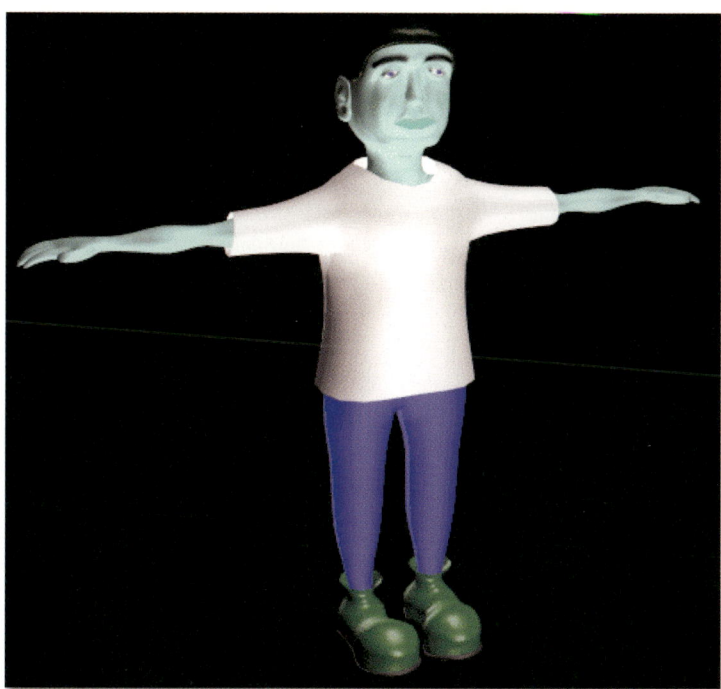

▲ Abbildung 69
Das texturierte Modell, das nun fertig für die Arbeit mit
Bones ist.

Wie Sie sehen, ist es auch mit konventionellen
Tools sehr schnell möglich, Figuren zu modellieren. Da diese Werkzeuge auch im günstigs-
ten *3D-Programm* zu finden sind, gibt es keinen
Grund, Character Design nicht selbst einmal
auszuprobieren.

Der virtuelle Mensch

Komplexe Modelle mit wenigen Arbeitsschritten erstellen

Durch immer schnellere Computer werden in Echtzeit animierte komplexe Modelle ständig perfekter. Das folgende Kapitel gibt Einblicke in den Stand der Technik und zeigt Entwicklungen auf.

▶ Der Mensch im Computer

SEITDEM MENSCHEN SICH MIT dreidimensionalen Grafiken am Computer beschäftigen, gibt es den Wunsch, die erschaffenen Modelle möglichst ohne längere Rechenzeiten direkt in Bewegung darstellen zu können. Der Wunsch der Interaktivität mit dem elektronischen Gegenüber war jedoch lange Zeit reines Wunschdenken.

▶▶ Ein Logo gewinnt Tiefe

Entweder waren die Datenbestände klein und daher sofort als Computergrafik zu entlarven, oder die Modelle waren so detailgetreu und komplex, daß sie nur Bild für Bild berechnet werden konnten.

Mittlerweile sind die Rechner und natürlich auch die Programme in der Lage, auch komplexe Modelle in akzeptablen Zeiten interaktiv darstellen zu können. Zwar müssen noch einige Kompromisse in bezug auf die Anzahl der Polygone gemacht werden; dennoch ist der Fortschritt immens und ermöglicht völlig neue Einsatzgebiete von 3D-Modellen. Der Mensch ist dabei oft das Maß aller Dinge.

Es stellt sich daher die Frage, wie möglichst exakte Abbilder eines Menschen überhaupt als Daten in einen Rechner geladen werden können.

Um dazu nötige Geräte und Techniken einmal vorstellen zu können, habe ich Kontakt mit der TECMATH GmbH & Co. KG in Kaiserslautern aufgenommen.

TECMATH hat sich auf die Herstellung und Vermarktung von sogenannten »Bodyscannern« spezialisiert. Zudem werden Softwarelösungen angeboten, mit denen die ermittelten Daten dann animiert und unterschiedlich eingesetzt werden können.

Durch spezielle Verfahren können direkt am eingescannten Objekt Vermessungen vorgenommen werden. Der *3D-Körper* läßt sich zudem als Dummy für Testläufe von Wartungs- und Montagearbeiten einsetzen.

Dabei kann ohne Risiko eine Prüfung auf Ergonomie und Sicherheit an virtuellen Arbeitsplätzen oder z. B. in einem Auto oder Flugzeug erfolgen.

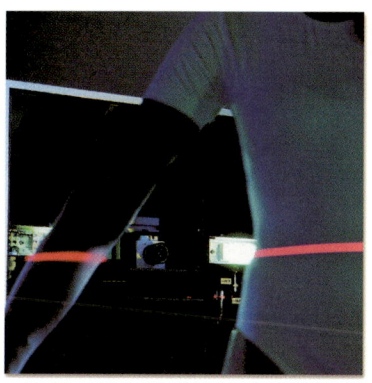

◄ Abbildung 1
Scanvorgang
(© by TECMATH
GmbH & Co. KG)

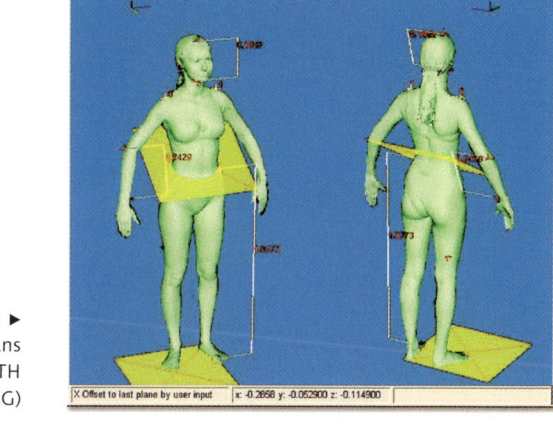

Abbildung 2 ►
Vermessung des Scans
(© by TECMATH
GmbH & Co. KG)

Die Software kann die eingescannten Daten komplexe Arbeitsabläufe erledigen lassen. So können frühzeitig die Erreichbarkeit von Schaltern und Knöpfen überprüft werden.

Da der Scanvorgang mittlerweile auf unter 20 Sekunden gesenkt werden konnte, lassen sich sehr schnell exakte Maße z. B. für die Bekleidungsindustrie ermitteln. Die Bundeswehr setzt dieses System daher ein, um Rekruten beim Einrücken bereits passende Kleidungsstücke präsentieren zu können.

Natürlich lassen sich die Modelle auch sehr gut in der Unterhaltungsbranche einsetzen, wie das spätere Beispiel zeigen wird.

Die Firma TECMATH selbst sieht derzeit folgende Einsatzgebiete für derartige Daten:

◄
Einsatzgebiete

Vermessung

Da der Scanner die Daten berührungslos abtastet und der gesamte Vorgang nur wenige Sekunden dauert, werden verschiedene Arbeitsfelder neu erschlossen. Denkbar sind Scans u. a. in der Medizin, um als Hilfsmittel der Diagnostik eingesetzt zu werden. Einfach und schnell können Eingriffe z. B. innerhalb der plastischen Chirurgie oder der Orthopädie anhand der dreidimensionalen Daten vorbereitet werden.

Im Einzelhandel könnten solche Scans die Suche nach passenden Kleidungsstücken verkürzen. Auf einmal abgetastete Daten könnte schließlich in einer Datenbank mehrmals zurückgegriffen werden, um dem Kunden als Service sofort passende Bekleidung vorführen zu können. Wie das Beispiel der Bundeswehr zeigt, ist dies durchaus praktikabel.

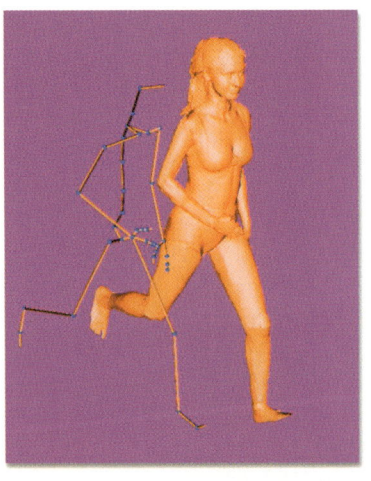

◄ Abb. 3
Animation der
Daten
(© by
TECMATH
GmbH & Co.
KG)

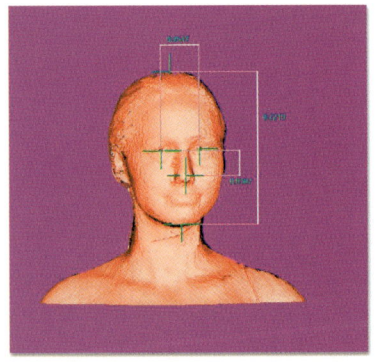

Abbildung 4 ▲
Vermessung (© by TECMATH GmbH & Co. KG)

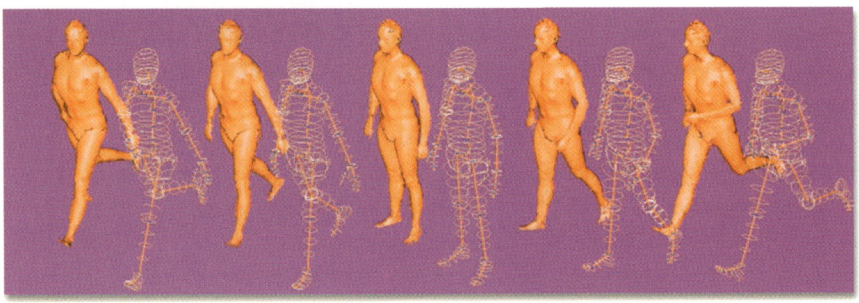

▲ Abbildung 5
Bewegungspahse (© by TECMATH GmbH & Co. KG)

Ergonomie

Oftmals wurde hier mit Dummy-Figuren gearbeitet, die von Hand geführt verschiedene Arbeitsabläufe simulieren sollten. Diese unge-
naue und zeitaufwendige Arbeitsweise wird
ebenfalls revolutioniert, zumal auch Arbeits-
plätze überprüft werden können, die noch
nicht existieren. So kann bereits während der
Planung eines Arbeitsplatzes die Ergonomie
eingeschätzt und entsprechend kostengünstig
in einer frühen Phase korrigiert werden. Zudem
lassen sich die Testpersonen leicht austau-
schen. Es sind sogar individuell angepaßte Ar-

beitsumgebungen denkbar, wie sie z. B. auf
Raumstationen oder in einem Flugzeugcockpit
Sinn machen.

Virtuelle Realität

Da die Scans exakte digitale Abbilder liefern,
können diese Modelle als virtuelle Schauspieler, Statisten oder Stuntmen eingesetzt werden.
Der digitale Charakter der Daten erlaubt spektakuläre Spezialeffekte, die nahtlos mit Real-
szenen gemischt werden können. Dazu in dem
weiter unten folgenden Beispiel mehr.

Kunst

Der Scanner ist natürlich nicht auf menschliche Modelle beschränkt, sondern kann z.B. zur Bestandsaufnahme von beschädigten Skulpturen genutzt werden. Das exakte dreidimensionale Abbild bleibt so der Nachwelt erhalten und kann sich sogar mit speziellen CNC-Maschinen wieder in ein reales Objekt verwandeln. Virtuelle Museen mit VRML-Ausstellungsstücken im Internet rücken in greifbare Nähe.

Dienstleistung

Schließlich lassen sich natürlich Spezialanfertigungen von Bekleidungsstücken und Schuhen maßgenau anfertigen. Der Kunde muß dazu noch nicht einmal den Laden betreten, sondern kann den Scan an einem beliebigen Ort durchführen. Die Software ist zudem in der Lage, bei einer beliebigen Körperhaltung exakte Vermessungen vorzunehmen.

Der eigentliche Scanvorgang läuft dabei so ab, daß das Objekt – je nach benötigter Detailtreue – von vier, acht oder sechzehn Kameras und Lasern von oben nach unten abgetastet wird. Der Laser hat dabei eine so geringe Intensität, daß keine Sicherheitsmaßnahmen vorgenommen werden müssen.

Das erfaßbare Volumen beträgt dabei 210 × 100 × 100 cm (H × B × T). Die Scanzeit ist abhängig von der gewünschten Auflösung und beträgt acht bis zwanzig Sekunden. Dabei wird neben der reinen Körpervermessung auch eine fotografische Dokumentation des Objekts abgespeichert. Auf diese Daten kann dann als Textur zurückgegriffen werden.

Die maximale Auflösung beträgt bei den Objektdaten für die Tiefe und die horizontale Detailtreue ein Millimeter und vertikal zwei Millimeter.

▲ Abbildung 6
Der Geschäftsführer von VIERTE ART GmbH, Olaf Schirm, als sein eigenes Double (© by VIERTE ART GmbH)

Die Software kann dabei bis zu 16 Mio. Dreiecke und 3D-Datenpunkte visualisieren.

Nähere Infos zu diesem einmal von mir exemplarisch herausgegriffenen System erhalten Sie unter http://www.tecmath.de.

Verfolgt man den ursprünglichen Ansatz, ein virtuelles Double im Computer schaffen zu wollen, einmal weiter, so kommt man bei Recherchen auf die Agentur **no dna** in Hürth bei Köln. Dieses Unternehmen der VIERTE ART GmbH versteht sich selbst als Agentur für virtuelle Darsteller und kann für sich in Anspruch

◄
Virtuelle
Menschen

▲ Abbildung 7
Aimée in Pose (© by VIERTE ART GmbH)

▲ Abbildung 8
Aimée-Pose mit Body-Tracker
(© by VIERTE ART GmbH)

nehmen, weltweit eine Vorreiterrolle eingenommen zu haben.

Ich hatte die Chance, mich über das Thema
mit dem Geschäftsführer der VIERTE ART
GmbH, Olaf Schirm, zu unterhalten.

Die VIERTE ART GmbH besteht dabei zudem
aus der Firma X-IST, die selbst Body-Tracker
und Datenhandschuhe entwickelt und herstellt
sowie eigene Mimiksoftware vermarktet. Dazu
später mehr.

Um die äußere Erscheinung der Characters zu
katalogisieren, hat man sich drei Kategorien
einfallen lassen:

▶ Vuppets
▶ Replikanten
▶ Virtuelle Stars

Die 1993 von no dna eingeführten Vuppets
bestehen oft nur aus einem Kopf oder sind sogar ein Gegenstand des täglichen Gebrauchs,
wie z. B. ein Auto. Vuppets sind in gewisser
Weise Mischwesen aus Objekt und Character.

Oftmals werden Maskottchen, Tiere oder
Produkte als Vuppets zum Leben erweckt, um
sie auf Messen oder anderen Veranstaltungen
zu präsentieren.

▲ Abbildung 9
Aktueller Full Body-Tracker von X-IST
(© by VIERTE ART GmbH)

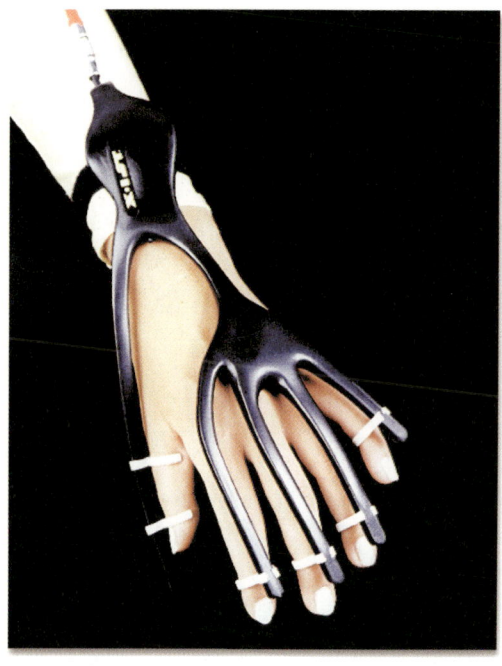

▲ Abbildung 10
Selbst entwickelter Datenhandschuh von X-IST
(© by VIERTE ART GmbH)

1996 wurden die Replikanten erstmals einge-
führt. Hierbei handelt es sich um synthetische
Doubles von noch lebenden oder bereits verstorbenen Künstlern oder anderen bekannten
Personen. Oft wurden dafür die oben beschrie-
benen 3D-Scans eingesetzt, um exakte Kopien
von noch lebenden Personen herstellen zu
können.

Die aktuellste Entwicklung begann 1998 mit
den ersten virtuellen Stars. Dabei werden
menschliche Modelle speziell auf den derzeitigen Markt hin designed und modelliert. Diese
lassen sich als Trendsetter, als Hauptdarsteller
in Videospielen, also Modell, oder als Schauspieler, Moderatoren und Sänger einsetzen.

Allen drei Gruppen ist die Möglichkeit gegeben, in Echtzeit agieren zu können. Dies eröff-
net z.B. auf Veranstaltungen völlig neue Interaktivität zwischen dem Publikum und z.B. dem
virtuellen Moderator eines Werbefilms. Oftmals ist die Überraschung groß, wenn die Figur
auf dem Bildschirm plötzlich auf Zurufe aus
dem Publikum reagiert. Eine emotionale Bindung zu Produkten, zu Firmennamen oder natürlich zu den »virtuellen Stars« selbst ist dabei
sehr schnell zu erzielen.

Herr Schirm berichtete mir sogar von Fan-
post und Liebesbriefen, die seine Characters erhalten. Allein die täglichen Mails an Tyra, einen
virtuellen Star mit gesanglichen Ambitionen,
der bei no dna unter Vertrag steht, gehen in die
Hunderte.

Kurzfristig sieht Olaf Schirm folgende Einsatzgebiete für seine Characters:

▶ Medien/Musik
▶ TV- und Event-Moderatoren, Sänger, Gruppen, Bands
▶ Werbung
▶ Virtuelle Testimonials, Maskottchen
▶ e-commerce
▶ Virtuelle Berater, Trainer, sprechende Produkte
▶ Internet
▶ Virtuelle Identitäten, virtuelles Online-Personal
▶ Schauspieler
▶ Doubles, Stunts, Statisten, Animationsschauspieler
▶ Immortality Services
▶ Digitale Unsterblichkeit von Realpersonen und digitale Reanimation von Verstorbenen
▶ Gesundheitswesen
▶ Virtuelle Gesprächspartner für Therapien

Damit dies alles überhaupt in Echtzeit möglich wird, also in dem Moment sichtbar wird, in dem eine Veränderung an den Daten vorgenommen wurde, sind spezielle Geräte entwickelt worden.

Dabei geht es um die Abtastung von Bewegungen von einer Person und der Übertragung dieser Daten auf einen virtuellen Character. Dieser führt die Bewegungen samt Gesichtsmimik dann simultan aus.

Noch vor wenigen Jahren waren diese Geräte schwer und ungelenkig. Natürliche Bewegungsabläufe wurden durch unflexible Mechanik behindert. Die Mimik mußte oft von einer weiteren Person separat abgenommen werden. Dabei ging natürlich der logische Zusammenhang zwischen Bewegung und Mimik verloren.

Die von VIERTE ART GmbH ins Leben gerufene Firma X-IST hat die alte Technologie weiterentwickelt und zur Serienreife gebracht. Mittlerweile können komplette Body-Tracker, wie man die Geräte zur Abtastung von Bewegungen direkt am Körper nennt, in größeren Stückzahlen dort geordert werden (Abb. 9).

Viele der mechanischen Gelenke sind durch hygienischere und leichtere Bauteile ersetzt worden, wie man sie auf den Bildern erkennen kann (Abb. 10). Denkbar sind sogar Einsätze unter Wasser.

Der technische Vorgang ist so, daß eine im Umgang mit dem Tracker vertraute Person ihre Bewegungen in die hauseigene Software einspeist, welche die Daten dann in Echtzeit auf ein beliebiges Modell überträgt.

Dazu muß das Modell natürlich vorher mit Bones und sogenannten Muscles bestückt worden sein. Nur so kann die Software die eingelesenen Bewegungsdaten an die richtigen Körperteile des virtuellen Darstellers übertragen.

▲ Abbildung 11
Muskeln im Gesicht eines Characters
(© by VIERTE ART GmbH)

▲ Abbildung 12
Echtzeitbewegung des Characters
(© by VIERTE ART GmbH)

Bei der Gesichtsmimik ist dies oft besonders schwierig, da gerade mit diesem Körperteil ein Großteil der Individualität und Glaubwürdigkeit verbunden ist. Gesichtsbewegungen können äußerst komplex sein und sich nur durch feine Nuancen voneinander unterscheiden. Dennoch sind eventuell völlig unterschiedliche Stimmungen damit verbunden, und der Gesamteindruck ändert sich schlagartig.

Daher werden im Gesicht spezialisierte Programme eingesetzt, mit denen sich Einflußbereiche von virtuellen Muskeln unter der Hautoberfläche simulieren lassen (Abb. 11). Dabei muß wieder betont werden, daß es sich dabei nicht um die sogenannten Morph-Targets handelt, die uns bereits in einigen Kapiteln begegnet sind. Hier werden live Bewegungen auf ein

Modell übertragen. Daß diese Daten wiederum für die Erstellung von Morph-Targets herangezogen werden können, steht auf einem anderen Blatt.

Da alle Hard- und Softwarekomponenten aus einem Haus kommen, sind sie perfekt aufeinander abgestimmt und werden auch als Komplettpaket an andere Unternehmen vermietet oder verkauft.

Dabei ist der Stand der Technik so weit, daß auch Hautirritationen wie Erröten oder die Atmung auf den virtuellen Character übertragen werden können.

Auf meine Frage hin, wie er den derzeitigen Markt und dessen Entwicklung beurteilt, antwortet Herr Schirm wie folgt: Der Markt entwickelt sich aus seiner Sicht ganz klar von den Vuppets und den Replikanten weg auf die virtuellen Darsteller und Characters zu.

Replikanten waren von jeher problematisch, da zum einen der Kostenaufwand sehr hoch war, um die Daten des Körpers zu erfassen und zu bearbeiten, und zweitens ist im Falle einer Kopie einer noch lebenden Persönlichkeit der lebendige Mensch natürlich Veränderungen unterworfen, die laufend in das virtuelle Double einfließen müßten.

Allein die Alterung eines Schauspielers, ein anderer Haarschnitt oder eine Gewichtszunahme machen das virtuelle Abbild wertlos.

Hinzu kommt die rechtliche Lage in Deutschland: bei einer exakten Kopie eines Menschen werden die Persönlichkeitsrechte in jedem Fall angegriffen. Diese lassen sich auch durch Einverständniserklärungen nicht z. B. auf eine Firma übertragen.

Dieses soll die reale Person vor unerwünschten Eskapaden seines virtuellen Alter ego bewahren. Mit einem virtuellen Double ließe sich ansonsten allerlei Unsinn treiben, dem die reale Person niemals zustimmen würde. Die mögliche Perfektion des Doubles macht es dem Zuschauer jedoch schwer, beide Personen auseinanderzuhalten.

Dies ist jedoch nicht der einzige Grund, weshalb die virtuellen Charaktere boomen. Sie lassen sich jederzeit dem Trend anpassen oder lösen sogar selbst Trends aus. Es fallen keine Kosten an den kopierten Menschen an, und rechtlich darf diese Art designter Character für alles eingesetzt werden, was der Kunde wünscht.

▲ Abbildung 13
Tyra betätigt sich unter anderem als Sängerin
(© by VIERTE ART GmbH)

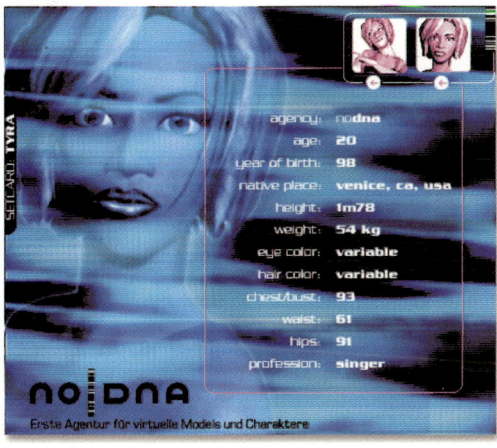

agency: nodna
age: 20
year of birth: 98
native place: venice, ca, usa
height: 1m78
weight: 54 kg
eye color: variable
hair color: variable
chest/bust: 93
waist: 61
hips: 91
profession: singer

noDNA
Erste Agentur für virtuelle Models und Charaktere

◄ Abbildung 14
Wie ein lebendiger Star hat
Tyra eine Setcard mit allen
persönlichen Daten.
(© by VIERTE ART GmbH)

Keine Gewerkschaft, keine Krankheit und keine überzogene Gehaltsvorstellung hindern den Kunden daran, den Character 24 Stunden am Tag für sich arbeiten zu lassen. Und nicht nur das:

Der Character ist natürlich nicht auf einen einzigen Job angewiesen. Er kann zeitgleich an jedem Ort der Welt in die unterschiedlichsten Rollen schlüpfen, ohne müde zu werden.

Auslöser dieses Booms war sicherlich die erfolgreiche Computerspiel-Serie »Tomb Raider« mit seiner Hauptdarstellerin Lara Croft. Lara tritt mittlerweile in Musikvideos auf, hat eine eigene Zeitschrift und erfreut sich einer großen Fangemeinde mit Hunderten von Homepages und Liebesschwüren. Mehr über Lara Croft können Sie im dritten Kapitel erfahren.

Bei Lara war es sogar so, daß schließlich für Auftritte menschliche Doubles gesucht wurden, die Lara vertreten (und nicht umgekehrt).

Die Zukunft dieser Technologie sieht Olaf Schirm u.a. in der Möglichkeit, daß in der Bedienung der Body-Tracker begabte Schauspieler weltweit in beliebige Characters schlüpfen können.

Man stelle sich einen Menschen vor, der in seinem Heimatort seinen Body-Tracker an den Computer anschließt und seine Bewegungen live über das Internet an einen Character in einem Actionfilm überträgt. Nur eine Stunde später spielt er vielleicht in einem Liebesfilm einen Statisten, wobei dieser Film in einem ganz anderen Land gedreht wird. Die Vermietung dieser Zeit und die Anlage einer Datenbank mit allen nur denkbaren Bewegungen sieht Herr Schirm dann auch für ein sehr interessantes Betätigungsfeld in der Zukunft. Weitere Informationen über VIERTE ART, X-IST und die virtuellen Characters von no dna erhält man über http://www.noDNA.com.

NURBS-Workshops

► Interaktivität
für jedermann?

Leider muß ich die Hoffnung des ein oder anderen Lesers dämpfen, daß solche Interaktivität auch am heimischen PC ohne zusätzliche Hard- und Software möglich sei. Dem ist gewiß nicht so.

Dieses Vorhaben muß schon an der fehlenden Schnittstelle zwischen Bewegungen in der realen Welt und dem Modell im Computer scheitern. Selbst wenn Sie es über Expressions schaffen, ein Modell exakt steuerbar zu machen, so brauchen Sie zumindest eine zusätzliche Software, die z.B. in der Lage ist, Videosignale auszuwerten und dort entdeckte Bewegungen auf Ihr Modell zu übertragen.

Für den Heim-User, aber auch für den professionellen User ohne die beschriebene Ausrüstung bleibt nur ein Kompromiß. Dieser Kompromiß fordert ein möglichst einfach und schnell zu manipulierendes Modell.

Dieses Modell kann dann über Bones, IK oder Morphing animiert werden. Da der Bereich der Animation eines Gesichts besonderer Vorbereitungen bedarf, werde ich hierzu einige Beispiele geben.

Soll ein Gesicht mit möglichst wenigen Handgriffen verschiedene Ausdrücke vermitteln können, so muß schon beim Modellieren auf diesen Verwendungszweck hingearbeitet werden. Ein noch so schönes Polygonmodell läßt sich in der Animation vielleicht nur noch durch Morphing und Deformationen per Magnet-Tool zu neuen Gesichtsausdrücken bewegen.

Das Tool der Wahl ist also hier das NURBS-Modeling, da wir hier durch Manipulation nur weniger Punkte große Bereiche exakt verformen können, ohne den Gesamtverlauf der Oberfläche zu gefährden.

Für das NURBS-Modeling eines Kopfes gibt es nun mehrere Vorgehensweisen, von denen ich hier die beiden wichtigsten einmal vorführen möchte. Sie werden schnell die Vor- und Nachteile beider Techniken erkennen.

NURBS-Modeling eines Kopfes

1. Das Profil erstellen

Das Profil eines Gesichts ist mit der wichtigste Bezugspunkt für den Gesamteindruck der Kopfes. Hier werden Nasenlänge und Form, Lippendicke, Kinnlinie und natürlich die Größe des Kopfes festgelegt. Der Linienzug sollte am Scheitel beginnen und sich über die Stirn, den Nasenrücken, die Lippen, das Kinn bis zum Halsansatz bewegen. Die Linie sollte zudem komplett in einer Ebene liegen. Zumeist wird dies die y-z-Ebene sein (Abb. 15).

Da Kopien dieses Splines später um den Scheitel rotiert werden müssen, sollten Sie jetzt das lokale Koordinatensystem dieses Profil-Splines exakt in dem Punkt positionieren, der im Scheitel liegt.

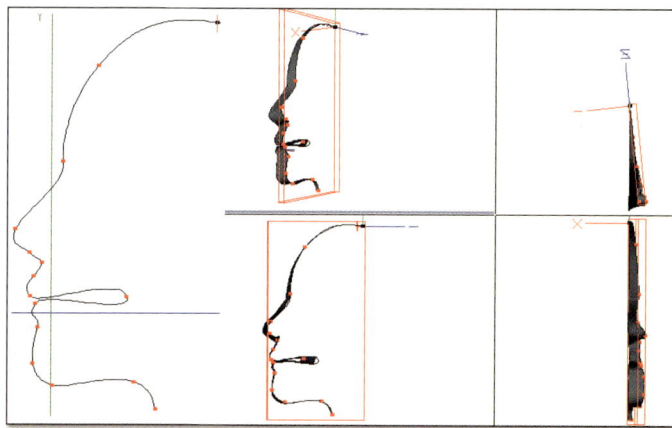

▲ Abbildung 15
Links der Profil-Spline, rechts die bereits vollzogene Verbindung zu einer verdrehten Kopie dieses Splines

2. Neuen Querschnitt erzeugen

Duplizieren Sie den Profil-Spline, und drehen Sie ihn um die Senkrechte, so daß er in einer solchen Linie liegt, die über die noch zu modellierenden Nasenflügel läuft. Editieren Sie diesen neuen Spline vorwiegend an der Nasenspitze. Lassen Sie beide Splines mit einer NURBS-Fläche verbinden, falls dies mit Ihrer Software bereits jetzt möglich ist (Abb. 15).

3. Fertige Splines spiegeln

Sind Sie mit dem Ergebnis zufrieden, sollten Sie den zweiten Spline duplizieren und spiegeln. Verbinden Sie dieses Profil ebenfalls mit dem ersten Spline. Korrigieren Sie die Fläche auch in der frontalen Ansicht, damit die Nase eine geschwungene Form bekommt (Abb. 16).

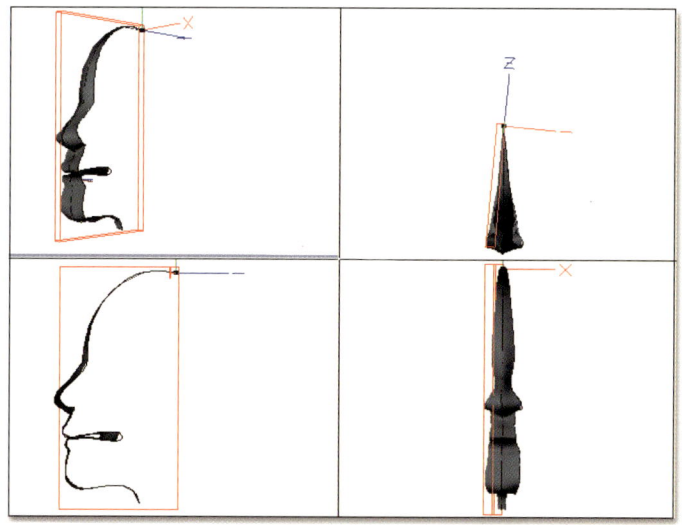

▲ Abbildung 16
Der editierte und gespiegelte zweite Querschnitt

4. Neue Duplikate anfertigen

Erzeugen Sie von einem der letzten beiden Splines wiederum ein Duplikat, verdrehen Sie es um die Senkrechte, die exakt durch den Scheitel verläuft, und passen Sie wieder die Form des neuen Splines entsprechend an (Abb. 17).

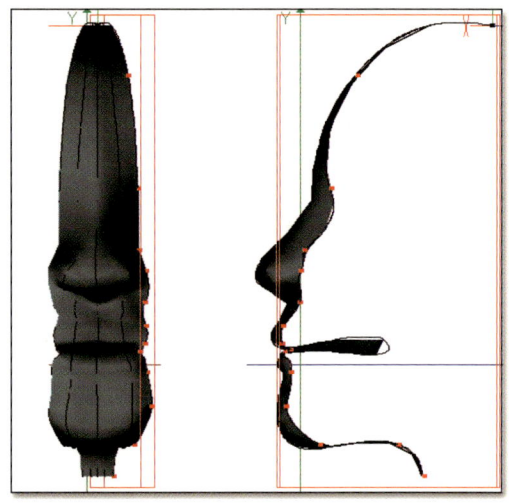

▲ **Abbildung 17**
Dritter Spline und sein gespiegeltes Ebenbild

Wie weit Sie jeweils die Spline-Duplikate verdrehen, hängt von den Eckpunkten des Gesichts ab, das Sie modellieren wollen. Wenn die Nase oder der Mund breit sein sollen, so müssen natürlich größere Abschnitte als bei schmaleren Nasenflügeln gewählt werden (Abb. 18)

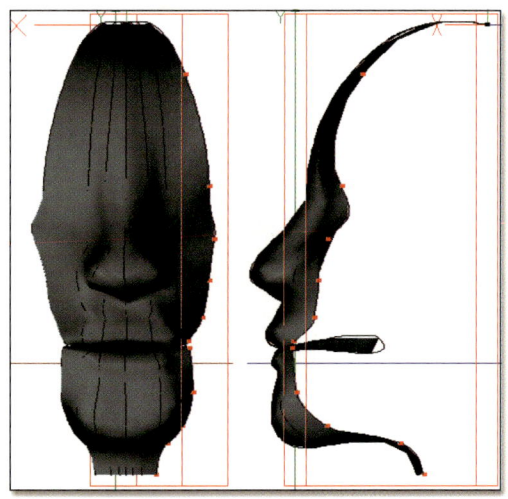

▲ **Abbildung 18**
Vierter Spline mit seinem gespiegelten Ebenbild

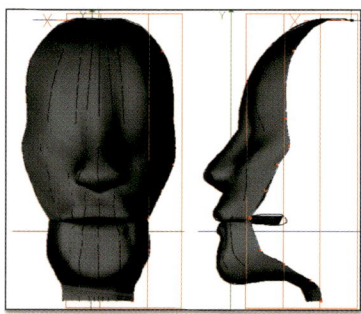

▲ Abbildung 19
Fünfter Spline, auf beiden Seiten ergänzt

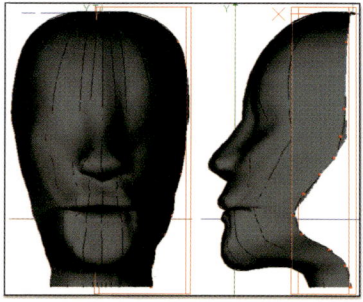

▲ Abbildung 20
Sechster Spline zu beiden Seiten ergänzt

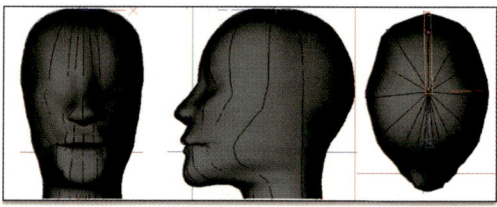

▲ Abbildung 21
Das fertige Modell in drei Ansichten

5. Abschließen der Form

Fahren Sie mit dieser Technik fort, bis der Kopf als geschlossener Körper vor Ihnen erscheint (Abb. 21). Sie werden bemerken, daß dies schneller der Fall ist, als Sie ursprünglich gedacht hatten, Durch die Spiegelung der modellierten Splines haben Sie praktisch nur die halbe Arbeit. Da die NURBS-Oberfläche von Spline zu Spline aufgezogen wird, ähnlich einer flexiblen Haut, die auf ein Gestell gelegt wird, muß der letzte Spline am Hinterkopf doppelt vorhanden sein. Nur so kann die Fläche von beiden Seiten geschlossen werden.

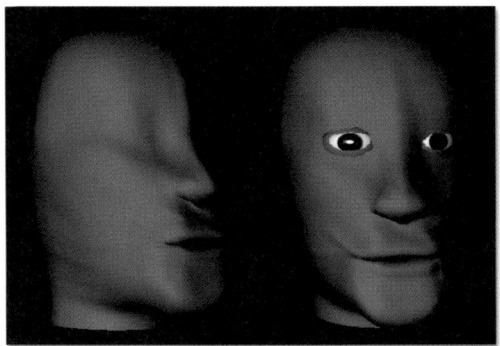

◄ **Abbildung 22**
Probleme mit der Schat-
tierung an den Mundwinkeln.
Separate Augenobjekte
vereinfachen die Animation
zusätzlich.

► **Vor- und Nachteile**

Wie Sie sehen, können Sie einen Kopf aus nur neun unterschiedlichen Splines modellieren. Da jeder Spline aus zwölf Punkten bestand, ergibt dies eine Anzahl von 204 Kontrollpunkten, über die Sie den Kopf in seiner Form nun steuern können. Ziehen Sie von dieser Zahl die Kontrollpunkte und Splines ab, die Bereiche definieren, in denen keine Veränderungen auftreten können, so reduziert sich die Anzahl auf ca. 20 Punkte.

Auch diese Zahl läßt sich nochmals verringern, wenn Sie z. B. separate Augenobjekte einsetzen, die sich durch Manipulation eines Parameters öffnen, schließen oder verdrehen lassen (Abb. 22).

Über das Verschieben dieser wenigen Kontrollpunkte im Gesicht lassen sich sehr schnell Morph-Targets für Animationen erzeugen. Wenn Sie in Ihrer Software über Expressions verfügen, können Sie Gruppen mehrerer Kontrollpunkte zusammenfassen, unterschiedlich gewichten und durch Manipulation nur eines Referenzobjekts komplexe Bewegungen im Gesicht hervorrufen.

Wenn Sie die Möglichkeiten im Vergleich zu einem Polygonmodell beurteilen, so treten die Vorteile des NURBS-Modeling klar hervor. Sie sind um einiges schneller mit dem Modellieren fertig und haben zudem noch eine unkompliziertere Kontrolle über das Aussehen des Gesichts. Nachteilig an dieser Technik sind mögliche Schattierungsprobleme an den Mundwinkeln und am Scheitel, da hier zum einen große Umbrüche im Verlauf der Oberfläche erzwungen werden, zum anderen viele Splines ein relativ kleines Gebiet definieren. Wenn Sie jedoch mit Haaren und einer entsprechenden Textur arbeiten, fallen diese Komplikationen kaum noch ins Gewicht.

Um exakte Manipulationen der Gesichtsmimik durchführen zu können, ist der Aufbau des Modells mit Querschnitten jedoch nicht immer günstig. Gerade die Muskulatur im Bereich der Augen und des Mundes verläuft mehr kreisförmig um diese Regionen herum. Es hat daher mehr Sinn, sich diesen natürlichen Linien anzupassen. Dies demonstriere ich wieder an einem Beispiel.

Radiales NURBS-Modeling

1. Der erste Spline

Anders als beim Beispiel oben werden wir hier nicht mit einem geschlossenen NURBS-Objekt, sondern mit einem an beiden Enden offenen ar- beiten. Dadurch verschwinden automatisch die Schwierigkeiten an den Nahtstellen. Der erste Spline liegt somit komplett im Mundraum (Abb. 23). Je nach Bedarf kann er natürlich auch tief im Hals oder im Rachen liegen. Dies hängt davon ab, ob der Figur später in den Mundraum geschaut werden kann oder nicht.

◄ Abb. 23
Die beiden
ersten Splines
im Mundraum

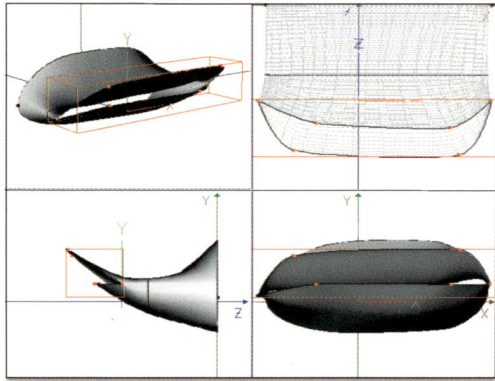

◄ Abb. 24
Mundwinkel
und Lippen
entstehen

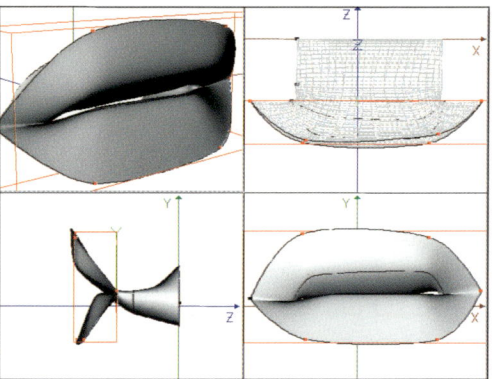

◄ Abb. 25
Die Lippen-
kontur

Abb. 26 ▶
Die
kompletten
Lippen

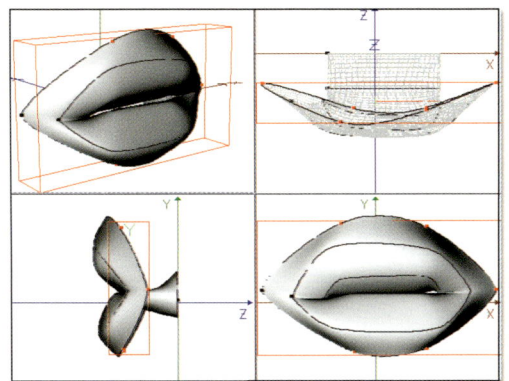

Abb. 27 ▶
Nase und Kinn
werden
geformt

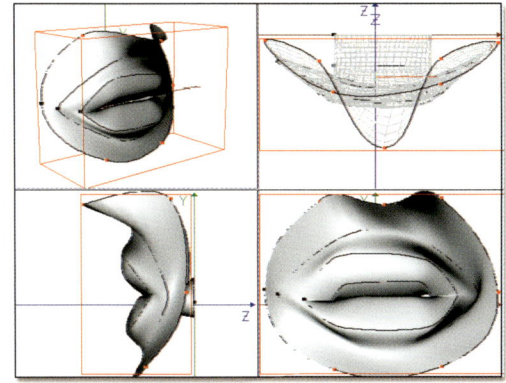

Abb. 28 ▶
Fertige Nasen-
spitze und
Kinn

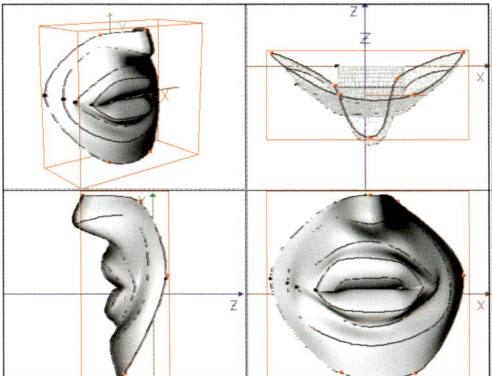

2. Das Strumpfsystem

Ich nenne den folgenden Aufbau »Strumpfsys-
tem«, weil die folgenden Splines sich wie ein
Strumpf oder Schlauch über die zu modellierende
Geometrie ziehen. Die Form der einzelnen Splines
ist dabei nicht ganz so selbstverständlich wie bei
dem Beispiel zuvor, da hier nicht in senkrechten
Schichten gearbeitet werden kann. Mit ein wenig
Vorstellungskraft läßt sich nach dieser Methode
jedoch auch recht gut arbeiten.

Erzeugen Sie wieder Kopien von vorhandenen
Splines, skalieren und verformen Sie diese, und
verbinden Sie dann alle Splines mit einer NURBS-
Fläche. Die einzelnen Arbeitsschritte lassen sich
dabei besser aus den Screenshots entnehmen, als
ich sie Ihnen umständlich erklären könnte
(Abb. 24–33).

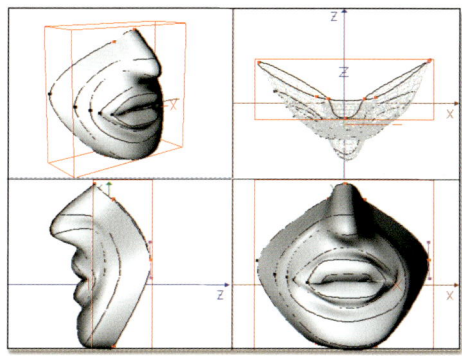

▲ Abbildung 29
Nasenrücken, Wangen und Kinn

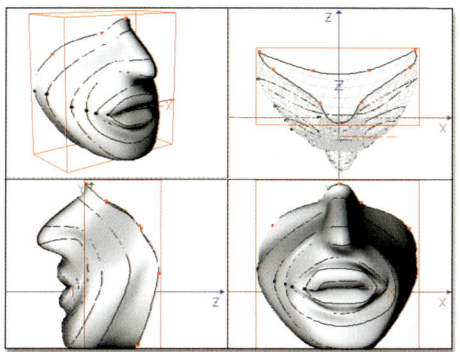

▲ Abbildung 30
Komplettes Kinn und komplette Wangen

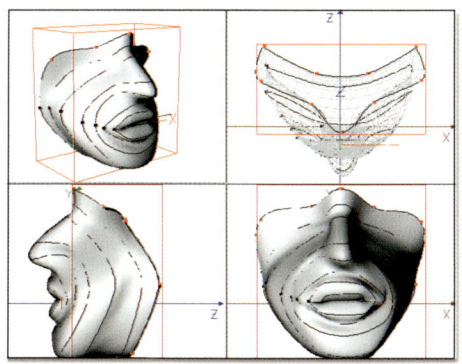

▲ Abbildung 31
Wangenknochen und Augenhöhlen

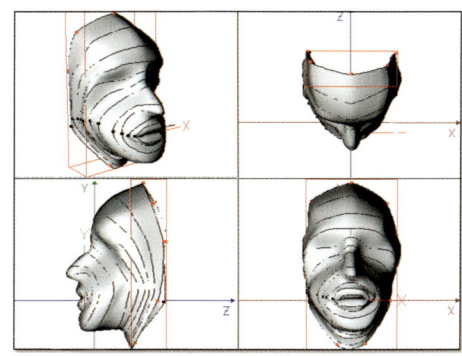

▲ Abbildung 32
Komplettes Gesicht

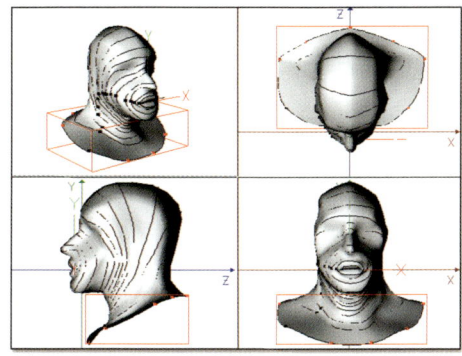

▲ Abbildung 33
Kopf mit Hals und Nacken

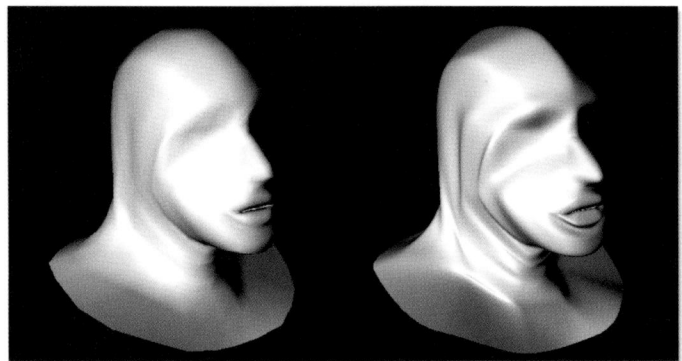

◄ Abbildung 34
Unterschiede zwischen wenigen und vielen Splines treten bei dieser Technik oft im Halsbereich zutage.

Über-NURBS

Sicherlich ist etwas mehr Arbeit zu investieren, da hier keine Duplikate eingesetzt werden können. Auch werden oft mehr Splines benötigt als bei der bereits vorgestellten Methode. Belohnt wird man jedoch mit einer – besonders im Mundbereich – leichter zu animierenden Geometrie. Nur wenige Verschiebungen innerhalb der Mund-Splines öffnen und schließen den Mund, ohne die Oberfläche negativ zu beeinflussen, wie dies bei der anderen Methode nicht auszuschließen ist.

Wie die Bilder zeigen, läßt sich auch sehr einfach die Nackenpartie aus dem Hals entwickeln. Halten Sie dabei im Gedächtnis, daß wir hierbei Splines mit neun oder weniger Kontrollpunkten eingesetzt haben. Ein beachtliches Ergebnis für eine so geringe Punktanzahl.

► Vor- und Nachteile

Die Problemzonen dürfen dabei natürlich nicht verschwiegen werden. Besonders unterhalb des Halses kommt es zu einer Verdichtung der Splines. Wird dort nicht exakt gearbeitet, entstehen Falten und Überwürfe (Abb. 34). Natürlich läßt sich das auch nutzen, wenn der Character eben diese aufweisen soll oder ein Kleidungsstück getragen wird. Es ist nicht verboten, Problemzonen für sich arbeiten zu lassen.

Etwas außerhalb der Konkurrenz bewegen sich die bereits in einem früheren Kapitel erwähnten Über- oder Hyper-NURBS. Sie werden bislang nur in wenigen Programmen angeboten, vereinfachen jedoch stark den Umgang mit organischen Flächen. Besonders die Fähigkeit, auch beliebig verzweigte Oberflächen darstellen zu können, macht sie interessant. Dies ist ja bekanntlich einer der Schwachpunkte der bislang vorgestellten Techniken. Dort lassen die NURBS keine Löcher oder Verzweigungen innerhalb der Oberfläche zu. Als Ausnahme gilt hier nur das Spline-Patch-Modeling, wo Splines wie Polygone beliebig miteinander verbunden werden können.

Was hat man sich nun unter den Über-NURBS vorzustellen? Anders als bei den bisherigen Techniken arbeitet man bei Über-NURBS mit Polygonkäfigen. Innerhalb dieser Käfige entfaltet sich eine NURBS-Fläche.

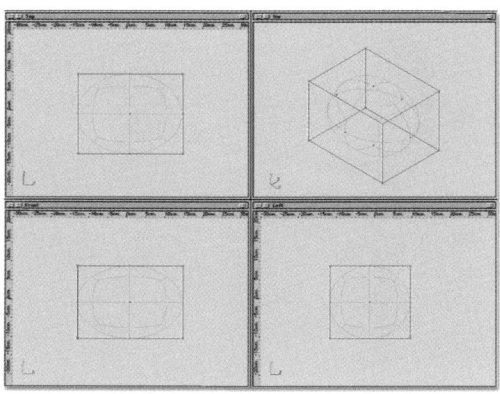

▲ Abbildung 35
Roter Quader mit blauem Über-NURBS

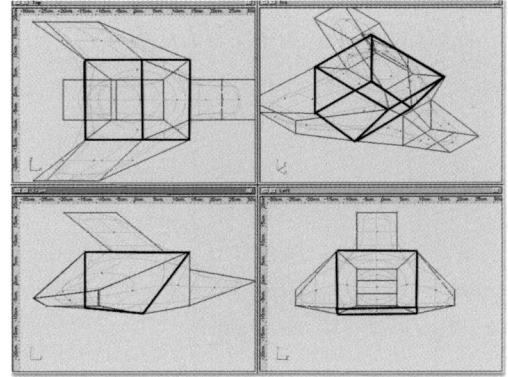

▲ Abbildung 36
Erweiterter Quader mit sich anschmiegendem Über-NURBS (ursprünglicher Quader hervorgehoben)

Der Einfluß der »Käfigwände« auf die eingeschlossene Fläche kann in Zahlenwerten für jede Begrenzungslinie separat eingestellt werden. Wird der Käfig unterteilt und durch neue Formen ergänzt, so füllt die eingeschriebene NURBS-Fläche die neuen Volumen ebenso aus. Das Über-NURBS läßt sich somit in beliebige Richtungen dehnen und aufspalten, ohne dabei die NURBS-Eigenschaft einer organischen Oberfläche zu verlieren.

Diese Technik eignet sich somit weniger zum exakten Modellieren anhand von Vorlagen, sondern vielmehr zum intuitiven Arbeiten wie mit Knetmasse.

Ich möchte an einem Beispiel kurz auf die Möglichkeiten der Über-NURBS eingehen. Da es sich um eine relativ junge Modeling-Methode handelt, können die Benutzung dieser Tools und die Möglichkeiten der bereitgestellten Werkzeuge stark variieren.

Startpunkt selbst komplexester Modelle ist oft ein einfacher Grundkörper, wie z. B. ein Quader (Abb. 35). Diesem Quader wird nun die Eigenschaft »Über-NURBS« zugewiesen, worauf sofort die entsprechende NURBS-Fläche in seinem Innern erscheint.

Bei einem Quader ist dies eine Kugel oder ein Ellipsoid.

Es stehen nun spezielle Werkzeuge zur Verfügung, mit denen einzelne Flächen dieses Quaders geteilt, extrudiert oder verformt werden können. Alle diese Operationen haben unmittelbaren Einfluß auf das Über-NURBS. Allein eine Teilung einer Quaderfläche erhöht die Punktzahl auf der entsprechenden Seite um zwei.

Dies wiederum erhöht die »Anziehungskraft« des Quaders in diesem Bereich auf das Über-NURBS. An der geteilten Fläche wird sich das Über-NURBS nun stärker anschmiegen als an den anderen Quaderseiten.

Wird nun eine der beiden neu kreierten Quaderflächen extrudiert, so entsteht zwischen extrudierter Fläche und »altem« Quader ein neues Volumen. Das Über-NURBS fließt in dieses hinein, ohne sich aus den vorhandenen Bereichen des Quaders zurückzuziehen.

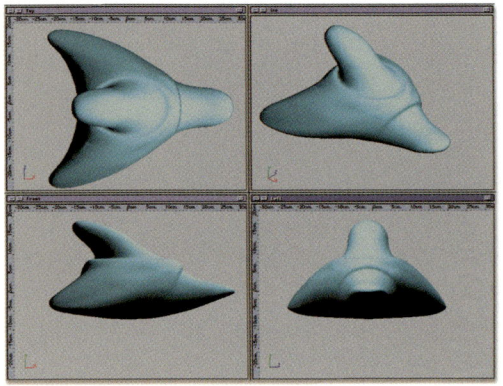

◀ Abb. 37
Das geschadete Über-NURBS aus den einfachen Manipulationen des Quaders

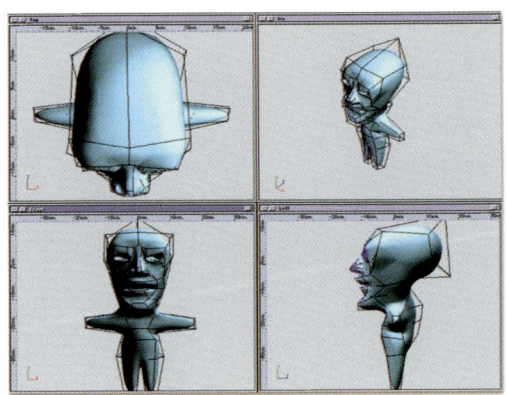

Abb. 38 ▶
Voodoo-Puppe aus Über-NURBS

Das Über-NURBS ist also nicht wie eine Masse fester Größe, die man nur bis zu einer bestimmten Grenze verteilen kann, sondern eine mathematische Fläche, die sich beliebig erweitern und dehnen läßt.

Extrudiert man nur wenige Flächen des Quaders und manipuliert die neuen Flächen geringfügig in bezug auf Größe und Lage, so lassen sich innerhalb weniger sprichwörtlicher Sekunden Geometrien erstellen, die bislang nicht zu realisieren waren (Abb. 36). Einzig die Metatechnologien kommen den Ergebnissen entfernt nahe, benötigen jedoch ein Vielfaches mehr an Zeit und Arbeit.

Im Handumdrehen lassen sich mit diesem Tool Single-Mesh-Characters erstellen. Dabei dürfen jedoch nicht die Schattenseiten verschwiegen werden.

Das Arbeiten mit den Polygonkäfigen erfordert einiges an Konzentration und Vorstellungskraft, denn schattierte Ansichten des Über-NURBS machen Teile des Käfigs unsichtbar und somit für die Manipulation unbrauchbar. Es muß also oft mit Wireframe-Ansichten gearbeitet werden, die leicht zu konfusen Punkt- und Linienhaufen werden können.

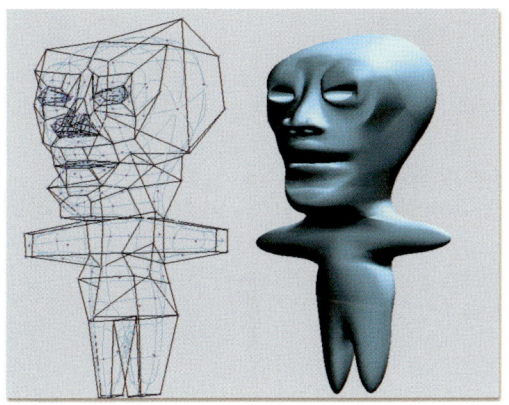

◀ Abb. 39
Käfig der
Puppe und
schattierte
Ansicht des
Über-NURBS

Abb. 40 ▶
Gerenderte
Puppe mit
rostigem
Metall als
Textur

Wie Sie sicher an dem einfachen Beispiel mit dem Quader im Bild erkannt haben, ist es bereits bei diesem simplen Beispiel schwierig, die Über-NURBS-Geometrie – und um diese geht es schließlich – hinreichend genau zu erkennen.

Auch wird es bei zunehmender Komplexität sehr schwierig, die richtigen Gitterpunkte zu finden.

An den Bildbeispielen mit der Voodoo-Puppe können Sie sich einen Eindruck von der Arbeit mit Über-NURBS verschaffen (Abb. 38). Auch wenn die erzielbaren Ergebnisse durchaus neuer Kreativität Anstoß geben können, so bleibt auch weiterhin die Binsenweisheit in der 3D-Welt gültig: »Das Modell auf Knopfdruck gibt es nicht!« Hinter jedem guten Modell steht harte Arbeit. Dies gilt natürlich besonders für den Bereich Character Design.

Mechanische Wesen

Maschinen mit Charakter modellieren

Nicht nur organische Wesen zählen zu den Characters. Jede nur denkbare Kombination von menschlichen oder tierischen Eigenschaften mit unbelebten Objekten schafft die Illusion einer Seele in der Maschine.

DAS MODELLIEREN UND ANIMIEREN von mechanischen Wesen birgt eine zusätzliche Schwierigkeit. Zwar erscheint auf den ersten Blick die Aufgabe schneller lösbar als ein organischer Character, der weiche Übergänge an den Gelenken hat, hier jedoch spielt zusätzlich die Planung des Bewegungsapparates eine größere Rolle.

Die oftmals in mehrere Abschnitte aufgeteilten Gliedmaßen haben allein durch ihre Formgebung schon feste Bewegungsradien vorgegeben. Gelenke und Scharniere besitzen exakte Drehzentren und sind in der Regel nicht zur direkten Übertragung von Kräften geeignet.

Um also die Gliedmaßen überhaupt bewegen zu können, müssen hydraulische Baugruppen, Seilzüge, Zahnräder oder ähnliche Antriebstechniken mit eingeplant werden.

Die logische Konstruktion eines solchen Gerätes ist also durchaus nicht trivial.

Als eine zu lösende Aufgabe habe ich mir ein Gerät vorgenommen, das sowohl kompakt als auch mobil sein soll. Es soll vorwiegend zur Erkundung von unbekannten Gebieten eingesetzt werden.

Da die Form des Geländes nicht bekannt ist, sollte es sich auch noch in zerklüfteten Felsen bewegen können. Zudem ist die Fähigkeit zu fliegen nicht von Nachteil, um ohne Risiko überhaupt in das zu erforschende Gebiet zu gelangen.

Auf dieser Grundlage möchte ich Ihnen zwei verschiedene Designs vorstellen, die mit zwei unterschiedlichen Modeling-Ansätzen realisiert werden.

Zuerst die etwas einfachere Variante mit Hilfe von Booleschen Operationen. Dabei werden die Formen durch Kombinationen von einfachen Grundkörpern – wie Kugeln, Zylindern und Ebenen – erstellt.

Wir beginnen mit einer Kugel.

Ein Character aus Grundkörpern

1. Der Oberschenkel

Wir beginnen mit einer Kugel. Die Größe ist dabei beliebig. Sie sollten sich jedoch den Radius notieren, da wir mehrfach auf diese Form zurückgreifen werden. Die Kugel soll zugleich die äußere Form des fertigen Characters widerspiegeln (Abb. 1). Da die Beine im eingeklappten Zustand in der Hauptmasse des Characters verschwinden sollen, müssen die Elemente der Beine aus Kugelabschnitten bestehen.

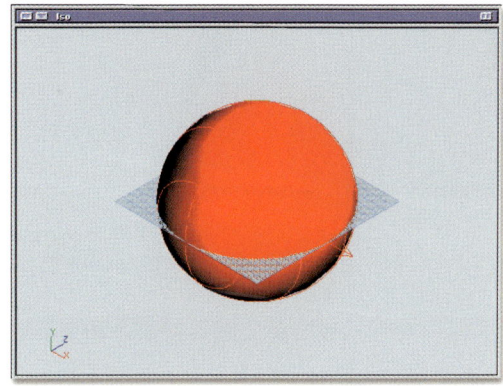

▲ Abbildung 1
Eine Kugel als Grundkörper

2. Ein Segment boolen

Abhängig von der gewünschten Anzahl der Beine variiert natürlich die Breite eines Kugelsegments. Bei vier Beinen pro Seite benötigt man also Segmente aus der Kugel, die einen Winkel von 45° aufweisen. Für welche Beinzahl auch immer Sie sich entscheiden, Sie benötigen eine Art Marke, entlang der Sie ein Stück aus der Kugel herausschneiden. Ich habe dazu einen Quader gewählt, dessen Enden die Kugel durchstoßen. Eine Seite des Quaders führt in der Ansicht von oben direkt durch den Mittelpunkt der Kugel. Dreht man nun den Quader um den gewünschten Winkel, so wird diese Kante zu einer Art Lineal für einen Schnitt durch die Kugel (Abb. 2).

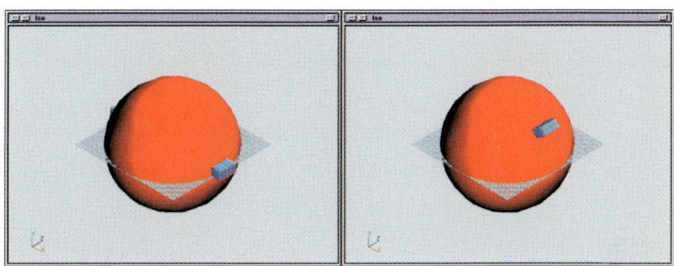

▲ Abbildung 2
Ein gedrehter Quader als Lineal

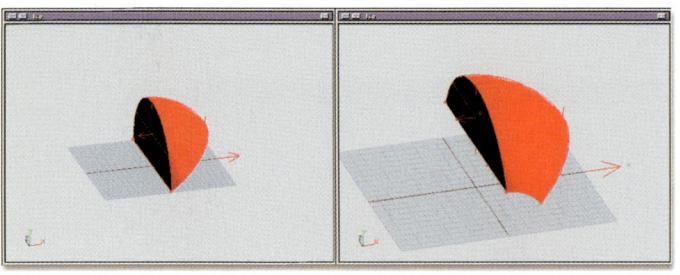

Abbildung 3 ▲
Ein abgezogener Zylinder entfernt die Polkappen

3. Das Segment formen

Ein zweiter Schnitt entlang einer Koordinatenachse stellt schließlich das »Tortenstück« aus der Kugel frei. Da das Bein nicht auf dem Pol der Kugel beginnen soll, sondern oben eine kreisförmige Öffnung bleiben wird, ziehen wir nun einen Zylinder von der Form ab (Abb. 3). An beiden Enden des Kugelausschnitts werden dadurch kreisförmige Bereiche abgezogen.

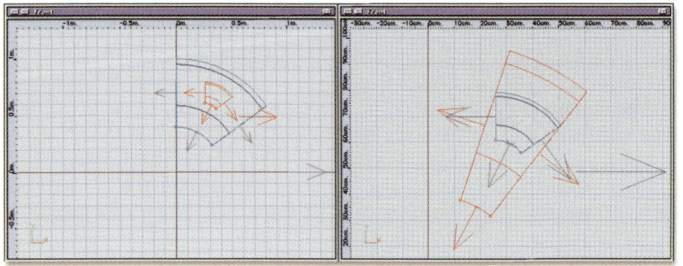

Abbildung 4 ▲
Eine verkleinerte Kopie als Lot für weitere Schnitte.

4. Der Unterschenkel

Das nächste Element soll mittig innerhalb des Oberschenkels liegen. Anstatt mit Winkeln zu arbeiten, können wir nun eine Kopie des Oberschenkels verkleinern und die äußeren Ecken als Lot für Schnitte verwenden (Abb. 4). Diese sollten an einer weiteren Kopie des Oberschenkels vorgenommen werden, da dieser in seiner Form erhalten bleiben soll. Die Breite dieses Segments ist beliebig. Es sollte jedoch nicht zu schmal ausfallen, da innerhalb dieses Segments noch ein weiteres Platz haben muß.

Ist also ein entsprechendes Stück aus der Kopie des Oberschenkels herausgeschnitten, so ziehen Sie mit einer Kugel und einem Zylinder überstehende Teile ab. Die Größe der Kugel bestimmt dabei die Dicke des fertigen Unterschenkels. Der Zylinder sollte etwas größer gewählt werden als der, der beim Oberschenkel eingesetzt wurde.

5. Der Fuß

Nach dem gleichen Schema gehen Sie für das letzte Segment vor, den Fuß. Benutzen Sie diesmal eine verkleinerte Kopie des Unterschenkels als Lot für die nötigen Schnitte, und führen Sie diese an einer weiteren Kopie des Unterschenkels durch. Ziehen Sie abermals eine Kugel und einen Zylinder mit entsprechend angepaßten Radien ab (Abb. 5).

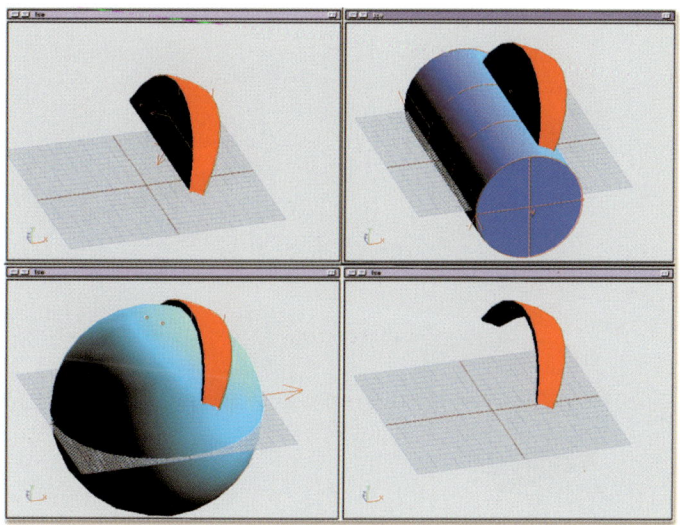

▲ Abbildung 5
Abgezogener Zylinder und Kugel formen den Fuß.

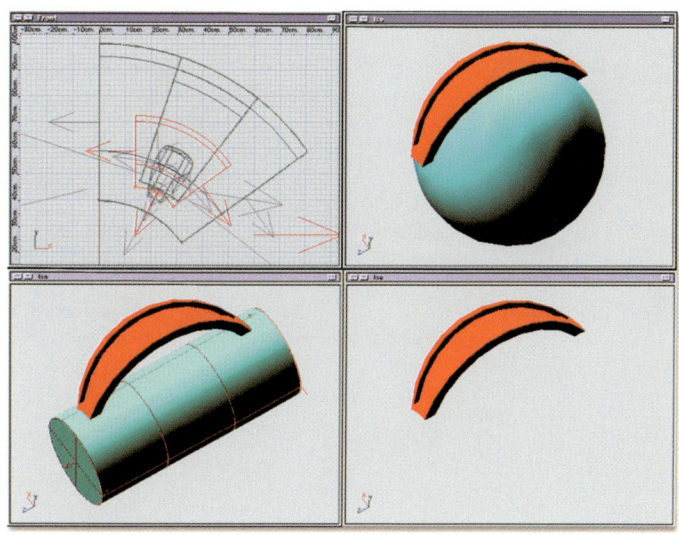

▲ Abbildung 6
Abgezogener Fuß vom Unterschenkel und weitere Formung durch Kugel und Zylinder

Abbildung 7 ▲
Alle Teile passen ineinander. Vorbereiten für die
Montage der Hydraulik.

6. Die Integration

Da alle drei Teile sich zu einer Einheit verschränken lassen sollen, sind Ausbuchtungen in den Schalen nötig, die das nachfolgende Element aufnehmen können. Dazu benutzen Sie jeweils wieder Kopien der Objekte, da oftmals die Originalobjekte beim Boolen automatisch gelöscht werden. Ziehen Sie also eine Kopie des Fußes von dem originalen Unterschenkel ab. Eine Kopie des daraus entstehenden Objekts ziehen Sie von dem Original ab. Alle Teile passen nun exakt ineinander (Abb. 7).

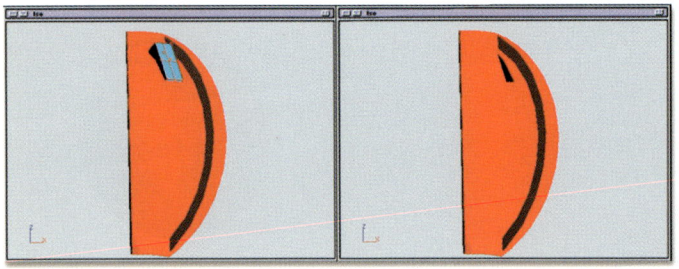

Abbildung 8 ▲
Abziehen von Quadern schafft Raum für Hydraulik.

7. Hydraulik einplanen

Damit alle Teile später auch bewegt werden können, sind z. B. hydraulische Anlagen nötig. Diese benötigen natürlich Platz, den man bereits in dieser Phase durch Abziehen von Quadern schaffen kann. Eine entsprechende Ausbuchtung muß in jedem Element des Beins vorhanden sein (Abb. 8).

Da die Beine auch nach außen bewegt werden müssen, sind auch Motoren im Innern des Characters nötig. Platz dafür schafft ebenfalls ein Quader, der vom Oberschenkel innen abgezogen wird (Abb. 7).

8. Schließen der Form

Oben und unten sind nun noch bogenförmige Stellen offen, die durch aus einem Zylinder geboolete Teile ergänzt werden. Dazu wird ein Zylinder zuerst außen von einer Kugel mit dem notierten Radius beschnitten und dann durch eine Kugel mit geringerem Radius entkernt. Aus diesem Deckel kann nun ein in der Größe passendes Segment herausgeschnitten werden (Abb. 9).

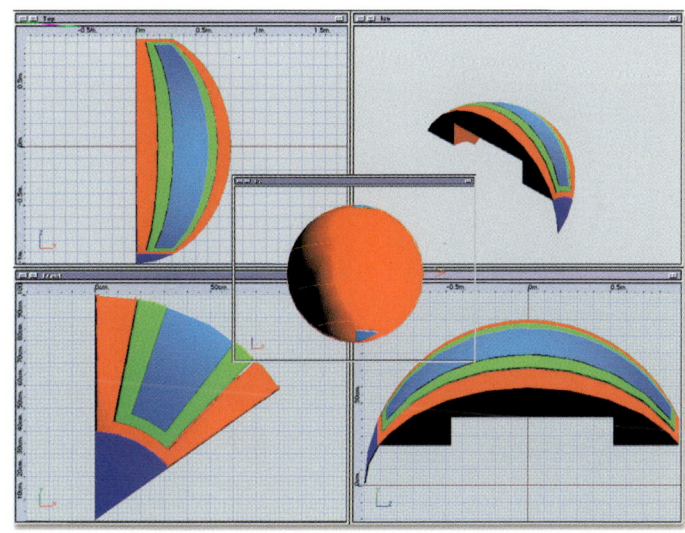

▲ **Abbildung 9**
Polklappe aus Zylinder boolen

Im folgenden Schritt werden nun die Bauteile hierarchisch geordnet, und die lokalen Koordinatensysteme werden so plaziert und ausgerichtet, daß eine mechanisch richtige Rotation möglich wird.

Der zylinderförmige Innenraum der Kugel soll für eine Turbine genutzt werden, die genügend Auftrieb erzeugt. Damit das Gerät nicht anfängt zu rotieren, müßten eigentlich zwei gegenläufige Turbinen eingesetzt werden. Da jedoch höchstens die oberste davon zu sehen sein wird, können wir uns eine Verdopplung dieser Turbinenschaufeln sparen.

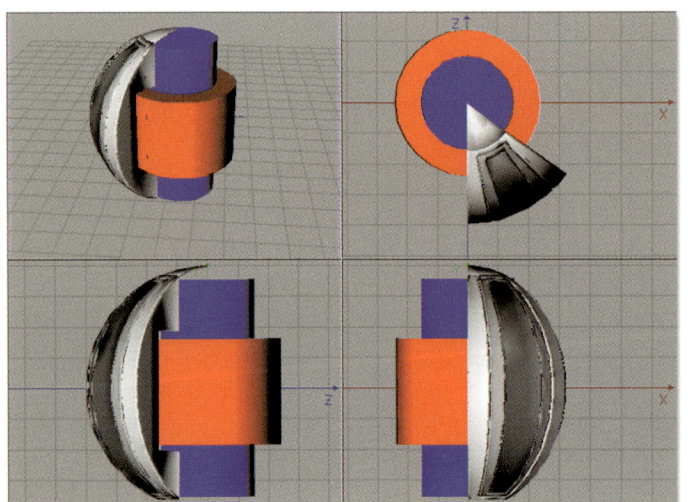

Abbildung 10 ▲
Zwei Zylinder als Platzhalter

1. Kleinteile ergänzen

Um durch die gebogenen Hohlräume nicht den Überblick über die Dimensionen zu verlieren, habe ich zwei Zylinder auf der Senkrechten eingesetzt. Einer füllt den Raum, der für die Turbine zur Verfügung steht, ein weiterer ragt in den Bereich, der später von der Hydraulik eingenommen werden soll (Abb. 10).

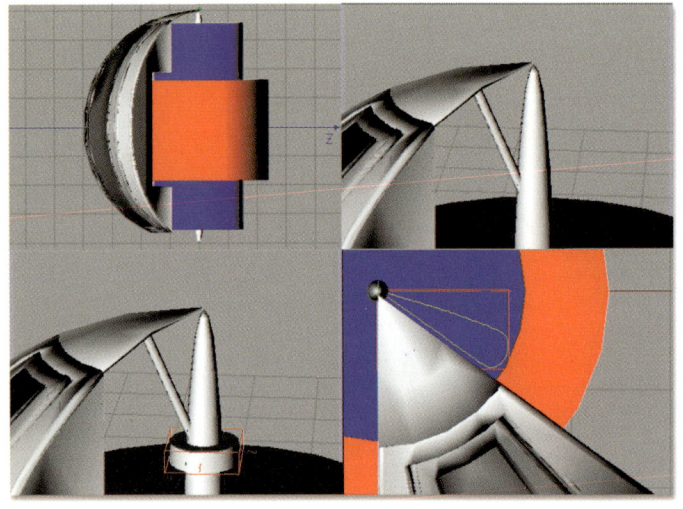

Abbildung 11 ▲
Lager für Turbine, Gestänge für Klappen und Spline für Schaufeln

2. Konstruktion der Turbine

Die Idee sieht vor, daß Luft durch die oberen geöffneten Klappen durch die Turbine nach unten beschleunigt wird. Am unteren Ende der Kugel wird die Luft dann durch die unteren Klappen entweder gerade nach unten geführt oder leicht nach einer Seite abgelenkt. Dadurch kann die Kugel in der Luft steuern. Damit die Turbine laufen und die Klappen geöffnet werden können, benötigen wir eine Achse, ein Lager und ein Gestänge zum Öffnen der Klappen. Alle diese Teile sind Zylinder oder gestreckte Kugeln, also Grundkörper (Abb. 11).

3. Die Schaufeln

Die Schaufeln der Turbine dürfen natürlich die Beine oder anderen Teile im Innern nicht berühren. Hier hilft der zu Beginn eingesetzte Zylinder, um die Abmessungen im Auge zu behalten. Ein tropfenförmiger Spline, der entlang seiner Länge leicht verwunden ist, reicht als Form für die Turbinenschaufel völlig aus (Abb. 11). Der Spline wird extrudiert und entsprechend der gewünschten Anzahl dupliziert. Die Duplikate werden dann symmetrisch um die Drehachse der Turbine plaziert. Schließlich sollten alle Schaufeln gruppiert und an den letztendlichen Bestimmungsort verschoben werden (Abb. 12).

4. Hydraulik für Beine

Aus der Schnittmenge eines extrudierten Dreiecks und des zweiten Platzhalterzylinders entsteht ein keilförmiges Element, das exakt in die Öffnung des Oberschenkels paßt (Abb. 13). Eine weitere, durch einen Spline begrenzte Form kann zusätzlich abgezogen werden, um die Ecken des Keils zu runden und Teile nahe der Drehachse der Turbine zu entfernen (Abb. 14). Zwei waagerecht eingesetzte Zylinder täuschen die hydraulische Einrichtung vor, die das Bein nach außen schiebt.

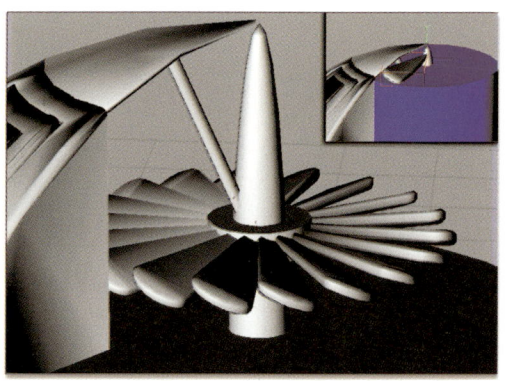

▲ Abbildung 12
Extrudierter Spline bildet Schaufel.

▲ Abbildung 13
Ausschneiden der inneren Hydraulik

◄ Abbildung 14
Zusätzliche Schablone zur Formung per Boolescher Operation

223

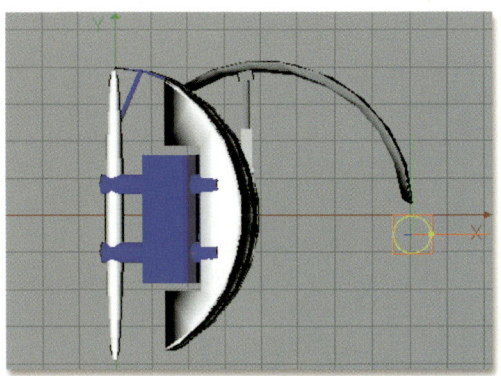

Abb. 15 ▶
Automatisches
Nachführen
der Hydraulik
bei Bewegung
des Beins

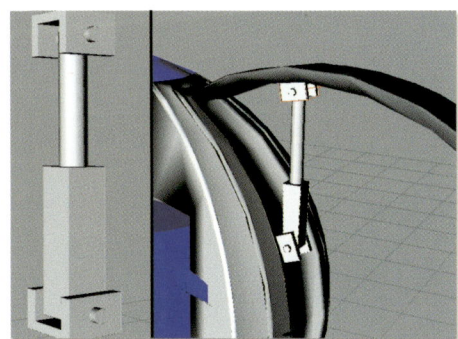

Abb. 16 ▶
Antriebs-
element
separat und
eingesetzt im
Bein

5. Antrieb der Beine

Um die Beine ein- und ausklappen zu können, müssen ähnliche Antriebe nahe der Gelenke eingesetzt werden. Ein solcher Antrieb besteht aus Zylindern und Quadern, die in zwei Gruppen zusammengefaßt werden. Eine Gruppe enthält den oberen Teil einschließlich des Zylinders, und eine zweite Gruppe besteht aus dem Quader, der den Zylinder aufnimmt, und der unteren Aufhängung (Abb. 15).

Werden beide Baugruppen z.B. über eine AUSRICHTEN AUF-Funktion in der Animation verbunden, so werden beide Teile automatisch entsprechend der Bewegung der Beine aufeinander ausgerichtet und bewegt.

6. Inverse Kinematik

Nun bleibt nur noch zu tun, allen Baugruppen entsprechende Begrenzungen vorzugeben, damit die Hydraulik auch funktionieren kann (Abb. 16). Das Modell ist dann fertig für die Animation.

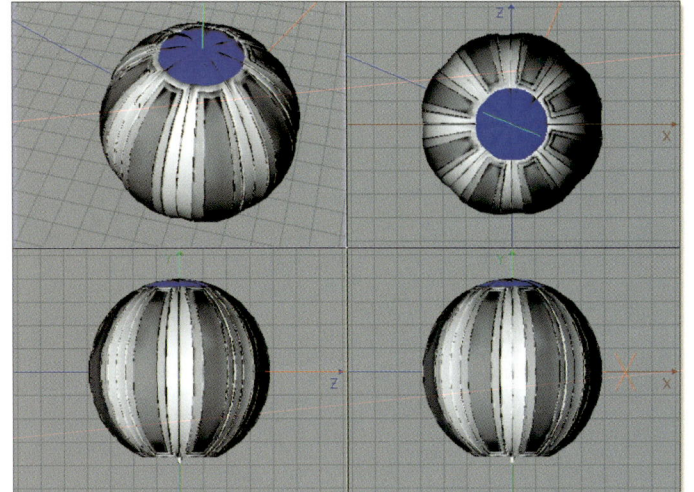

Abbildung 17 ▲
Gruppierte Kugelsegmente bilden die fertige Maschine.

Wie Sie sehen, läßt sich fast ausschließlich mit Booleschen Operationen und Grundkörpern eine komplette Maschine zusammensetzen.

So schön die runde Form auch sein mag, so ist sie jedoch nicht besonders funktionell. Die Beine werden sich selbst beim Gehen stark behindern und lassen somit nur ein langsames Vorankommen zu. Außerdem ist das Fehlen eines »Gesichts« sehr störend. Irgendwie ist und bleibt es nur eine Maschine. Das Wesen dieser Maschine muß also vollkommen aus der Animation definiert werden. Dieses Modell ist also für Stills weniger geeignet.

Ich möchte daher gerne die Idee von der intelligenten Maschine wieder aufgreifen und diesmal eine Maschine mit mehr Charakter modellieren. Besonders interessant ist dabei die Idee, mechanische und organische Formen zu mischen.

Diese Aufgabe realisiere ich ausschließlich mit Über-NURBS, einem Modellierungs-Tool, das in immer mehr Programmen Einzug findet.

Wie bereits an verschiedenen Stellen in diesem Buch beschrieben, beginnt die Modellierung oft mit einem Quader.

Der Fuß aus Über-NURBS

1. Größe definieren

Wir beginnen mit einem einfachen Quader als Startobjekt. Dieser sollte in seinen Abmessungen bereits grob die Größe des fertigen Objekts widerspiegeln (Abb. 18).

◄
Modellieren mit Über-NURBS

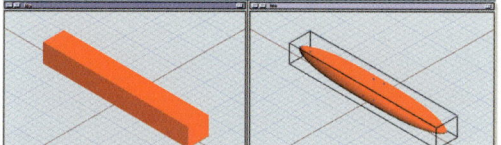

▲ **Abbildung 18**
Quader und entsprechender Über-NURBS

2. Gelenk formen

Da es sich trotz der organischen Formen um eine Maschine handelt, sind die Gelenke zwischen den Bauteilen offen und sichtbar. Es besteht also keine feste Verbindung zwischen den Objekten.

Damit sich der Fuß also um den Unterschenkel drehen kann, braucht er ein Gelenk am hinteren Ende. Ich entscheide mich für eine Aushöhlung, in die dann das Gegenstück des Unterschenkels passen wird. Ich unterteile den Quader am Ende und ziehe die Eckpunkte nach außen. Die Stirnseite wird einmal in sich extrudiert. Die neue Fläche wird schließlich nach innen verschoben und formt so eine Höhlung (Abb. 19).

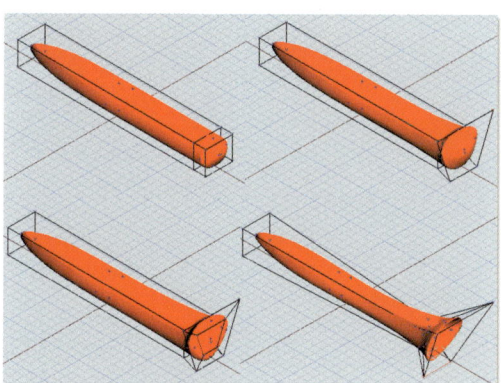

▲ **Abbildung 19**
Modellierung der Gelenkpfanne

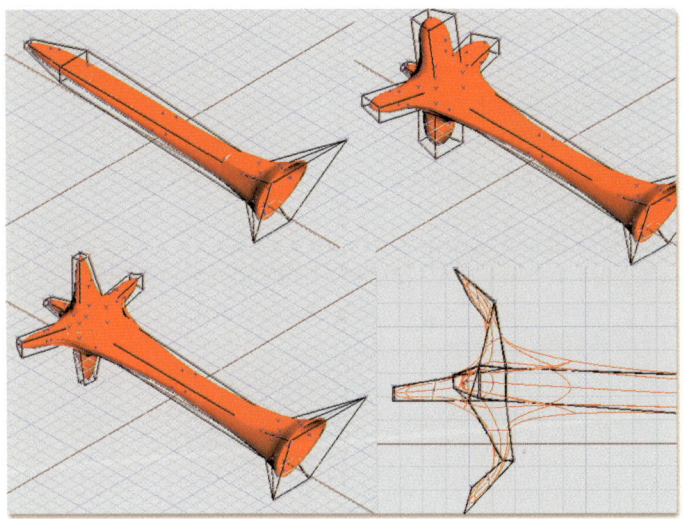

Abbildung 20 ▲
Modellierung der dornenförmigen Zehen

3. Die Zehen

Am anderen Ende unterteile ich den Quader ebenfalls und verjünge dort das Ende zu einer Spitze. Diese Spitze wird abermals senkrecht zur Längsachse unterteilt. Die neuen Flächen der Spitze werden jeweils nach außen extrudiert und zu gekrümmten Zehen geformt (Abb. 20).

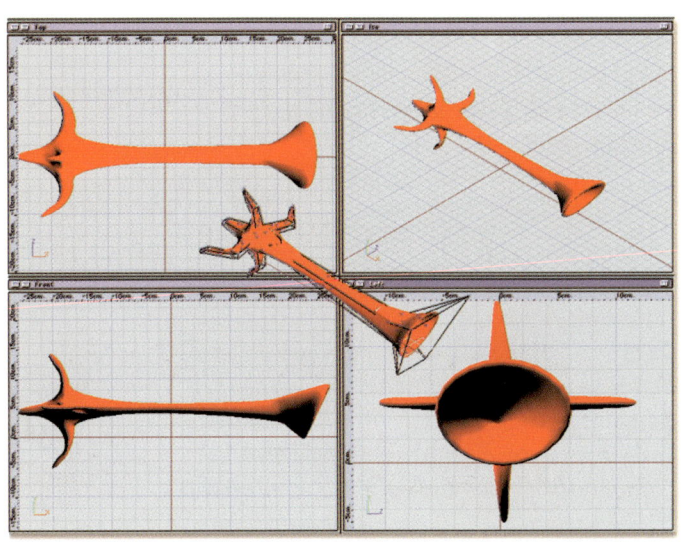

Abbildung 21 ▲
Fertige Zehen am Fuß

4. Die Lagerschale formen

Da der Rand der Lagerhöhlung die Bewegungsfreiheit einschränken könnte, ziehe ich durch eine
Unterteilung des unteren Rands die Form etwas
nach innen. Jeder Punkt des ehemaligen Quaders
besitzt eine gewisse Anziehungskraft auf das
Über-NURBS in seinem Inneren. Standardmäßig
ist dieses »Gewicht« überall gleich eingestellt.
Häufen sich an einer Stelle viele Punkte, so wird
auch das Über-NURBS stärker in diese Richtung
gezogen, da sich die Gewichte addieren.

Es lassen sich jedoch auch manuell die Gewichte punktuell verändern, um größere Kontrolle auf den Über-NURBS zu bekommen, auch
wenn nur wenige Punkte vorhanden sind. Diese
Technik habe ich hier angewandt, um den NURBS
am Gelenk noch runder zu formen (Abb. 22).

▲ Abbildung 22
Formung der Lagerschale. Auf der rechten Seite
Veränderung der Gewichte bei Beibehaltung des
Kontrollgitters.

5. Veredelung der Form

Oftmals bringen kleine Details an einem Objekt
es erst richtig zur Geltung, da mit ihnen Funktio-
nen verbunden werden, die nur erahnt werden
können. Bei Raumschiffen sind dies oft einfache
Quader oder Zylinder, die als Gerätschaften oder
Antennen für ein weniger glattes Aussehen sorgen und die scheinbare Komplexität erhöhen. Bei
unserem Beispiel möchte ich die etwas langwei-
lige Partie zwischen Zehen und Gelenk interessanter gestalten.

Dazu extrudiere ich die Flanken nach innen. Es
entstehen seitliche Taschen, die an Elle und Spei-
che des Oberarms erinnern (Abb. 23). Der Fuß ist
somit fertig.

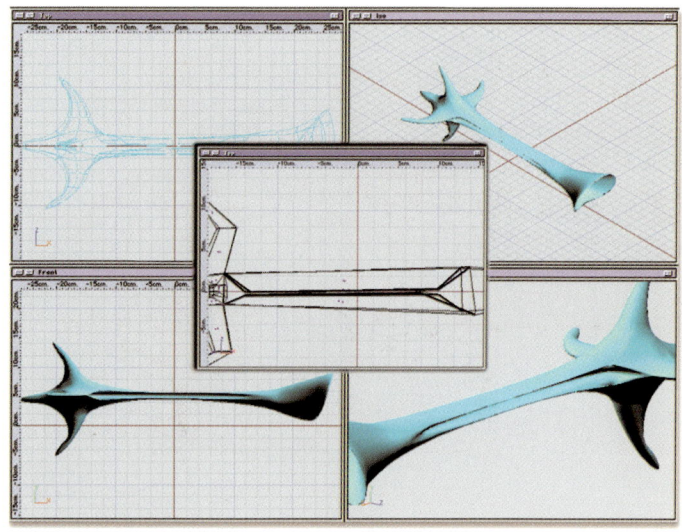

▲ Abbildung 23
Seitliche Einstülpungen. In der Mitte die markierten
Einstülpungen – von oben betrachtet.

Nun können wir uns dem folgenden Objekt, dem Unterschenkel, widmen.

Da dies zwei voneinander getrennte Objekte sind, muß ein neues Über-NURBS erstellt werden. Dieses geht wieder aus einem Quader hervor. Die Größe dieses Quaders sollte sich an der Größe des Fußes orientieren, damit die Teile später leichter zusammengefügt werden können.

Der Unterschenkel

1. Ein Über-NURBS erzeugen

Wieder beginnen wir mit einem länglichen Quader, der nun eine logisch richtige Lage in bezug auf den Fuß einnimmt (Abb. 24).

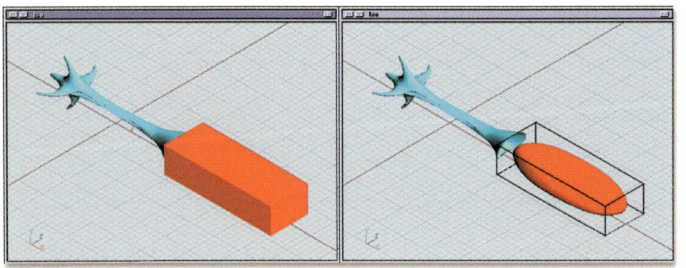

Abbildung 24 ▲
Neuer Quader für das Über-NURBS des Unterschenkels

2. Formgebung

Es ist vorgesehen, daß dieser Teil des Beins an beiden Enden kugelförmig geformt ist. Dazu wird der Quader mehrfach unterteilt und in eine leicht geschwungene Form gebracht. Dies erleichtert die Verbindung zum Oberschenkel und erhöht den erzielbaren Aktionsradius (Abb. 25).

Abbildung 25 ▲
Geschwungene Form des Unterschenkels

3. Strukturieren

Auch hier kann wieder eine ausgefallene Form im Mittelteil nicht schaden. Ich entscheide mich hier für eine einfache Unterteilung entlang der Längsachse (Abb. 26).

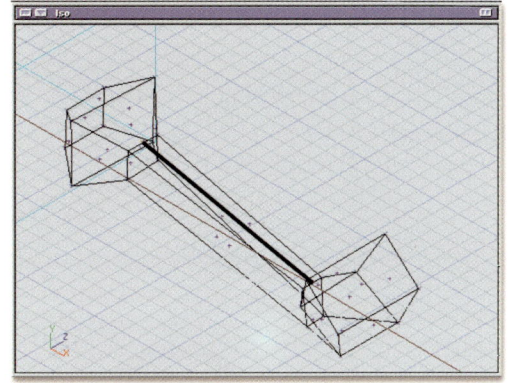

▲ Abbildung 26
Neue Unterteilung entlang der Längsachse
(hervorgehoben)

Die neu entstandene Kante kann nach innen verschoben werden und führt so zu einer Einstülpung (Abb. 27).

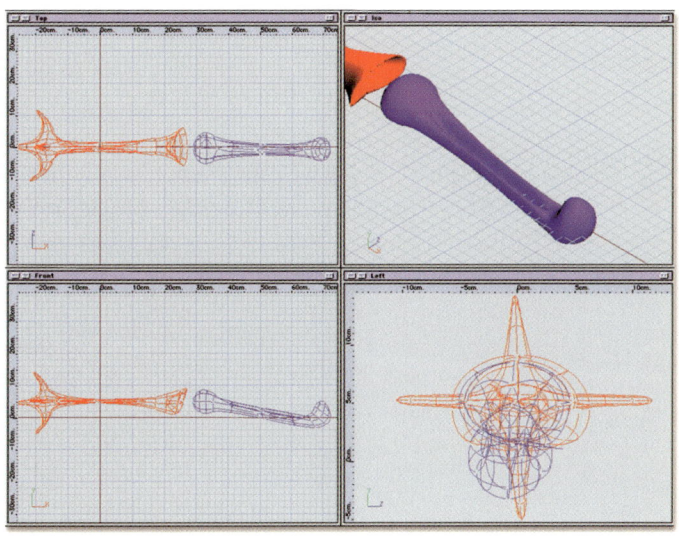

▲ Abbildung 27
Fertige Form des Unterschenkels

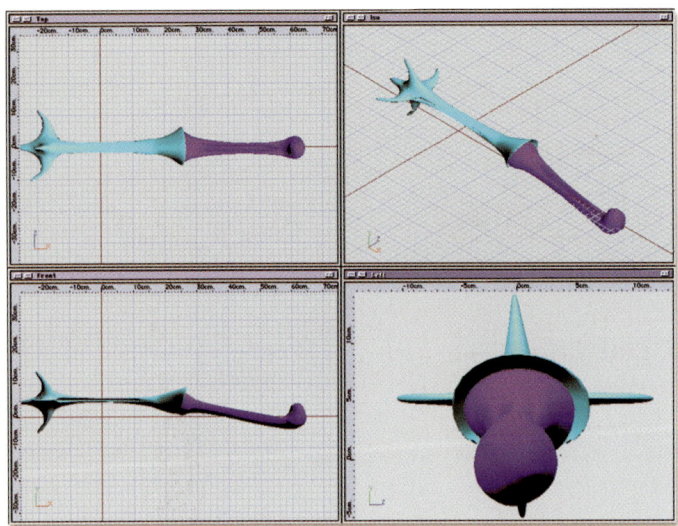

Abbildung 28 ▲
Richtig plazierter Unterschenkel

4. Positionieren

Schließlich muß der Unterschenkel noch in seine richtige Position gebracht werden. Die Gelenkkugel muß in der Gelenkpfanne des Fußes verschwinden (Abb. 28).

Schließlich fehlt noch der Oberschenkel, der das Bein mit dem Hauptkörper verbinden wird. Auf der einen Seite benötigen wir eine Pfanne, und auf der anderen Seite ist ein Kugel sinnvoll, die sich im Hauptkörper drehen kann.

Der Oberschenkel

1. Ein neuer Über-NURBS-Quader

Wieder beginnen wir mit einem neuen Quader, der diesmal jedoch in eine verdrehte Position gebracht wird (Abb. 29). Der Oberschenkel kann in dieser Anordnung nicht die Horizontale erreichen. Dies funktioniert nur, wenn das Kugelgelenk auf der Längsachse liegt. Dafür müßte jedoch das Bein am Torso unten angebracht oder von einer aufwendigen Halterung fixiert werden. Ich entscheide mich für ein seitliches Kugelgelenk, das sich leichter in den Torso aufnehmen läßt.

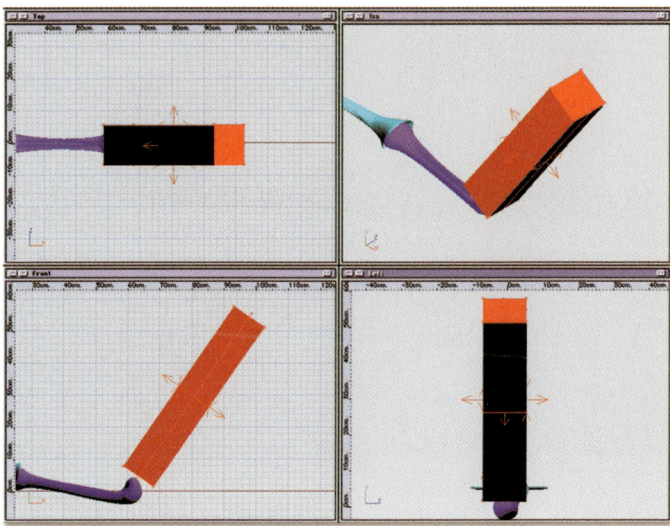

▲ Abbildung 29
Neuer Quader für Oberschenkel

2. Das Lager

Die Öffnung für die Kugel des Unterschenkels entsteht durch eine Aufteilung der unteren Stirnseite, wobei der Mittelpunkt dieser Aufteilung nach innen verschoben wird. Das Über-NURBS folgt dieser Verschiebung nach innen. Es bildet sich so ein Hohlraum. Zusätzliche Unterteilungen der seitlichen Flächen im Bereich des Lagers ermöglichen eine derartige Formgebung, so daß sich ein erhöhter Bewegungsspielraum für den Unterschenkel ergibt (Abb. 30).

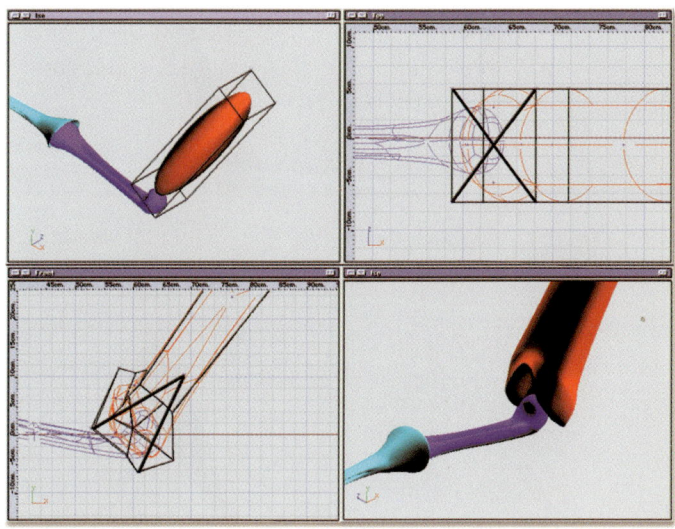

▲ Abbildung 30
Schritte zur Formung der unteren Pfanne

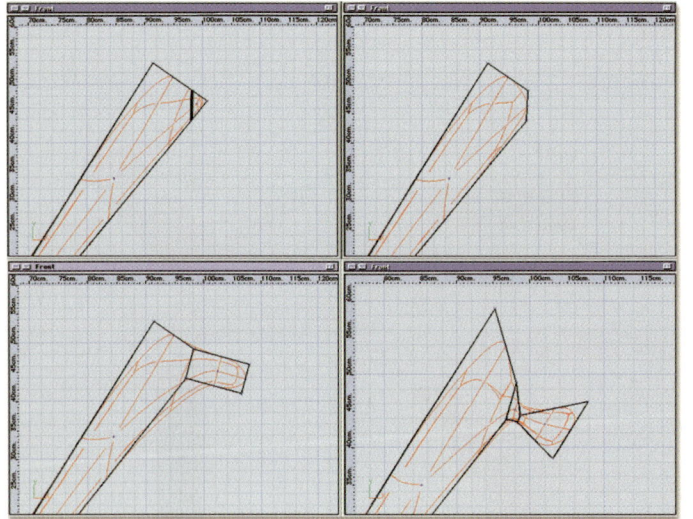

Abbildung 31 ▲
Entwicklung des oberen Gelenks aus einer
abgeschnittenen Kante

3. Das Kugelgelenk

*Das obere Gelenk bzw. die seitliche Kugel, aus
der es besteht, kann aus einer Abschrägung der
Stirnseite oben entwickelt werden. Dazu wird zuerst die Ecke durch einen Schnitt entfernt. Die
neu entstandenen Flächen können jetzt mehrfach
nach außen extrudiert und geformt werden
(Abb. 31).*

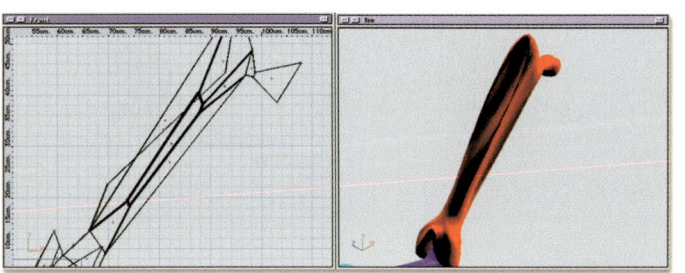

Abbildung 32 ▲
Einstülpung oben

4. Strukturieren

*Auch hier läßt sich die Form durch Einschnürun-
gen und Einstülpungen interessanter gestalten.
Diese entstehen durchweg aus extrudierten Seitenflächen (Abb. 32+33).*

Abbildung 33 ▲
Einstülpung an den Seiten

5. Plazieren der Einzelteile

*Alle Elemente des Beins sind nun komplett und
können noch einmal als Gesamtbild korrigiert und
nachgebessert werden. Ich habe z.B. die obere
Kante des Fußlagers noch etwas nach oben verschoben, damit sich beim späteren Abwinkeln dort
eine Spitze zeigt, die den Character gefährlicher erscheinen läßt. Alle Objekte sollten noch einmal
gründlich nach unerwünschten Durchdringungen
an den Gelenken untersucht werden (Abb. 34).*

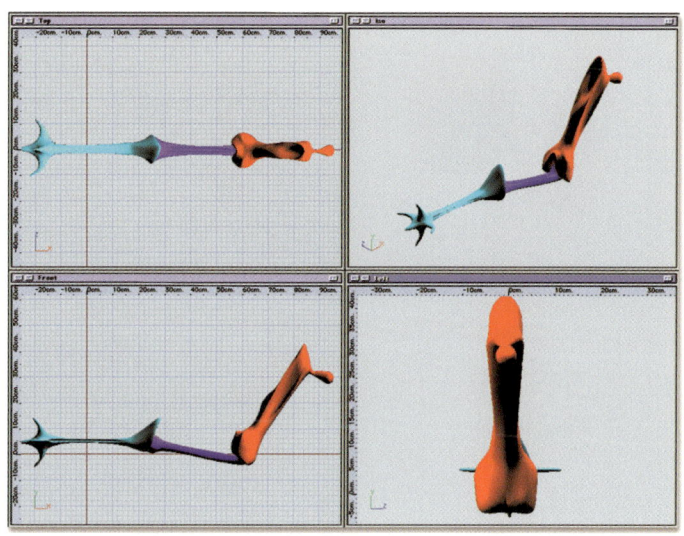

▲ Abbildung 34
Komplettes Bein aus drei Über-NURBS

Das Bein ist soweit komplett. Es können natürlich jederzeit Korrekturen vorgenommen werden, sollte die Form anders als gewünscht ausgefallen sein. Auch das Längenverhältnis der einzelnen Objekte zueinander ist dabei sicherlich zu beachten, damit die Maschine später auch sinnvolle Bewegungen ausführen kann.

Wir fahren also mit der bekannten Technik fort und modellieren nun den Körper.

Der Körper

1. Ein neues Über-NURBS

Wieder benötigen wir einen neuen Über-NURBS, um diesmal den Körper zu formen. Jetzt benutze ich einen Würfel, um eine perfekte Kugel als Über-NURBS zu bekommen (Abb. 35).

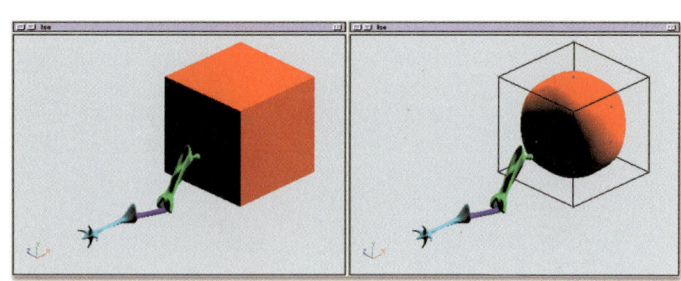

▲ Abbildung 35
Ein Würfel wird zu einem kugelförmigen Über-NURBS-Körper

233

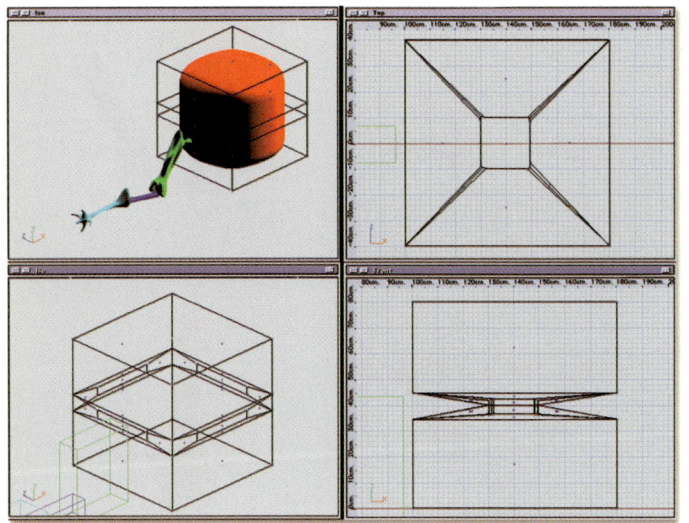

Abbildung 36 ▲
Einschnürungen und nach innen extrudierte Flächen

2. Einschnürung der Form

Da die Maschine oben einen beweglichen Kopf und unten ein Triebwerk zum Fliegen und natürlich die Gelenke für die Beine aufnehmen soll, entscheide ich mich für eine starke Einschnürung auf Höhe des Äquators der Kugel bzw. des formgebenden Würfels (Abb. 36).

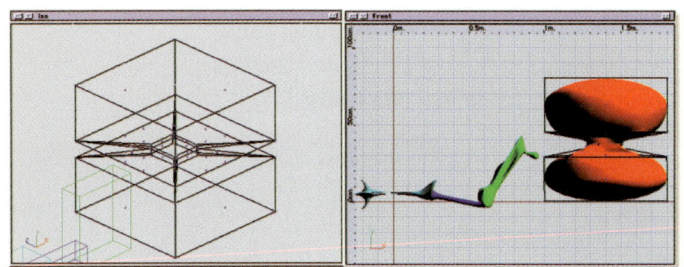

Abbildung 37 ▲
Komplette Einschnürung

Diese Einschnürung besteht aus nach innen extrudierten seitlichen Flächen, wobei die von den Ecken nach innen weisenden Linien eine andere Steigung aufweisen. Die Form wird also nicht zu einer Sanduhr, sondern es entstehen zusätzlich vier Streben von außen nach innen (Abb. 37).

3. Gelenkpfannen

Seitlich möchte ich jeweils drei Beine unterbrin-
gen. Es werden also drei Gelenkpfannen für die
Oberschenkel benötigt. Dazu wird ein Streifen
der Seite dreimal unterteilt. Die unterteilten Flächen werden leicht nach außen extrudiert und
dann zusätzlich wieder nach innen. Die Ausstülpungen vorn und hinten werden zudem leicht an-
geschrägt, damit die Flanke nicht zu glatt aussieht (Abb. 38).

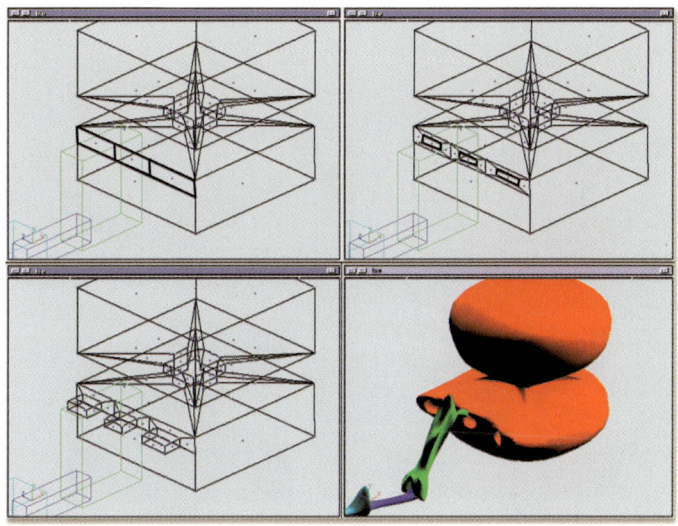

▲ Abbildung 38
Schritte zur Formung der Gelenkpfannen

4. Lufteinlaß für Turbine

Da sich im unteren Teil eine Turbine für die fliege-
rischen Fähigkeiten der Maschine befindet, müssen wir uns um die Luftzufuhr kümmern. Die
dreieckigen Flächen, die zwischen Umfang und
Einschnürung in der Mitte entstehen, werden
nach unten extrudiert. Es ergeben sich so Taschen
zwischen den Streben (Abb. 39). Über diese wird
später ein Gitter gelegt, das den groben Schmutz
von der Turbine fernhält und zudem natürlich
eine feinere Modellierung in diesem Bereich unnötig macht.

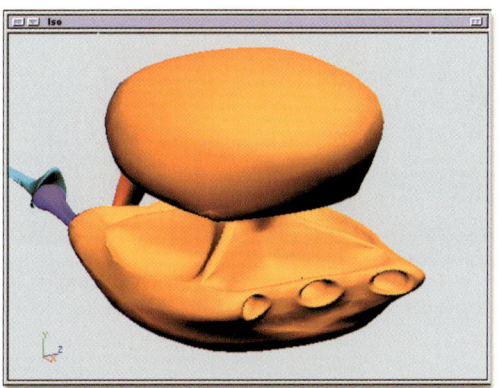

▲ Abbildung 39
Abgesenkte Innenflächen und fertige Gelenkpfannen

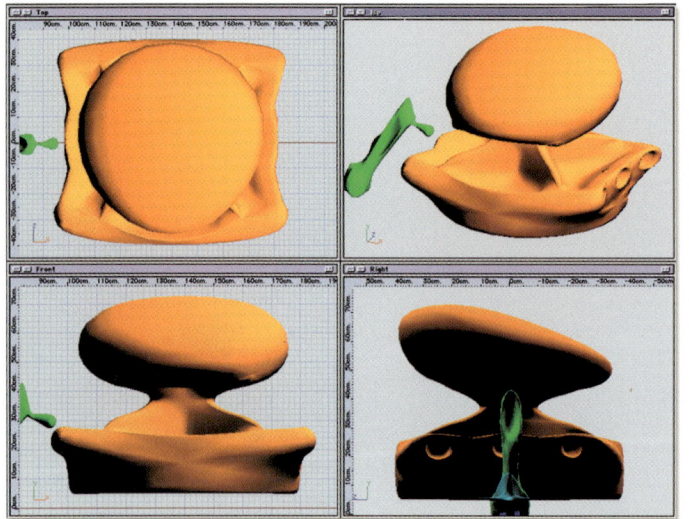

Abbildung 40 ▲
Die Form des Kopfes

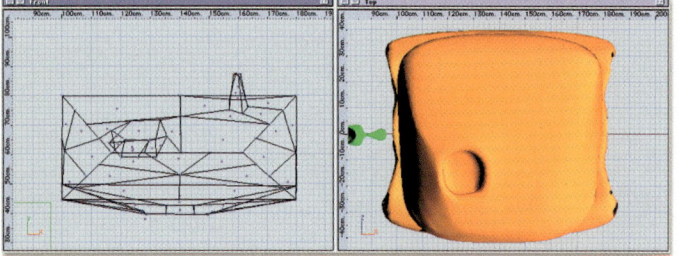

Abbildung 41 ▲
Einstülpungen innerhalb des Kopfes schaffen Platz für zusätzliche Geräte.

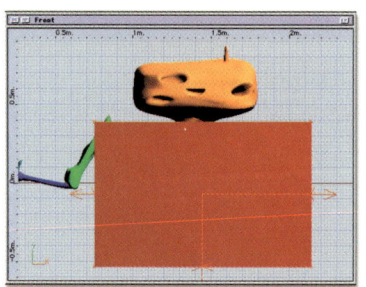

Abbildung 42 ▲
Trennen von Kopf und Torso durch eine Boolesche
Operation

5. Der Kopf

Im oberen Teil wird die Form einfach vorn etwas zusammengezogen und nach unten bewegt (Abb. 40). Der Kopf erhält so eine geschwungene Form, die durch zusätzliche Vertiefungen, die nach dem gleichen System wie die seitlichen Gelenkpfannen entstanden sind, perfektioniert wird.

In diese Löcher können später Kameras, Laser oder Kanonen eingesetzt werden (Abb. 41).

6. Teilung des Über-NURBS

Da sich der Kopf und der Körper gegeneinander verdrehen sollen, muß die Form in der Einschnürung geteilt werden. Dies kann durch ein Knife-Tool oder durch eine der bekannten Booleschen Operationen erfolgen (Abb. 42).

7. Eine Kanone

Eine Kanone ist sehr einfach aus einem mehrfach quer unterteilten Quader generiert (Abb. 43). Abwechselnd werden Kanten nach innen und außen verschoben, um eine dämpfende Muffe am Schaft der Kanone zu formen. Die nach innen verschobene extrudierte Stirnseite öffnet scheinbar die Kanone an der Mündung (Abb. 44).

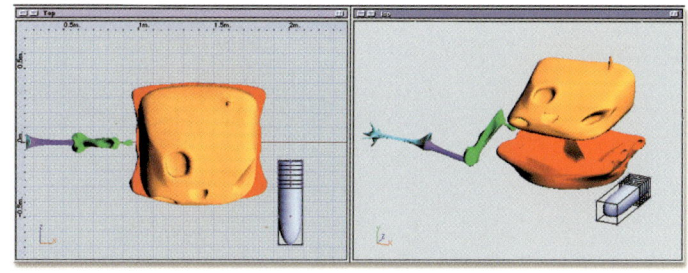

▲ Abbildung 43
Vorbereitung eines Quaders mit mehreren Unterteilungen

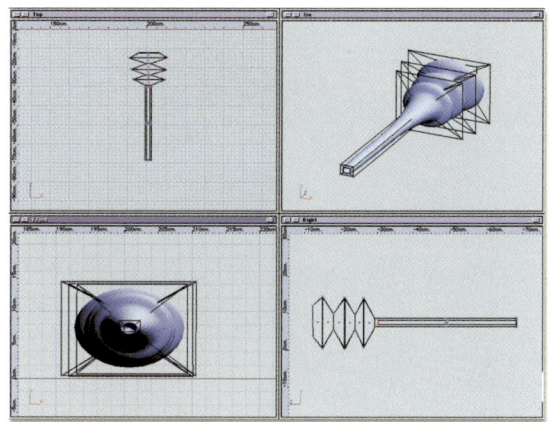

▲ Abbildung 44
Die komplette Kanone als Ergebnis einfacher Verschiebungen

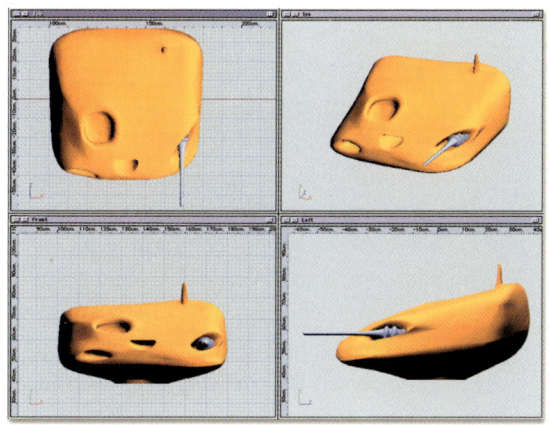

▲ Abbildung 45
Montierte Kanone

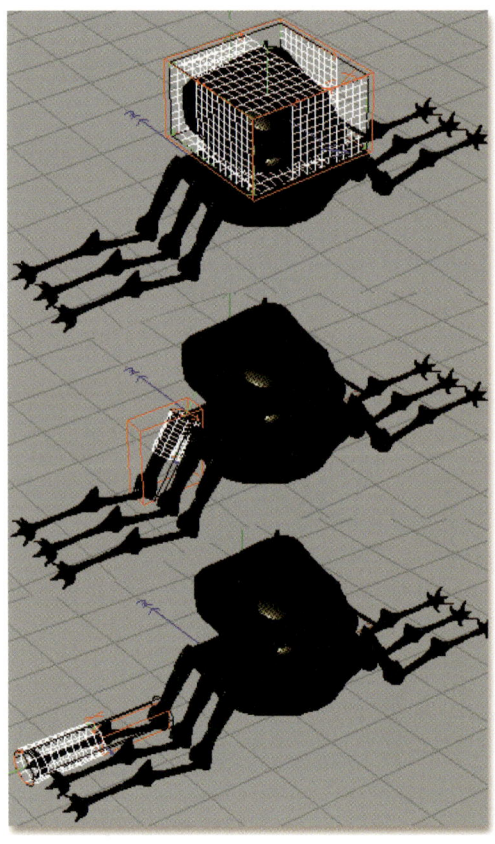

▲ **Abbildung 46**
Eingesetzte Kugeln im Kopf und symbolhaft hervorgehobene Texturprojektionen für die Baugruppen

Das Modeling ist soweit abgeschlossen. Es
müssen lediglich einige Kugeln in die Öffnun-
gen des Kopfes eingesetzt werden. Eine flach-
gedrückte Kugel findet bei mir zudem Verwendung als Abdeckung über der Turbine.

Im nächsten Schritt wird das Modell texturiert. Die Form und Lage der Bauteile kommt
uns dabei entgegen. Der Kopf wird mit Qua-
der-, das Bein mit Zylinder-Mapping bearbeitet. Ich habe dabei Fuß und Unterschenkel zusammen texturiert, da beide Baugruppen nahezu auf einer Achse liegen (Abb. 46).

Um diesen Character bewegen zu können,
müssen die lokalen Koordinatensysteme, also
die Bezugspunkte für die Manipulationen an
einem Objekt, in die Gelenke verschoben
werden. Zusätzlich ist eine Ausrichtung dieser
Drehzentren wichtig in der Form, so daß sich
die Freiheitsgrade eines Gelenks durch Rotationen um möglichst wenige Achsen realisieren
lassen.

Dies bedeutet, daß eine Rotation um eine
Achse das Bein hebt oder senkt oder die Rotation um eine Achse den Kopf auf dem Rumpf
dreht.

Bei unserem Modell ist dies nicht nötig, da
alle Objekte exakt entlang der Koordinatenach-
sen ausgerichtet sind.

Im nächsten Schritt müssen für alle beweglichen Teile Maximalauslenkungen ermittelt
werden. So lassen sich bei einer automatisier-
ten Animation ungewollte Verrenkungen und
Durchdringungen von Objekten vermeiden
(Abb. 47).

Bei der Arbeit mit der Inversen Kinematik
stehen verschiedene Arbeitstechniken zur Verfügung. Einmal kann die Inverse Kinematik
dazu genutzt werden, um durch Manipulation
eines Endglieds einer hierarchisch geordneten
Objektkette komplexe Bewegungen realisieren
zu können.

Die Bewegung einer Hand bewirkt dann z. B.
die Rotation des Oberkörpers und eine Stre-
ckung im Ellenbogen. Die daraus resultierende
Körperhaltung kann als Keyframe in einer Animation abgespeichert werden, ist somit repro-
duzierbar und erlaubt die schnelle Erstellung
von komplexen Bewegungen.

Eine zweite Möglichkeit ist die automatische
Verfolgung eines Objekts im Rahmen der vor-
gegebenen Winkelbeschränkungen (Abb. 48).
Um bei dem Beispiel mit der Hand zu bleiben,

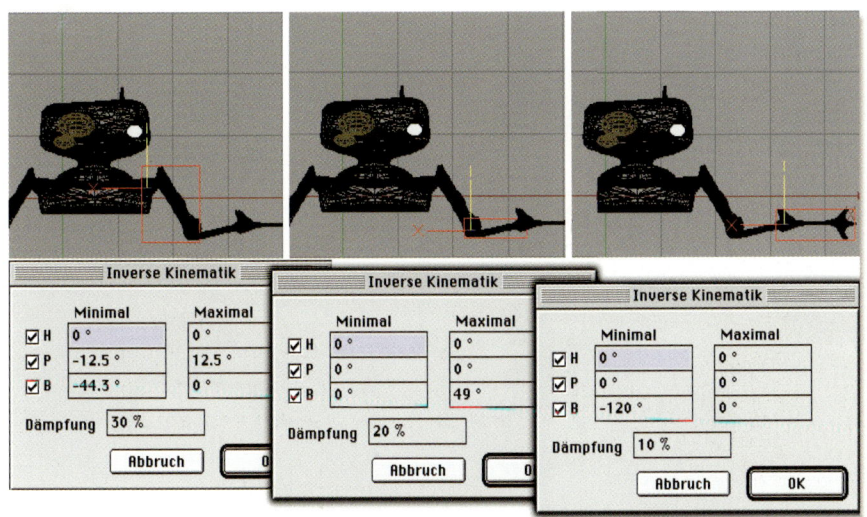

◀ Abbildung 47
Lage und Beschränkungen der Gelenke

◀ Abbildung 48
Das letztes Element der IK-Kette (»Anfasser VL«) folgt der Bewegung des Targets (»VL«), das sich in der gleichen IK-Kette befindet.

kann ein Glas so mit der Hand verbunden werden, daß die Hand der Bewegung des Glases im Rahmen der Vorgaben folgt. Verhindern die Winkelvorgaben, daß die Hand das Glas erreichen kann, so nimmt die Figur eine Maximalstellung ein, welche die Hand in größtmögliche Nähe zum Glas bringt. Das faszinierende an dieser Technik ist, daß das Glas dabei in keiner Weise hierarchisch mit der Hand verbunden ist.

Es handelt sich um zwei völlig voneinander getrennte Objekte, die sich wie Magneten anziehen und sich nicht nur wie beim AUSRICHTEN AUF einander zuwenden.

Einziger Nachteil der zweiten Methode ist, daß die Darstellung in den Ansichtsfenstern einer *3D-Software* oftmals durch eine Neuberechnung manuell erzwungen werden muß. Die Hand folgt also nicht sofort dem Glas, sondern erst nachdem das Glas positioniert und eine Neuberechnung der Szene veranlaßt wurde.

Durch folgenden kleinen Trick läßt sich dies umgehen. Dazu wird das Ziel, englisch »Target«, einer Inversen Kinematik-Kette in die Hierarchie als letztes Glied eingesetzt (Abb. 49). Wird dieses nun bewegt, so schließt sich die nachfolgende IK-Kette so an, als würde man sie direkt bewegen.

◀
Workaround

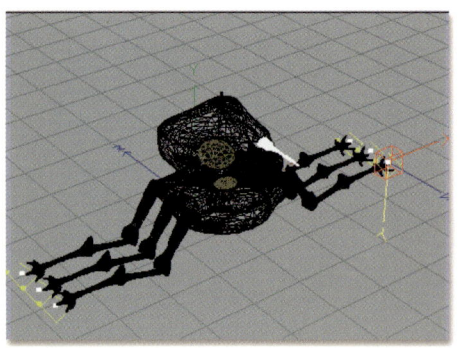

▲ Abbildung 49
Lage der Targets an den Enden der
IK-Ketten

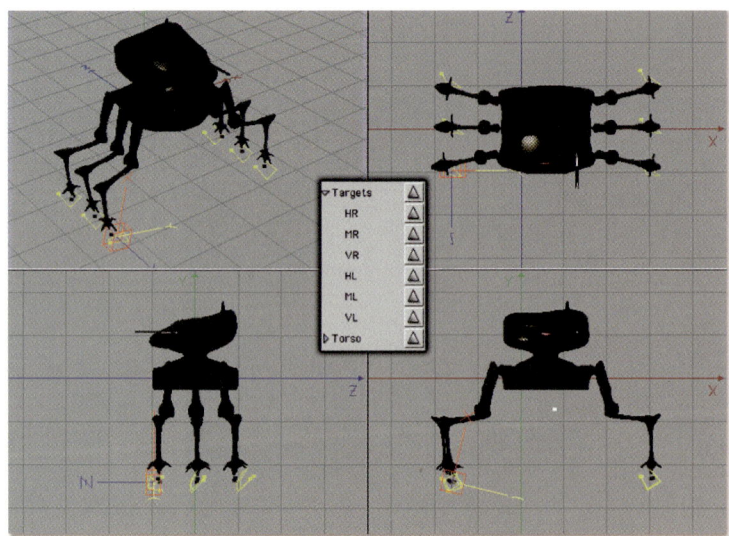

▲ Abbildung 50
Targets außerhalb der Körperhierarchie

Ist die gewünschte Position erreicht, setzt man für das Target ein Keyframe. Und zwar nur für das Target, denn die IK-Berechnung wird die IK-Kette immer wieder zum gleichen Ergebnis führen, nämlich exakt zu dem, was gerade manuell eingestellt wurde.

Da nur das Keyframe für das Target abgespeichert wurde, kann es zu jedem Zeitpunkt wieder aus der Hierarchie entfernt werden, um z. B. in einer anderen Hierarchie Dienst zu tun.

Probleme gibt es immer dann, wenn auf die Forward Kinematik umgeschaltet werden muß. Diese läuft der IK exakt entgegen. Am Beispiel bedeutet dies, daß, wenn ich den Oberkörper bewege, die Hand an ihrer Stelle bleibt.

Dies ist nur zu erreichen, wenn das Target außerhalb der Hierarchie liegt, die bewegt wird, da es sich sonst mit bewegen würde (Abb. 50).

Bei unserem Maschinenbeispiel ist genau dies der Fall. Die Beine können sich einzeln bewegen, müssen jedoch mit den Füßen auf dem Boden bleiben, wenn der Oberkörper z. B. auf- und abbewegt wird (Abb. 51).

Damit die Maschine aber dennoch mit den Targets verbunden bleibt, z. B. wenn die Maschine fliegt, müssen beide Objektarten gruppiert werden (Abb. 52).

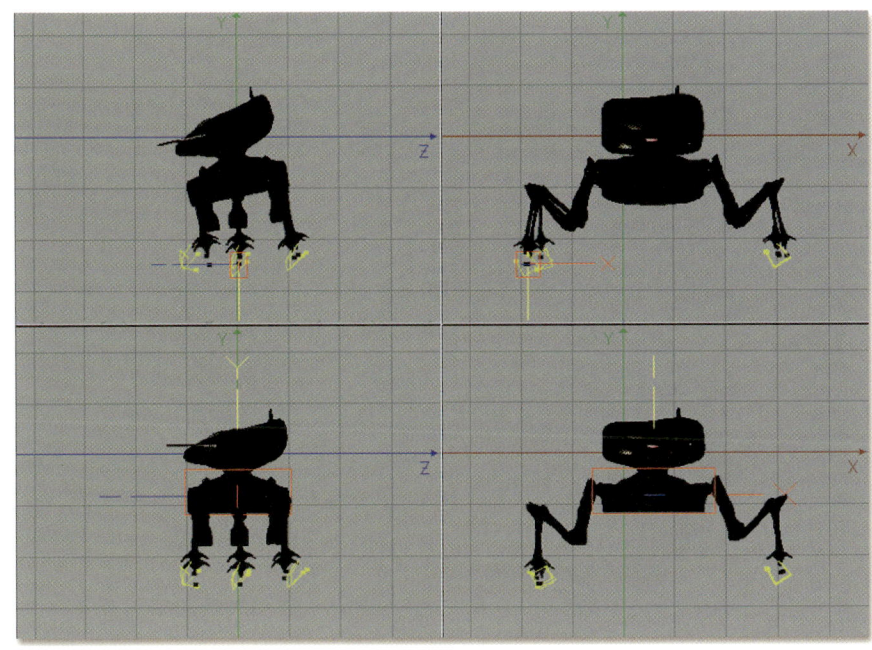

◄ Abbildung 51
Auch bei Bewegungen des
Oberkörpers bleiben die Füße
automatisch auf dem Boden

◄ Abbildung 52
Gruppierung von Target und
Modell

Umgebung erstellen

Schließlich ist die Umgebung für ein solch aufwendiges Modell natürlich von großer Wichtigkeit. Schnell zu erstellen und dennoch stimmungsvoll sind immer wieder wüstenartige Landschaften mit Nebel- und Raucheffekten.

Eine solche Landschaft läßt sich sehr schnell aus Splines erzeugen, die als Querschnitte für ein Modell dienen. Die Splines werden dabei mit einer NURBS-Haut überzogen und definieren so eine Oberfläche (Abb. 53).

Wandelt man diese mathematische Oberfläche in ein Polygonmodell um, so läßt sich dieses individuell verfeinern, z.B. mit dem Magnet-Tool (Abb. 54).

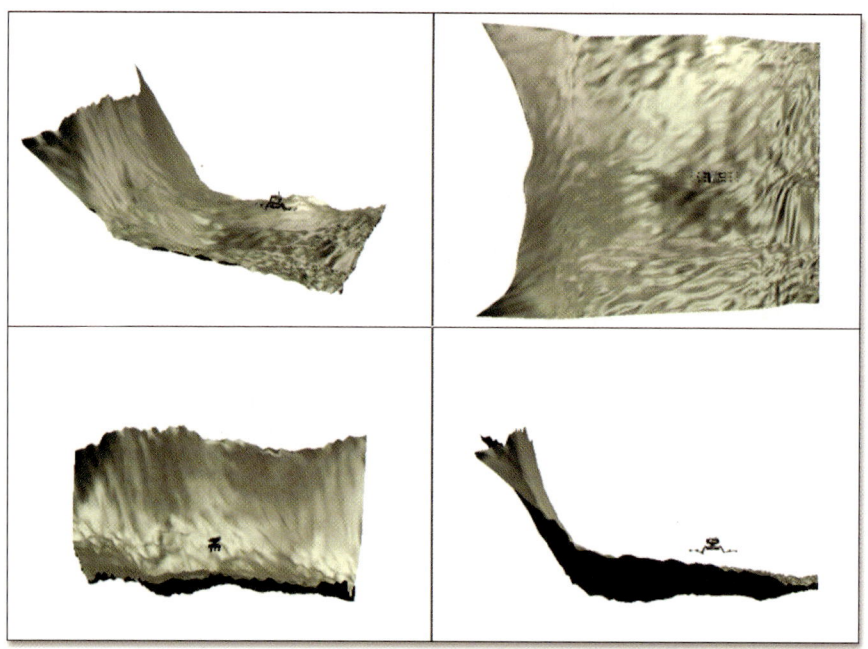

◄ Abbildung 54
Nachbearbeitetes und
texturiertes Landschafts-
modell

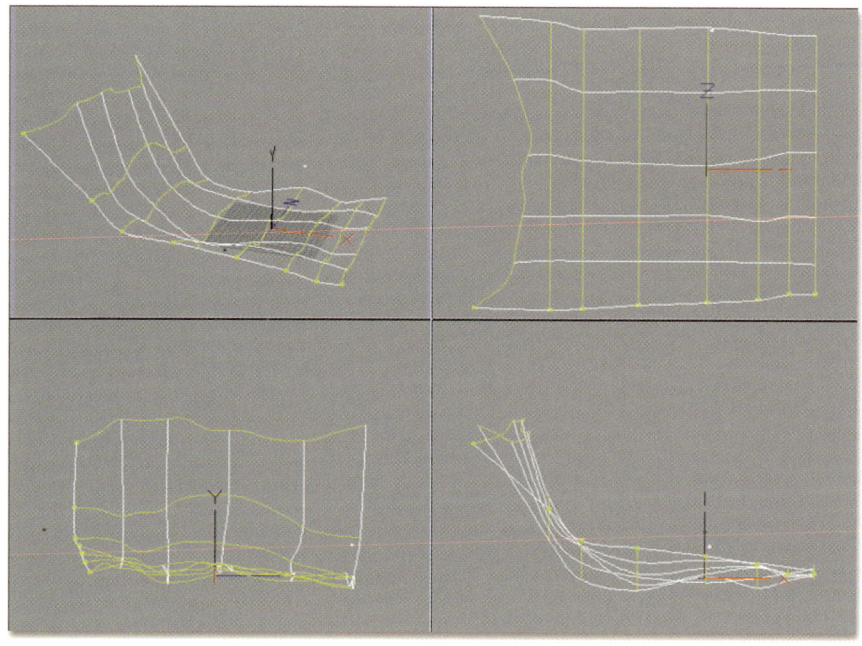

◄ Abbildung 53
Einige Splines formen eine
NURBS-Landschaft.

▲ Abbildung 55
Fertige Szene mit Volumenlicht und Nebel

Index

MyGalileo

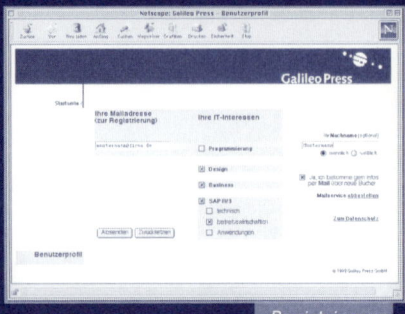

Als moderner IT-Verlag präsentiert Galileo Press einen völlig neuartigen Service in der deutschen Verlagslandschaft: MyGalileo. MyGalileo ist ein **Informationsdienst im Internet** mit kostenlosen zusätzlichen Informationsangeboten zum Themengebiet dieses Buches.

Registrierung

Mit der unten stehenden **Registriernummer** erhalten Sie exklusiven Zugang zu MyGalileo. Sie registrieren sich als Galileo-Kunde, ähnlich wie Sie es von Software her kennen – doch viel einfacher und diskreter.

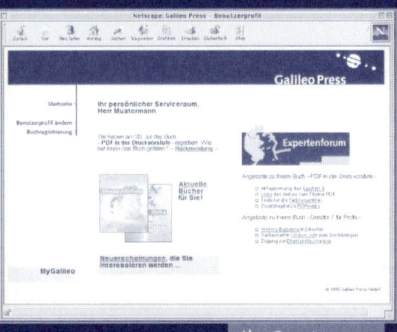

Diskussionsforum

Und schon gelangen Sie in Ihren persönlichen **Serviceraum**: Hier können Sie sich von Fall zu Fall weitergehende Fachinformationen besorgen oder Aktualisierungen Ihres Buches; Sie können sich zusätzliche Beispiele und Tools herunterladen, oder Sie können sich in einem **Forum** Rat von einem Experten holen und direkt mit dem Autor kommunizieren.

Ihr Serviceraum

Sie erreichen MyGalileo unter:
www.galileo-press.de

Ihre persönliche
Registriernummer

00GP1313268